VON CANISIUS ZUM CANISIANUM

Weltkirche in Innsbruck
Ein Kolleg im Wandel der Zeit

Collegium CANISIANUM (Hg.)

Umschlagabbildungen:

– Skulptur des Diözesanpatrons, des hl. Petrus Canisius, über dem rechten Seitenaltar am Chorbogen des Domes und der Pfarrkirche St. Jakob in Innsbruck, geschaffen 1993 nach dem Entwurf von Prof. Wolfram Köberl.

Die kleinen Bilder von rechts oben nach unten:

– Theologisches Konvikt im Nicolaihaus, Ecke Sillgasse/Universitätsstraße (1858–1911).
– Kollegium Canisianum in Innsbruck-Saggen, unmittelbar nach seiner Errichtung 1911.
– Dachpartie des Innsbrucker Jesuitenkollegs (seit 2013 auch Standort des Kollegium Canisianum) und der Jesuitenkirche.

Vorsatzblätter:

– Vorne: Decken-Gemälde von Ludwig Sturm in der Propter-Homines-Aula im Cansianum, Innsbruck-Saggen: Mitte – Personifizierung von Philosophie und Theologie, links: Nicolaihaus, rechts: Canisianum
– Hinten: Giebelmosaik – den hl. Petrus Canisius als Kirchenlehrer darstellend – am Canisianum in Saggen, ausgeführt 1912 von der Tiroler Glasmalereianstalt.

Die Drucklegung dieser Festschrift wurde dankenswerterweise von zahlreichen Förderern unterstützt, im Besonderen durch:

– WGA ZT GmbH · www.wg-a.com
– Raiffeisen-Landesbank Tirol AG · www.rlb-tirol.at
– wyk versicherungsmakler · www.wyk.co.at
– Alt-Canisianer im Stift Vorau
– Diözese Innsbruck · www.dibk.at
– UNIQA Österreich Versicherungen AG · www.uniqa.at

VON CANISIUS ZUM CANISIANUM

Weltkirche in Innsbruck
Ein Kolleg im Wandel der Zeit

Collegium CANISIANUM (Hg.)

Zum 500. Geburtstag des heiligen Petrus Canisius

Bibliografische Information der Deutschen Bibliothek

Die Deutsche Bibliothek verzeichnet diese Publikation in der Deutschen Nationalbibliografie; detaillierte bibliografische Daten sind im Internet über http://dnb.de abrufbar.

Das Werk einschließlich all seiner Teile ist urheberrechtlich geschützt. Jede Verwertung außerhalb der engen Grenzen des Urheberrechtsgesetzes ist ohne Zustimmung des Verlages unzulässig und strafbar. Das gilt insbesondere für Vervielfältigungen, Übersetzungen, Mikroverfilmungen und die Einspeicherung und Verarbeitung in elektronischen Systemen.

Herausgeber: Collegium CANISIANUM, Sillgasse 6, A 6020 Innsbruck; office@canisianum.at
Für den Inhalt verantwortlich: P. Andreas Schermann SJ, Rektor, rektor@canisianum.at

Koordination: Mag. Wilhelm Remes
Redaktion: P. Andreas Schermann SJ, P. Josef Thorer SJ, Br. Markus Pillat SJ, Mag. Wilhelm Remes, Mag.[a] Julia Klingler
Homepage: www.canisianum.at

Alle Rechte vorbehalten – Printed in Austria

© Wagner Verlag, DDr. Helmut Wagner, Harrachstraße 7, A 4020 Linz
office@wagnerverlag.at, www.wagnerverlag.at

Umschlaggestaltung: MM Grafics, Michael Moder, Nußböckstraße 51A, A 4060 Leonding; mmgrafik@aon.at
Lektorat: Wort-Treffpunkt, Mag.[a] Dr.[in] Eva Drechsler, Schießstättengang 16, A 4060 Leonding; e.drechsler@izone.at
Layout und Textsatz: BK Layout+Textsatz, Mag. Bernhard Kagerer, Ritzing 3, A 4845 Rutzenmoos; bernhard.kagerer@inode.at

Druck: Druckerei Mittermüller, Oberrohr 9, A 4532 Rohr, druckerei@mittermueller.at

ISBN 978-3-903040-55-7

Linz 2021

Inhaltsverzeichnis

Grußworte

Mit dem Land Tirol stets verbunden 11
Landeshauptmann Günther Platter

Herzfeuer für die Weltkirche 12
Diözesanbischof Hermann Glettler

Das Petrus-Canisius-Jahr 2021 13
Bürgermeister Georg Willi

Formung von Hirn und Herz 14
Provinzial P. Bernhard Bürgler SJ

Vorwort 15
Rektor P. Andreas Schermann SJ

I. Der hl. Petrus Canisius und das Canisianum

Innsbruck – eine Petrus-Canisius-Stadt 19
Mag. Philipp Überbacher

Warum das Theologische Konvikt zu Innsbruck „Canisianum" heißt 37
Msgr. Prof. DDr. Rüdiger Feulner

Die Entstehung des theologischen Konvikts Collegium Canisianum 44
Mag. Philipp Überbacher / P. Anton Witwer SJ

Das Collegium Canisianum in Innsbruck 1958–2007 49
P. Peter Gangl SJ

II. Das Canisianum ab 1945 – Erinnerungen an Studium und Alltag

Erinnerungen an die ersten Nachkriegsjahre 67
Bischof Dr. Reinhold Stecher

Floh, Gsteckter, Pedell: Erinnerungen an die Terminologie des Canisianums 72
Bischof Dr. Reinhold Stecher / GR Hermann Lugger / Msgr. OStR. Josef Rohringer

Brief eines Altkonviktors (1955–1960) an seinen Studienfreund 75
Pfarrer Bernhard Gemperli

„Aus meinem Leben – Wahrheit und Dichtung – ein Engländer im Canisianum" 79
Canon Anthony Dolan

Die US-Community erinnert sich an ihre Studienzeit! P. Franz Braunshofer SJ im Focus der Erinnerungen 84
Michael Scheible u. a.

Nach 23 Jahren – zurück im Canis! 89
Pfarrer Kenneth Herr

Die Junioren der Vorauer Augustiner-Chorherren am Collegium Canisianum 93
Propst em. Mag. Gerhard Rechberger CRSA

„Das Große war die Demokratie!" Interview mit *P. Robert Miribung SJ*, geführt von *Br. Markus Pillat SJ* 98

„Sturm und Drang"-Zeiten der Siebzigerjahre 104
Univ.-Prof. em. Dr. Józef Niewiadomski

Unauslöschliche Erinnerungen an das Canisianum 111
P. Martin Hasitschka SJ

Erfahrungen in einem internationalen Theologenkonvikt 115
Univ.-Prof. DDr. Franz Gmainer-Pranzl

Erlebnisse eines Ukrainers: Die Erfahrungen mit dem Römischen Ritus 120
Pfarrer mag. Volodymyr Voloshyn

Die Helvetia Oenipontana im Canisianum 124
Pfarrer Josef Manser

Frauen im Canisianum 129
Mag. Wilhelm Remes

Konviktorin im Canis 1971–1975 133
Sr. Mag.ª Pallotti Findenig CPS

Umwandlung und Übersiedelung 135
P. Friedrich Prassl SJ

III. Canisianum heute

Weltkirche – von Nord-West nach Süd und Ost. Eine unvollständige Statistik zur Bedeutung des Canisianums für die Theologische Fakultät in Innsbruck 147
Assoz.-Prof. Dr. Nikolaus Wandinger

Das Canisianum und die Weltmission 153
Mag. Basil Iruthayasamy u. a.

Das Collegium Canisianum im Laufe eines Studienjahres 159
   Mag. Wilhelm Remes

Das Canisianum-Lied 166
   Dr. Jean Désiré Sawadogo

Cor unum et anima una. Gebet der Canisianer 168

IV. Herz-Jesu-Fest am Canisianum

Zur Geschichte der frühen Herz-Jesu-Verehrung 171
   P. Anton Witwer SJ

200 Jahre Herz-Jesu-Gelöbnis. Kurze Geschichte
der Herz-Jesu-Verehrung in Tirol 174
   Pfarrer Mag. Roland Mair

„Ein Herz und eine Seele". Beitrag zur Geschichte
der Herz-Jesu-Verehrung im theologischen Konvikt Innsbruck 177
   P. Peter Gangl SJ

Vision des Petrus Canisius 183

Allgemeines Gebet nach Petrus Canisius 184

V. Anhang

Regenten (Leiter des Priesterseminars) seit 1911 186
Rektoren und Superioren seit 1911 187
Rektoren des Internationalen Theologischen Kollegs ab 2007 189
Spirituale seit 1911 189
Bischöfe aus dem Canisianum (aktuell lebend) 189
Selige aus dem Canisianum 190
Autorenverzeichnis 191
Bildnachweis 192

GRUSSWORTE

CANISIANUM
Internationales Theologisches Kolleg

Wanderhut des Petrus Canisius, einst im Canisiushaus, Wien IX, nun im Provinzarchiv SJ, Wien I.

Mit dem Land Tirol stets verbunden

Wenn in Tirol das Herz-Jesu-Fest gefeiert wird, steht das auch in unmittelbarem Zusammenhang mit dem Heiligen Petrus Canisius. Am 8. Mai 2021 gedenken wir seines 500. Geburtstags und erinnern uns zugleich an seine Lebensstationen, die ihn auch in die Tiroler Landeshauptstadt Innsbruck geführt haben, wo heute das Collegium Canisianum mit dem Patronat des hl. Petrus Canisius an sein bedeutendes Wirken für Innsbruck und Tirol erinnert.

Der in Nijmwegen im heutigen Holland geborene Lehrer und Prediger wurde im Alter von 25 Jahren zum Priester geweiht und nahm bereits ein Jahr später als Theologe des Augsburger Bischofs am Konzil von Trient teil. Als er dann in Rom an den Gräbern der Apostel gebetet hat, hat er laut Überlieferung das geöffnete Herz Jesu gesehen, der ihm für seine Aufgabe ein geistliches Gewand aus drei gewobenen Teilen versprochen hatte: Aus innerem Frieden, aus Liebe und aus Ausdauer.

Diese drei Fähigkeiten haben gerade in der Coronakrise mit all ihren Herausforderungen große Bedeutung. In dieser Zeit, die für viele mit Ängsten und Perspektivenlosigkeit verbunden ist, stellen der innere Friede, die Liebe und Fürsorge für unsere Familien und unsere Nächsten sowie die Ausdauer jene unerlässlichen Eigenschaften dar, um diese Situation bestmöglich bewältigen zu können. Gemeinsam blicken wir mutig und zuversichtlich in die Zukunft.

Ich gratuliere dem Collegium Canisianum zur Herausgabe der Festschrift anlässlich des 500. Geburtstags des Heiligen Petrus Canisius. Als internationales theologisches Kolleg in der Trägerschaft des Jesuitenordens zeigt das Canisianum damit die Verbundenheit des Namensgebers mit der Stadt Innsbruck und dem Land Tirol, das angesichts der Bedrohung Tirols durch die Truppen Napoleons nach einem Beschluss des engeren Ausschusses der Tiroler Landstände über Antrag des Stamser Abtes Sebastian Stöckl am 1. Juni 1796 Schutz und Hilfe bei Gott gesucht hat. Tirols Landstände gelobten, das Herz-Jesu-Fest jedes Jahr im ganzen Land mit einem feierlichen Hochamt zu begehen.

Das Land Tirol hält auch noch heute an der alljährlichen Gelöbniserneuerung fest. Und so ist es mir als Landeshauptmann von Tirol deshalb ein großes Anliegen, das Herz-Jesu-Fest als „Tag der Herzlichkeit" zu begehen und zu feiern.

Ihr
Günther Platter
Landeshauptmann von Tirol

Herzfeuer für die Weltkirche

Das Collegium Canisianum in Innsbruck feiert heuer den 500. Geburtstag seines Namenspatrons Petrus Canisius. Der sperrige Heilige, seit 1964 Patron der Diözese Innsbruck, ist tatsächlich eine Neu-Entdeckung wert. Er war im 16. Jahrhundert die maßgebliche Gestalt der katholischen Reform im deutschsprachigen Raum. Trotz großer Widerstände hat er sich für eine lebendige und volksnahe Verkündigung des Evangeliums eingesetzt. Sein Katechismus, der Versuch einer Zusammenschau und Vermittlung des katholischen Glaubens, hat über Jahrhunderte unzählige Generationen geprägt. Um den umtriebigen Heiligen nicht nur zu ehren, sondern in neuer Weise von seiner christusförmigen Haltung zu lernen, haben wir uns vorgenommen, „500 Herzfeuer" des Glaubens und der Nächstenliebe in diesem Jubiläumsjahr zu entzünden. Das Collegium Canisianum ist ein schon lang brennendes Feuer intellektueller und menschlicher Schulung.

Auf Petrus Canisius geht die Gründung des Jesuitenkollegs und des angrenzenden Akademischen Gymnasiums in Innsbruck zurück – darauf aufbauend konnte später die Universität errichtet werden. Bis heute inspiriert diese lichtvolle Leitfigur die Ausbildung von Priestern und kirchlich engagierten Menschen aus der ganzen Welt durch die Gesellschaft Jesu. Glaube und Vernunft gehörten für den gelehrten Volksmissionar selbstverständlich zusammen. Trotz seiner großen missionarischen Reisetätigkeit und vielfältigen Aufgaben als Volksprediger, Berater am kaiserlichen Hof, Provinzial, Theologieprofessor und Teilnehmer an Reichstagen hat Petrus Canisius nie die Sorge für den Einzelnen vergessen: die begleitende Seelsorge! Seine Hilfe galt stets dem konkreten Menschen in seiner momentanen Bedürftigkeit – nicht minder richtungsweisend für heutige Pastoral. Wir brauchen viele neue Herzfeuer, entzündet an der tröstenden und befreienden Botschaft Jesu!

Canisius' Motto lautete: „Persevera!" Sein Glaubensmut, seine Spiritualität, seine Leidenschaft und seine Geisteskraft spiegeln sich bis heute im ganzheitlichen Sozial- und Bildungsauftrag jenes humanistischen Ideals wider, das den Orden der Jesuiten von Anfang an prägt. Im Canisianum werden Priester aus der ganzen Welt für ihren priesterlichen Dienst geformt und gefördert. Sie finden während ihrer Ausbildung an der Katholisch-Theologischen Fakultät der Universität Innsbruck im Konvikt Heimat und Räume der Hoffnung und Freude. Als Absolventen sind sie befähigt und bestärkt, den jeweiligen gesellschaftlichen und kirchlichen Herausforderungen in ihren Heimatdiözesen kreativer, geduldiger und effektiver zu begegnen – und die Schönheit unseres Glaubens zum Leuchten zu bringen. So ist das weltweite Netzwerk, das der Jesuitenorden mit seinem internationalen theologischen Kolleg unter der Vision von Canisius spannt, von unschätzbarem Wert für den Missionsauftrag der Kirche im Dienst an den Menschen unserer Zeit.

In Dankbarkeit für das Canisianum – ein Herzfeuer weltkirchlicher Verbundenheit

Hermann Glettler
Bischof von Innsbruck

Das Petrus-Canisius-Jahr 2021

Die Diözese Innsbruck feiert 2021 den 500. Geburtstag ihres Diözesanpatrons, des Heiligen Petrus Canisius, eine jener historischen Persönlichkeiten, deren Einfluss und Wirken weit über ihre eigene Lebenszeit hinausreicht.

Das Petrus-Canisius-Jahr erinnert uns einmal mehr daran, dass jeder, jede Einzelne nicht nur das eigene Leben, sondern auch das gemeinschaftliche Leben tatkräftig angehen – vorangehen – und so sogar den Lauf der Geschichte verändern kann. Wer sich so unermüdlich, so voller Überzeugungskraft und Leidenschaft für eine Sache, für die Gemeinschaft einsetzt, hinterlässt auch bleibende Spuren.

Petrus Canisius – Jesuit der ersten Stunde, Leitfigur der Gegenreformation, Volksprediger, Berater der Mächtigen, Katechet und Bestsellerautor, Reisender – war so eine Figur: Jemand, der vorangegangen ist, Spuren gesetzt hat, so dass andere seinen Spuren folgen können. Spuren, die man bis heute noch in unserer Stadt finden kann. Spuren, welche die Basis für die Universitätsstadt Innsbruck gelegt haben. Bildung, religiöse Bildung, universitäre Bildung, aber auch Volksbildung waren die Instrumente seiner Wahl, um möglichst viele Menschen nachhaltig für seine Werte und Ideen, die Werte der Gegenreformation, einer Reformation der katholischen Kirche von innen, gewinnen zu können.

Innsbruck hat von diesem Bildungseifer profitiert. Die Gründung des Jesuitenkollegs und des akademischen Gymnasiums bereiteten fast genau 100 Jahre später den Weg für die erste Universität in Innsbruck. Insofern ist Petrus Canisius, mit all seinen Licht- und Schattenseiten, eine prägende historische Gestalt nicht nur für die katholische Kirche, sondern auch für unsere Stadt. Mit dem Collegium Canisianum hat Innsbruck eine führende postgraduelle theologische Ausbildungsstätte, die auch heute noch viele internationale Studierende zu uns zieht. Studierende, die während ihrer Ausbildungszeit nicht nur den canisianischen Geist leben, sondern vielleicht auch ihr Herz für Innsbruck öffnen und so das Bild unserer Stadt als eine weltoffene Stätte geistiger Aus- und Fortbildung, mit in ihre Heimat nehmen.

Petrus Canisius hat uns vorgelebt, dass man auch in schwierigen Zeiten, in Zeiten des Konflikts, des Umbruchs, Verantwortung übernehmen und handlungsfähig bleiben kann. Weitermachen, weitergehen, auch wenn man dabei im wahrsten Sinn des Wortes „seine Schuhe durchläuft", bringt uns weiter. Das gibt Hoffnung auch für unsere Zeit.

Georg Willi
Bürgermeister der
Landeshauptstadt Innsbruck

Formung von Hirn und Herz

Priesterausbildung im Kontext der Weltkirche: Dafür steht das Collegium Canisianum seit seiner Gründung. Ganz gleich, wo es untergebracht war und wie es ausgerichtet ist: als Nikolaihaus an der Ecke Sillgasse – Universitätsstraße, als wuchtiger, im Oktober 1911 eröffneter Neubau in der Tschurtschenthalerstraße im Stadtteil Saggen oder jetzt (seit 2013) im Jesuitenkolleg in der Sillgasse. Und unabhängig davon, ob es als internationales Priesterseminar oder (wie seit 2007) als Kolleg geführt wird, in dem hauptsächlich Priester weiterstudieren. Studierende aus fünf Kontinenten, verschiedensten Nationen, Diözesen und Ordensgemeinschaften gehören zu seinen Absolventen: die Altcanisianer.

Unter dem Giebel der Hauptfassade des Neubaus von 1910/11, der seit 2013 ein Studentenwohnheim beherbergt, ist ein Fresko angebracht: Es zeigt Petrus Canisius (1521–1597) mit dem Katechismus in der Hand. Alt und Jung hören ihm zu. Nach dem Heiligen und Kirchenlehrer ist das Canisianum benannt. Ihn hat die Diözese Innsbruck 1964 bei ihrer Errichtung zu ihrem Patron gewählt.

„Bestsellerautor", „Bildungsreformer", „Botschafter Europas", „zweiter Apostel Deutschlands": Etiketten wurden ihm viele angehängt. Jesuit und Theologe, Prediger und Katechet, Universitätsrektor und Dekan, Vorkämpfer der Gegenreformation: Was er alles war und was er alles werden sollte! Um ein Haar wäre Petrus Canisius Bischof von Wien geworden. Das konnte verhindert werden, dafür musste er (vorübergehend) als Administrator zur Verfügung stehen. Der erste deutsche Jesuit wurde auch Provinzial, ganze dreizehn Jahre lang. Zur Oberdeutschen Provinz gehörten damals auch Österreich und die Schweiz. Welche Flächen! Und diese Distanzen! Petrus Canisius war oft auf Achse, aber ohne ICE oder Düsenjet. Sein Aktionsradius reichte von Messina bis Osnabrück, von Worms bis Wien und weiter nach Prag, von Innsbruck und Hall bis Fribourg in der Schweiz. Mehrere Katechismen verfasste er. Päpste und Kardinäle, Könige und Kaiser fragten ihn um Rat. Auf Reichstagen und bei Religionsgesprächen ist er ebenso zu finden wie auf dem Konzil von Trient.

Ein Multitalent also! Ein Macher und Organisator. Aber auch ein Mensch mit Schwächen. Einer, der Fehler machte, sogar schwere, als er etwa, ganz Kind seiner Zeit, dem Hexenwahn verfiel und ihn sogar verschärfte. Auf dem Auge war er blind! Es ist richtig, dass diese Seite in neueren Biographien nicht (mehr) verschwiegen wird. Trotzdem ziehe ich den Hut vor ihm: vor seiner Verfügbarkeit, vor seiner Vielseitigkeit, vor seiner Frömmigkeit. Die Reform von Strukturen in der Kirche setzt die Reform der Herzen voraus: Das war Petrus Canisius bewusst. Sonst bleiben Strukturreformen wirkungslos.

Das Canisianum will exzellente Priester ausbilden helfen. Dazu gehört die Formung von Hirn und Herz. Dem fühlen wir Jesuiten uns verpflichtet. Und das wird auch in der neugegründeten Zentraleuropäischen Provinz so sein, die sogar noch größer ist als das Territorium, das seinerzeit Petrus Canisius zu verwalten hatte. Was uns eint, heute wie damals: der Glaube, dass es lohnt, „alles zur größeren Ehre Gottes" zu riskieren.

Bernhard Bürgler SJ,
Provinzial der Zentraleuropäischen Provinz der Jesuiten

Vorwort

Wenn das Collegium Canisianum in diesem Jahr eine Festschrift vorlegt, dann hat es dafür einen doppelten Anlass. Zum einen soll an den 500. Geburtstag des heiligen Petrus Canisius erinnert werden, den Namenspatron unseres Kollegs, der am 8. Mai 1521 in Nijmegen in den heutigen Niederlanden zur Welt kam. Zum anderen möchten wir einen Beitrag leisten, die Geschichte unseres Kollegs bis zur Gegenwart fortzuschreiben. Denn das letzte größere Werk, das sich mit der Geschichte des Canisianums beschäftigte, war die *Festschrift zur Hundertjahrfeier des Theologischen Konvikts Innsbruck* im Jahr 1958.

Eine der einschneidendsten Veränderungen in den letzten sechzig Jahren war wohl die Umwandlung des Canisianums von einem Internationalen Priester*seminar* zu einem Internationalen Priester*kolleg* im Jahr 2007. Damit verbunden war die Rückkehr des Canisianums 2013 aus der Tschurtschenthalerstraße an seinen örtlichen Ursprung, nämlich das Jesuitenkolleg in der Sillgasse. Dort befand sich das Konvikt bereits im sogenannten Nicolaihaus von seiner Gründung 1858 bis 1911. Mit der Umwandlung des Kollegs und dem Umzug ging eine Reduzierung der Zahl seiner Bewohner einher. Lebten in den 1970er-Jahren einmal im Priesterseminar bis zu 180 Seminaristen, so sind es heute 40 Priester, die im Canisianum wohnen und an der Theologischen Fakultät der Universität Innsbruck ein Doktoratsstudium absolvieren. Nach dem erfolgreichen Abschluss ihres Studiums werden sie Schlüsselpositionen in Kirche, Wissenschaft, Gesellschaft und Kultur in ihrem Heimatland übernehmen. Gegenwärtig kommen die Doktoranden unseres Kollegs aus fünfzehn Nationen und dreißig Diözesen. Diese Internationalität ist ein einzigartiges Abbild der Weltkirche.

Wenn sich die Rechtsform des Kollegs in den letzten Jahren auch geändert hat, so haben sich die Aufgaben und Ziele des Canisianums seit seiner Gründung doch nicht verändert, sondern wurden nur zeitbedingt angepasst. Zu den Zielen des Kollegs gehören: eine gediegene, fachlich ausgezeichnete wissenschaftliche Ausbildung, menschliches Zusammenleben in einem Klima der Toleranz und des gegenseitigen Respekts trotz unterschiedlicher kultureller Herkunft und religiöser Erfahrung und schließlich die Vertiefung des bisherigen geistlichen Lebensweges in der Tradition der ignatianischen Spiritualität. Diese Aufgaben und Ziele sollen auch in Zukunft gelten und verwirklicht werden.

Wenn unsere Festschrift dazu beiträgt, Petrus Canisius in seiner historischen Bedeutung für unsere Diözese und Stadt neu ins Bewusstsein zu bringen und darüber hinaus durch interessante Berichte und persönliche Erlebnisse aus der Zeit von 1958 bis heute einen Einblick in das Leben des Canisianums zu vermitteln und den Geist, der das Canisianum in dieser Zeit erfüllt hat, „erlebbar" und spürbar zu machen, dann hat die Festschrift ihren Zweck erfüllt. Ohne Zweifel gäbe es noch eine Vielzahl von interessanten Beiträgen aus den letzten 60 Jahren der Kollegsgeschichte, die wir aber aus redaktionellen Gründen nicht berücksichtigen konnten, was uns natürlich leid tut.

Ein herzlicher Dank gebührt allen, die zum Entstehen dieser Festschrift beigetragen und auf diese Weise auch die Geschichte des Canisianums fortgeschrieben haben. Namentlich hervorheben möchte ich Mag. Wilhelm Remes, ohne dessen Energie und Umsicht das Werk nicht zustande gekommen wäre.

Danken möchte ich auch den vielen Menschen, die in den letzten Jahrzehnten unser Kolleg mit ihrer Freundschaft und ihrem Gebet, aber auch durch ihre Großzügigkeit unterstützt und begleitet haben. Ihnen sei die Festschrift ein kleines Zeichen unseres Dankes.

P. Andreas Schermann SJ
Rektor des Canisianums

I. DER HL. PETRUS CANISIUS UND DAS CANISIANUM

Talar aus dem Grab des Petrus Canisius, seit 1623 im Reliquienbestand des Kollegs St. Michael zu Fribourg (Schweiz), 1925 dem Archiv der Oberdeutschen Provinz SJ in München übergeben.

Innsbruck – eine Petrus-Canisius-Stadt

Vortrag in der Aula des Canisianums am Montag, dem 28. April 1997[1]

Mag. Philipp Überbacher

Wer immer sich mit Petrus Canisius auseinandersetzt, wird sehr schnell beeindruckt sein von seinem unglaublichen äußeren Einsatz und Arbeitseifer. Dies gilt umso mehr, als die Mitte des 16. Jahrhunderts alles andere als von leichter Art des Mobilseins war. Wir treffen immerhin auf einen Menschen, der, so haben es Berechnungen ergeben, insgesamt um die 60.000 Kilometer zu Fuß, mit der Kutsche, zu Pferd oder mit Flößen und Schiffen zurückgelegt hat.[2] Es waren Wege hin zu Menschen, die die Geschicke von Städten, Fürstentümern, Diözesen, Klöstern, von Ländern, ja der gesamten Kirche lenkten. Man könnte ihn darum einen geschickten Diplomaten, einen klugen Verhandler, einen aufgeschlossenen Kirchenmann und nicht zuletzt auch einen erfolgreichen Jesuiten nennen.

Alle diese Attribute treffen etwas von dem, was die Geschichte an den Wirkungen, die er ausgelöst hat, ablesen kann. Sie treffen aber kaum das, was die spirituelle Mitte dieses Heiligen ausmachte. Die angedeuteten 60.000 Kilometer bedeuten schlichtweg gar nichts, wenn wir etwa jenen Reisen nachgehen wollten, die

Sinnbildlich für die 60.000 Reisekilometer des hl. Petrus Canisius stehen seine zerschundenen Schuhe, die unter dem Altar der Canisius-Kirche im niederländischen Nijmegen verwahrt werden.

Der 1521 geborene Canisius in jungen Jahren; aus dem Triptychon der Familie Van Triest-Kanis, um 1560. Es befindet sich in seiner Geburtsstadt Nijmegen im Museum Commanderie van Sint-Jan.

Canisius in das Innere der Menschen unternommen hatte. Er selbst war als noch nicht einmal Zwanzigjähriger im geistlichen Umfeld seines geistlichen Begleiters Nikolaus von Esche und in dem der Kölner Kartause St. Barbara mit dem bekannten Prior Gerhard Kalckbrenner zu dieser Reise nach innen aufgebrochen, nachdem bereits eine ganz andere Reise angepeilt und verwirklicht werden sollte, nämlich in die Fußstapfen seines Vaters, des hochangesehenen Bürgermeisters seiner Heimatstadt Nijmegen, zu treten. In dieser Kölner Zeit, es waren etwa sieben Jahre, vollzieht sich der entscheidende Umbruch im religiösen Leben des jungen Canisius. Vor allem aufgrund von Begegnungen mit herausragenden Persönlichkeiten werden die Kölner Jahre für ihn entscheidend. Canisius selbst beschreibt diese Jahre rückblickend in seinen »Confessiones« so: »Darum hast du, o Gott, meinem Vater Jakob den Gedanken eingegeben, mich nach Köln zu schicken, um dort höheren Studien zu obliegen. Hier aber erfuhr ich an mir die vielfältige Wirkung deiner Güte ... Denn du besorgtest mir einen edlen Gastfreund in Andreas Bardwick, diesem hochverehrten Theologen. An Vaters Statt schenktest du mir Nikolaus Esch, einen Priester von seltener Frömmigkeit.«[3] Durch die Lektüre religiöser Bücher wurde Canisius in den Geist der Devotio moderna und in die rheinisch-flämische Mystik eingeführt. So entwickelte sich bei ihm eine biblisch geprägte und sehr persönlich ausgerichtete, christozentrische Frömmigkeit.[4] Nicht spitzfindige theologische Spekulationen, auch nicht in sich selbst versunkene Pflege mystischer Meditationen waren das Erstnotwendige, sondern einfach der Weg der Nachfolge Christi.[5] Man muß sich vorstellen, daß die Kölner Kartause das wichtigste Zentrum katholischer Aktivität in Köln war und ein Strahlungszentrum bildete, dessen erstes Anliegen und Bemühen eine wirkliche Reform der Kirche von innen her war.[6] Bei der Berücksichtigung der geschichtlichen Quellen, die wir aus dieser Zeit von Canisius besitzen, können wir das Werden seiner geistlichen Gestalt letztlich nur verstehen, wenn wir uns einen Menschen vorstellen, der nach der Substanz des Christlichen suchte, welche endlich in einer geheimnisvollen Begegnung mit Gott einmündete. Eine solche Annäherung an die Geschichte seines Herzens ist und bleibt ein gewagter Versuch, aber er bleibt ein vielversprechender Versuch. Denn um mit den Worten von Hugo Rahner zu sprechen, beginnen die großen Taten der Kirchengeschichte immer in der stillen Mitte eines Herzens.[7]

Im Jahre 1543 erfolgte für Petrus Canisius eine für seine künftige spirituelle Ausrichtung entscheidende Begegnung. Durch einen spanischen Mitstudenten hatte er erstmals von der Existenz des neuen Ordens der »Gesellschaft Jesu« gehört. Gespannt auf weitere und eingehendere Informationen, reiste Canisius sofort nach Mainz, als er erfuhr, daß der dem Gründerkreis angehörende Jesuit Peter Faber in einer päpstlichen Mission nach Deutschland komme. Vom Zusammentreffen mit Peter Faber berichtet Canisius an einen Freund in Köln: »Ich habe den Mann, den ich suchte, zu meinem großen Segen gefunden. Noch nie habe ich einen so hochgelehrten Theologen kennengelernt, noch keinen Menschen von so ausgezeichneter Tugend. Seine geistlichen Überlegungen haben meine Seele ganz umgestaltet. Eine neue Kraft lebt in mir. Der Reichtum göttlicher Gnade wirkt sich sogar auf meinen Körper aus. So kann ich sagen, daß ich ein ganz neuer Mensch geworden bin.«[8] Nach den 30-tägigen Exerzitien, die Canisius 1543 in Mainz bei Peter Faber machte, folgten bald lebensentscheidende Beschlüsse. An seinem 22. Geburtstag, dem 8. Mai 1543, verspricht er in einem feierlichen Gelübde, sich unter den Gehorsam der Gesellschaft zu stellen, die den Namen Jesu trägt. Von jetzt an war er selbst einer, der alle Seelen zu dieser Reise nach innen motivieren und mitreißen wollte und wohl auch konnte. Sein Grundmotto als Jesuit mußte von nun an lauten: Reformiere dein Herz und du reformierst die Welt.

So – und ich möchte fast sagen, nur so – darf es sich eine Gruppe von Menschen heute erlauben, gemeint ist das Komitee, das für die Veranstaltungen dieses Gedenkjahres in dieser Diözese verantwortlich zeichnet, Innsbruck eine »Petrus-Canisius-Stadt« zu nennen. Nämlich mit dem ehrlichen Wunsch und mit dem zentralen Anliegen, daß sich die Menschen dieser Stadt und dieser Diözese reformieren und ihre Herzen verwandeln lassen.

Diese Feststellung soll keinesfalls die äußeren Aktivitäten und Initiativen des Heiligen für Innsbruck, seine Umgebung und für das Land Tirol schmälern oder sogar herabwürdigen. Die Kollegsgründung von Innsbruck im Jahre 1562, sein unermüdlicher Einsatz für die Erziehung der Jugend, seine Predigttätigkeit am Hofe von Innsbruck bei Erzherzog Ferdinand II. von Tirol und in der Kirche von St. Jakob, seine Beraterfunktion der Ortsbischöfe, die Teilnahme an der berühmten Theologenkonferenz zu Innsbruck von 1563 kurz vor Abschluß des Tridentinum oder sein Einsatz für die Lösung der Turbulenzen um die Kollegsgründung in Hall im Jahre 1573. Aus all dem liest die Geschichte eine überdurchschnittliche Kompetenz und einen gewaltigen Einsatzwillen eines von Reformeifer erfüllten Menschen heraus, der den Beginn der katholischen Reform in Tirol entscheidend mitgeprägt hat und dessen Weichenstellungen bis in die jüngste Vergangenheit herauf wirksam waren. Denken wir etwa nur an die Verwendung des liebevoll genannten »CANISI« – also seines

Schreibkästchen des Petrus Canisius, im Kästchen ein Tintenfaß und ein Sandstreuer.
München, Archiv der Deutschen Provinz der Jesuiten.

»Catechismus minor«, des berühmtesten seiner drei Katechismen – als Religionsbuch in den Schulen dieses Landes. Und trotzdem wird man stutzig. Populär und bekannt ist Petrus Canisius eigentlich nie so richtig geworden. Zu nüchtern, zu ernst und zu stark intellektuell, fast unnahbar und asketisch blieb dieses Persönlichkeitsprofil, als daß es die Herzen der Innsbrucker und Tiroler zu erobern vermocht hätte oder daß es sogar eine populäre Heiligengestalt abgegeben hätte.

Seine äußere Wirkungsgeschichte kommt kaum an das heran, was die spirituelle Mitte dieses Menschen ausgemacht hat, von der heraus er ein Leben lang zu leben versuchte und die allein es legitim erscheinen läßt, 400 Jahre später eines Heiligen der Gegenreformation zu gedenken. Würde man nämlich nur bei der äußerlich feststellbaren Sichtweise dieser Persönlichkeit stehen bleiben, dann wäre es besser, wir würden Petrus Canisius in seiner geschichtsbedingten Ferne stehen lassen, ohne ihn künstlich zu aktualisieren und für die Gegenwart herüberzuretten. Aber, und so drückt es der Frankfurter Dogmatiker Medard Kehl treffend aus, es entspricht, bei aller notwendigen Distanzierung von überholten Auffassungen und Praktiken der Vergangenheit, unserem Kirchenverständnis, daß das gläubige Gedächtnis der Kirche in ihrer Geschichte stets das Bleibend-Gültige, das vom Geist Gottes Eingegebene sucht, um es für die jeweilige Gegenwart fruchtbar zu machen.

Zunächst gilt es einmal, die geschichtliche Fremdheit dieser Gestalt und ihrer Zeit auszuhalten. Canisius gehörte zwar nicht zu den Scharfmachern der Gegenreformation. Nein, er unterscheidet sich recht wohltuend von der allgemeinen rohen religiösen Polemik vieler Zeitgenossen. Als bekanntestes Beispiel für uns Innsbrucker kann das Zeugnis des Franziskanerpaters, des Hofpredigers zu Innsbruck und Weihbischofs von Brixen, Johannes Nasus, gelten. Seine Derbheit und seine Angriffe gegen die Protestanten sowie gegen die Jesuitenpatres und seine eigenen Ordensgenossen geben ein lebendiges Zeugnis ab, welcher Umgangston damals eigentlich „in" war. Nicht so Petrus Canisius. Von Verunglimpfungen seiner Gegner hält er sich fern, und in der allgemeinen religiösen Polemik seiner Zeit fällt er durch eine versöhnlichere Einstellung auf. Dahinter jedoch eine Frühform »ökumenischen Geistes« zu vermuten, verfälscht radikal die geschichtliche Realität seines Einsatzes für diese Stadt und dieses Land. Sein vornehmerer Umgang mit den religiös Andersdenkenden entsprang keineswegs der Überzeugung, ihnen ein legitimes Recht auf ihre Position zuzubilligen oder gar in einem partnerschaftlichen Dialog etwas Wichtiges für die eigene Wahrheitserkenntnis lernen zu können. Nein, ganz im Gegenteil: Sein Umgangsstil mit dem Gedankengut und den Thesen der Reformatoren entsprang konsequent der völlig negativen Einschätzung der Reformation durch die Jesuiten damals und ihrer Grundrichtung der Reaktion gegen sie. Die Reformation wurde wie in allen »gut katholischen Kreisen« damals als großes Unglück angesehen, als Strafe Gottes für die Sünden der Christen, als eine schwere Krankheit und als Abfall vom Glauben. Als Gegenmittel, um die Menschen davon zu heilen und zum einzig wahren Glauben der Kirche zurückführen zu können, eignete sich aber nach der Meinung vieler Jesuiten der ersten Generation weniger die übliche öffentliche Polemik, sondern viel mehr die Entschiedenheit, die eigene Glaubenswahrheit in aller Freundlichkeit und in unmißverständlicher Eindeutigkeit darzustellen und sie besonders in einem glaubwürdigen Leben zu praktizieren.

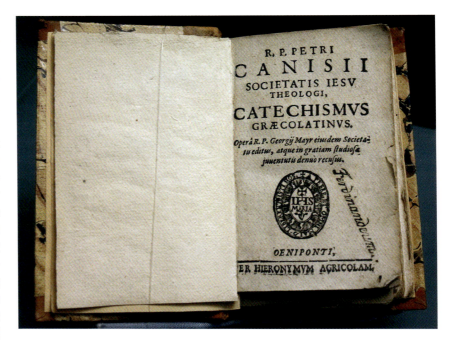

1551 beauftragte König Ferdinand I. die Jesuiten in Wien, ein theologisches Handbuch zu verfassen. Petrus Canisius modifizierte diesen Wunsch und begab 1555 den Katechismus für Abschlußklassen von Kollegien und Universitätsstudenten. Diesem folgte ein kleiner und mittlerer Katechismus sowie zahlreiche Auflagen und Bearbeitungen wie jene in der Abbildung, erschienen in Innsbruck.

Durch die Gründung von Schulen, 1562 wird in Innsbruck das Jesuitenkolleg eröffnet, durch die breitgestreute und volksnahe Kinder- und Erwachsenenkatechese – Canisius hatte zu dieser Zeit bereits seine drei Katechismen veröffentlicht (1555–1558) –, durch eine vertiefte Pflege der herkömmlichen Frömmigkeit und ihrer Ausdrucksformen wie der Beichte, des Rosenkranzes, Wallfahrten usw., wurde im Grunde eine katholische Gegenkultur gefördert. Das trieb letztlich den Prozeß der »Konfessionalisierung« des Christentums voran. Denn sowohl die Katholiken wie die Lutheraner und die Kalvinisten profilierten sich gegenseitig durch eine »Reform des Lebens und der Sitten« zu immer entschiedeneren Vertretern ihrer Konfessionen. Was die konfessionell getrennte Christenheit einigen sollte, beschleunigte im Grunde die Entwicklung zu einer konfessionell getrennten Christenheit. Heute, im Nachhinein, können wir das feststellen. Den Absichten eines Petrus Canisius entspricht dieses Ergebnis jedenfalls nicht.[9]

Tirol zur Zeit des Petrus Canisius

Die Zeitspanne des Wirkens von Petrus Canisius in Tirol (ca. 1560–1580) fällt in eine jener geschichtlichen Epochen, die wir gerne als Umbruch- oder Wendezeiten für ein Volk oder ein Land zu bezeichnen pflegen. Vergegenwärtigen wir uns die Situation des Landes in der zweiten Hälfte des 16. Jahrhunderts, so fällt auf, daß das »Land im Gebirge« von den geistigen, politischen und sozialen Bewegungen der soeben begonnenen Neuzeit nicht nur leise gestreift, sondern aufgewühlt, mitgerissen und tüchtig durchgebeutelt worden war.

Die Ideen der Reformatoren aus Deutschland und der Schweiz stellten, wenn wir so wollen, das sensible und delikate Gleichgewicht zwischen Thron und Altar bedrohlich in Frage. Die führenden Persönlichkeiten des Landes erkannten rasch, daß das neue religiöse Gedankengut im sozialen, wirtschaftlichen und im politischen Bereich gewaltige Konsequenzen haben würde. Als die »neugläubigen Bücher« den »Tiroler Büchermarkt« zu beherrschen begannen, erschienen ihnen gegenüber die veralteten katholischen Schriften als die Zurückgebliebenen und Unterlegenen. Als die wortgewandten und gebildeten Prediger der neuen Kirche auftraten, fiel ihnen die Frucht des Erfolges angesichts des niveaulosen und bildungsmäßig heruntergekommenen Klerus der alten Kirche gleichsam von allein zu.

Die Bischöfe des Landes – es waren insgesamt vier Diözesen in Tirol vertreten – waren dieser wuchtigen Herausforderung, die die Reformation mit sich brachte, gar nicht oder nur ansatzhaft gewachsen. Das Konzil von Trient (1545–1563) betonte zwar die Wichtigkeit des Seelsorgebischofs, dem die Verpflichtung der Predigt, die Visitation seiner Gemeinden sowie die Abhaltung von Synoden und die Errichtung von Priesterseminaren aufgetragen worden war. Die Bischöfe Georg von Österreich (1525–1539), Andreas von Österreich (1591–1600) und Karl von Österreich (1613–1624), alle Bischöfe der Diözese Brixen, besaßen allerdings nicht einmal die höheren Weihen. Etwas besser war es im Trienter Anteil der Diözese bestellt, die in Bernhard von Cles (1514–1539) einen reformfreudigen Oberhirten besaß. Freilich glänzte auch er durch seine häufige Abwesenheit im Kirchensprengel. Der Salzburger Erzbischof, Matthäus Lang (1519–1540), wiederum ging gegen Hutterer und evangelische Prediger sehr streng, entschieden und kompromißlos vor. Im Churer Anteil hingegen, das betraf vor allem den oberen Vinschgau, konnte der Bischof Paul Ziegler (1505–1541), die Einführung der Reformation durch Johannes Commander nicht aufhalten.

Entscheidend für das Überleben des Katholizismus in Tirol war der Wille und der Einsatz des Habsburger Herrscherhauses zur Verteidigung der alten Kirche. Auch hier galt wie in den übrigen deutschen Landen: Sieg oder Niederlage, Erfolg oder Mißerfolg. Als die Lehren der Reformatoren im Land vor allem durch Urbanus Rhegius und Jakob Strauß zunächst in den Bergwerkstädten Hall und Schwaz Fuß faßten, ging Erzherzog Ferdinand I. schon 1522 mit Verboten gegen die neue Lehre vor, ohne damit die aufgewühlten Gemüter zu beruhigen. Zu den religiösen Nöten der Zeit kamen nämlich soziale und wirtschaftliche Spannungen hinzu, die sich 1525 im Tiroler Bauernaufstand unter Michael Gaismair Luft verschafften. Der päpstliche Nuntius bei Erzherzog Ferdinand I., Girolamo Rorario, klagte durch die Ereignisse im Lande völlig überrascht und verstört: »Ganz Deutschland befindet sich in einem Durcheinander, es ist keine Hoffnung mehr außer Gott und schon hat das Durcheinander auch in diesem Land begonnen.«[10] Damit schien er recht zu bekommen. Denn kaum war der Bauernaufstand verebbt, als sich bereits wie ein Lauffeuer die Täuferbewegung verbreitete. Die Lehre der Täufer fand in der Tiroler Bevölkerung noch viel mehr Anklang als die lutherische Lehre. Die bekannteste Führerpersönlichkeit aus ihren Reihen war Jakob Hutter aus Moos bei St. Lorenzen im Südtiroler Pustertal. Trotz der äußerst grausamen Verfolgung der Hutterischen Brüder durch die Obrigkeiten – Jakob Hutter wurde am 25. Februar 1536 öffentlich vor dem Goldenen Dachl verbrannt – haben sie ein ganzes Jahrhundert lang im Untergrund – man kann ruhig sagen heldenhaft – ihre Überzeugung weitergegeben.

Eine religiöse Neugeburt, das sahen Kaiser, Fürsten, Bischöfe und Kardinäle schließlich ein, ließ sich auf lange Sicht nicht mit Verboten oder Gewaltanwendung erreichen. Viele setzten ihre Hoffnung in ein allgemeines Konzil, das die nötigen Reformmaßnahmen für die kranke Kirche erlassen sollte. Nach einigen vergeblichen Anläufen wurde 1545 das Konzil von Trient eröffnet. Mit der Wahl des Konzilsortes Trient geriet Tirol gewissermaßen in den Mittelpunkt der Aufmerksamkeit des kirchlichen Geschehens. Für die Anreisenden aus den deutschsprachigen Ländern als auch für die aus romanischen Ländern war diese Stadt ein Kompromiß: noch in Alpennähe, aber bereits südlich des Alpenhauptkammes. Das Konzil in seiner – mit Unterbrechungen – achtzehnjährigen Tätigkeit leistete jene Arbeit, die damals als Antwort auf die Probleme gerechtfertigt erschien. Es gelang, das katholische Lehrsystem klar darzustellen. Was gefordert war und was der Kirche nottat, war eine reformierte geistliche Generation. Diese konnte sinngemäß nur von neuen Kräften kommen. Es darf uns daher nicht verwundern, daß gerade in

Canisius vor Kaiser Ferdinand I. und Otto Kardinal Truchseß von Waldburg; Letzterer entsandte Petrus Canisius 1547 als Begleiter von P. Le Jay SJ zum Konzil in Trient; Bild: Cesare Fracassini, 1864 Rom, Musei Vaticani, Galleria die Quadri Moderni

dieser Zeit auch eine Reihe neuer Ordensgemeinschaften gegründet worden ist, wie z. B. die Theatiner, Kapuziner, Barnabiten und Somasker. Die bekannteste und bedeutendste unter den Neugründungen wurde die des baskischen Edelmannes Ignatius von Loyola, die im Jahre 1540 von Papst Paul III. bestätigte Gesellschaft Jesu. Aus diesem Orden gingen sicherlich viele beispielgebende, notwendige und richtungsweisende Energien hervor. Die ersten aus diesem Kreis, die die deutschen Lande betraten, waren nicht geringere als Peter Faber, Petrus Canisius, Claudius Jajus und Alonso Salmeron. Das Zusammenspiel von Gemeinschaft und Dienst an und in der Kirche setzte die Grundsteine für neuerwachendes, katholisches Leben.[11]

Wir erblicken in Canisius einen Menschen, der die Wahrheit beherzt, würdevoll, nüchtern und liebevoll verteidigt. Von Rom verlangt er beispielsweise eine mildere Behandlung der Deutschen, »damit wir nicht den glimmenden Docht auslöschen«; denn »durch die scharfen Kuren ohne Liebe, wie die meisten antiprotestantischen Schriftsteller sie versuchen, reizen wir die Deutschen mehr, als wir sie heilen«. Ganz in diesem Geist argumentiert der Heilige, als er von seinem Generaloberen, P. Diego Laynez, tüchtige Mitarbeiter für das neue Kolleg in Innsbruck anfordert: »Das Tirolerland verdient unsere besondere Aufmerksamkeit, denn es ist noch besser katholisch als irgend ein anderes Gebiet Deutschlands und hat sich noch nicht so von den Häretikern umgarnen lassen, wie die anderen Länder. Wenn auch viele Orte schon verdorben sind, so kann man es doch zusammen mit Baiern den Stämmen Juda und Benjamin vergleichen, die noch den wahren Gott verehren ... Innsbruck ist, wie Euer Hochwürden wissen, das Herz und das Leben des ganzen Landes und wird vom guten Kaiser sehr geschätzt und geliebt; er hat es zur letzten Ruhestätte gewählt, wo er, wie ich nicht zweifle, leben und sterben will.«[12] Kaiser Ferdinand I. (1556–1564), den Canisius hier erwähnt, war die innere Erneuerung der Kirche ein ehrliches Herzensanliegen. Das Testament seines Vaters Maximilian enthielt den ausdrücklichen Wunsch, eine Kirche zu Ehren des hl. Leopold in Innsbruck zu errichten. Im zukünftigen Stift sollten zwanzig Regularkanoniker, sechzehn Priester, einige Diakone und Subdiakone und zwei gelehrte Personen Platz und Aufnahme finden. Ebenfalls sollten ungefähr 40 Studenten untergebracht werden, die sich auf das Priestertum vorbereiten konnten. Der Bau wurde in der Nähe der fürstlichen Burg so angelegt, daß er durch einen Gang mit ihr verbunden war. In zehnjähriger Bauzeit wurde das neue Kolleg von den Baumeistern Nicolaus Thüring und Marco della Bolla 1563 vollendet.

Der Ruf nach den Jesuiten

Von Anfang an scheint Kaiser Ferdinand entschlossen gewesen zu sein, das neuerrichtete Gebäude der Gesellschaft Jesu anvertrauen zu wollen. Es sollte jedoch ganz anders kommen. Wie bereits bei der Planung des Prager Kollegs, welches schon 1556 eröffnet worden war, wo es um grundsätzliche Meinungsverschiedenheiten in der Frage nach dem Standort ging und Canisius sich schließlich zugunsten der Hauptstadtlösung durchsetzte, mußte Ferdinand nun auch in Innsbruck einsehen, daß der Reformeifer der jungen Gesellschaft Jesu unvereinbar war mit seinem Wunsch zur Verpflichtung des Singens von feierlichen Vespern und der Verrichtung des täglichen Chorgebetes, wie es das maximilianische Testament vorgesehen hatte. Allein das diplomatische Geschick des Jesuitenprovinzials Canisius konnte das entgegenkommende Verhalten des Kaisers den Jesuiten gegenüber trotz ihrer Ablehnung nicht in Abneigung umschlagen lassen. Ferdinand beschloß nämlich, das Stift mit anderen für seine Pläne geeigneteren Klerikern zu belegen und teilte am 25. Mai 1560 der

Regierung in Innsbruck mit, er wolle »zu mehrerer Förderung der Ehre Gottes und Erhaltung der wahren, alten, christlichen, katholischen Religion nit allein den angefangenen neuen Stiftbau in das Werk zu richten, sondern auch darzue ein ordentlich Schuel zu Auferziehung und Unterweisung der Jugend in gueten Künsten, in literis, artibus, philosophia, theologia und christlicher Zucht und gueten Tugenden anzurichten, und die Gesellschaft der Jesuiten darzue zu gebrauchen.«[13]

Hier scheinen bereits die Keime der späteren Universität zu liegen, zumal der Kaiser an ein »Studium generale« – wie bekanntlich seit dem Mittelalter die Universität hieß – dachte. Von einer derartigen Gründung riet Pater Canisius ab, weil Innsbruck, wie er nach Rom schrieb, »durch sein Wetter für geistige Arbeit nicht geeignet ist«. Vielleicht lag es an dieser Canisianischen Stellungnahme, daß Innsbruck ein weiteres Jahrhundert auf seine eigene Universität warten mußte.[14] Trotzdem war der Startschuß für den Ruf der Jesuiten in die Hauptstadt des Landes Tirol getan. Vorerst ging er in Richtung einer gründlichen Jugenderziehung, denn zusätzlich zu »Litteris, Linguis, Artibus, Philosophia und Theologia« sollte man sie auch »in gueten Sitten und Tugenden instituieren, unterweisen und lehren«. Der junge Orden hatte bekanntlich frühzeitig entdeckt, daß Erziehung nicht nur ein vorzügliches Mittel für die menschliche und religiöse Entwicklung war, sondern auch ein wirksames Werkzeug zur Verteidigung des Glaubens. Die Prioritäten in der Ausbildung von Jesuiten wurden so auch zu Prioritäten jesuitischer Erziehungsarbeit überhaupt. Sie lagen in der Betonung der humanistischen Fächer, auf die dann das Studium der Philosophie und der Theologie folgten. Gemäß dem jesuitischen Prinzip sollte für die Dienste kein Entgelt, kein Schulgeld, genommen werden, sodaß ihre Kollegien ständig überlaufen waren. Nach und nach bildete sich ein Schulsystem heraus, dessen Stärke und Vorbildlichkeit auf der Einheitlichkeit der geistigen Konzeption und den aus ihr entwickelten pädagogischen Grundsätzen beruhte. Die Pädagogik wuchs aus der Erfahrung und wurde in ständigem Gedankenaustausch verbessert und den jeweiligen Verhältnissen angepaßt. Das Bildungsziel hieß Frömmigkeit, Gelehrsamkeit und sichere, elegante Fähigkeit des lateinischen Ausdrucks. Neben Bibel, Kate-

Katechismusunterricht für Kinder aus der Zeit des Petrus Canisius in Wien, wahrscheinlich ehemalige Jesuitenkirche. Auf kleinen Kanzeln halten Schüler öffentlich ihre „Disputation". Holzschnitt in: Georg Scherer, Katechismus oder Kinderlehr ..., Bruck (Mähren) 1600, Bl. 398.

chismus und Dogmatik bildeten namentlich Griechisch und Latein den Lehrstoff. Hinzu kamen Leibesübungen und Theateraufführungen, die kultur- und konfessionsgeschichtlich eine bedeutende Rolle zu spielen begannen. Die Mitwirkung am Gottesdienst war ebenso selbstverständlich wie die Teilnahme an den wöchentlichen lateinischen Disputationen. Als zweihundert Jahre später ein päpstliches Breve die Gesellschaft Jesu aufhob, zerstörte man zusammen mit den Tiroler Kollegien gleichzeitig ein Geflecht von 845 schulischen Institutionen, das ganz Europa, Amerika, Asien und Afrika bedeckte.[15]

Noch war es aber nicht soweit. Kaiser Ferdinand I. wollte, daß sich die Jesuitenpatres Petrus Canisius und Nikolaus Lanoy sofort nach Innsbruck begeben und »das Haus sowie zu der Schuel deputiert, besichtigen und alle andere Nothdurft, soviel zu der Schuel gehört, bedenken«. Erstmals sollten nun die königlich-kaiserlichen Komissäre den wählerischen Charakter von Jesuitenpatres zu spüren bekommen. Die vorgeschlagenen Gebäude als Unterkunft für die erste Jesuitenniederlassung in Tirol wurden nämlich von Canisius und Lanoy alle der Reihe nach als ungeeignet abgelehnt, entweder weil sie zu eng oder weil sie zu prächtig waren. So verwarfen sie das Angebot des sog. »Kräuterhauses«, heute Domplatz 3, wegen seiner Nähe zum Stadtgefängnis. Darauf wurde ihnen der Palast des Grafen Liechtenstein, heute Herzog-Friedrich-Straße 5, angetragen. Der erschien Canisius zwar geeignet, überstieg jedoch die zumutbaren Kosten für den Ankauf. Dann schlug man die sog. »Hölz'lsche Behausung« an der heutigen Universitätsstraße 6 als Jesuitenkolleg vor. Canisius und Lanoy befanden allerdings, daß »die Hölz'lsche neue Behausung sammt dem daran liegenden Stadl und Häusl zu der Herrn Jesuiten Collegio und lectoriis nit allein zu eng und zu klein, [sondern] auch die Gemach zu ihren den Herrn Jesuiten Nothdurft vast ungelegentlich sind«. Schließlich zeigten die Innsbrucker Regierungsbeamten den Jesuitenpatres noch das kaiserliche Spital, an der heutigen Ecke Universitätstraße-Angerzellgasse, in welchem 19 alte Menschen auf Kosten des Kaisers leben durften. Erst nach der Zusage, daß für die Armen anderswo gesorgt würde, ließen sich die beiden Patres auf Gespräche ein. Ein tiefes Aufatmen muß durch die Komissäre gegangen sein, wenn einer anschließend vermerkte: »Auf solches unser Fürhalten sein beede Herren Jesuiten lestlich willig gewesen, wo die armen Leut an ein anders Ort transferiert und Ihnen das Spital eingeben, dass Sie sich an der Behausung zu einem Anfang settigen lassen wollen.«[16]

Canisius seinerseits schien gleichfalls von den Regierungsherren der Stadt Innsbruck angetan gewesen zu sein. Er empfahl seinem General, nur tüchtige Patres nach Innsbruck zu senden, zumal die Regierungsleute kluge und gelehrte Leute seien, die jemanden wünschten, der alle ihre Ansprüche befriedige und ihre Zweifel und Fragen beantworten könne. »Wir erfahren hier von Seiten dieser Herrn das höchste Wohlwollen; sie sind sehr freigebig im Gestatten alles dessen, was wir verlangen. Ich kann dieses aus eigener Erfahrung bezeigen.«[17] Bei der allgemeinen Nachfrage um die Entsendung von Patres in alle Teile Europas und darüber hinaus war für den Provinzial Canisius nun nichts schwieriger, als bald Professoren für das Innsbrucker Kolleg zu bekommen. Er entschloß sich daher, vorerst den gebürtigen Haller, P. Karl Grim, von Wien nach Innsbruck zu senden, damit er dort die notwendigen Um- und Neubauten des Altenasyls leite. Kaum hatte er mit dem Baumeister Paul Uschall einen guten Plan für das Kolleg erstellt, verschied P. Grim an einem Lungenleiden. Canisius selbst fiel daraufhin die Leitung der Ausführungen der Pläne sowie die Sorge um eine ausreichende Fundation für das neue Kolleg zu. Er drängte daher leidenschaftlicher denn je beim Ordensgeneral, ihm ausreichend Arbeitskräfte für das Innsbrucker Kolleg zu entsenden. P. General Franz Borgia rüg-

Das älteste Kanisiusbild im Kollegium St. Michael zu Fribourg, wo Petrus Canisius von 1580 an seine letzten 17 Lebensjahre zubrachte.

te ihn darauf, »doch nicht so zu drängen ... und uns zur Last zu fallen«, da er ja selbst wisse, wie wenig Patres da seien. »Und außerdem«, so fährt Borgia weiter fort, »sind Ew. Hw. mit den geschickten, wie wir erfahren haben, nicht sehr zufrieden«. Die Bedeutung dieser neuen Schule für das Land Tirol wurde von Anfang an sehr hoch eingestuft. Allein aus den Eröffnungsfeierlichkeiten ersehen wir, daß man bemüht war, alles, was Rang und Namen im Lande hatte, zu informieren: »Allen und jeglichen Prälaten, Freiherrn, Rittern, Knechten, Pflegern, Landrichtern, Bürgermeistern, Richtern, Räthen und getreuen Unterthanen, Geistlichen, Weltlichen, in was Würde, Stands oder Wesen die allenthalben in unser fürstlichen Grafschaft Tyrol gesessen sein« wurde mitgeteilt, daß am Feste Johannes des Täufers – 25. Juni 1562 – das Kolleg feierlich eröffnet wird. Im Dankesschreiben an den Ordensoberen für die entsandten Jesuiten schlägt Canisius dieselben Töne an: »Dieses Colleg, welches im Namen des Kaisers weit und breit bekannt gemacht wurde, verspricht uns große Frucht im Herrn. Es hat überall ungewöhnliche Erwartungen wachgerufen und bietet den Auswärtigen und den Unsrigen große Vortheile.«[18] Alle Eltern des Landes wurden eingeladen, ihre »Kinder, Jugend und Verwandten, die doch zuvor des Lesens bericht seien, hieher zum Studiern und Lernung zu schicken, dahin zu weisen und anzuhalten, diese unsere Schuel und die Lectiones allda mit emsigen Fleiß zu besuechen.«[19]

Viel bessere Startbedingungen konnte man sich für eine Neugründung nicht wünschen. Canisius selbst eilte vom Konzil in Trient nach Innsbruck und stand den dreitägigen Eröffnungsfeierlichkeiten vor. Zu Beginn waren 71 eingeschriebene Studenten verzeichnet. Das Hauptgewicht legte man auf jene Klassen, welche man damals unter dem Namen Lateinschule oder Gymnasium zusammenfaßte, wobei die wichtigsten Fächer Rhetorik und Grammatik waren. Die rasch anwachsende Zahl auf 200 bis 250 Schüler und die Raumnot in den angemieteten Nachbargebäuden sowie in den Kollegsräumen selbst führten bereits 1606 zum Bau des neuen Gymnasiums an der Stelle des heutigen Karl-Rahner-Platz 3. Als Nachfolgeinstitution gilt das bis heute bestehende Akademische Gymnasium in der Angerzellgasse.

Die Auswirkungen der Gründung des Petrus Canisius in den folgenden Jahren

Wenngleich Canisius, wie ich bereits angedeutet habe, das Tirolerland noch für besser katholisch hielt als irgendein anderes deutsches Land, war er trotzdem realistisch genug, auch die religiöse Verwahrlosung vieler Orte zu sehen. Wie tief die Bildung im Tiroler Klerus gesunken war, veranschaulicht eine Aufzeichnung über einen Gesellenpriester namens Kaspar Lechner. Aus seinem »Curriculum vitae« geht hervor, daß er kein eigenes Brevier besaß, die Horen auch nicht beten konnte, die Absolutionsformel nicht wußte und noch nie das Glaubensbekenntnis gelesen hatte. Allerdings traute er sich zu, Sündenstrafen auszuteilen und Beschwörungen vorzunehmen. Die Pionierarbeit des Petrus Canisius hatte von solchen Umständen her gesehen auf längere Sicht für Innsbruck und ganz Tirol gewaltige Auswirkungen. In Innsbruck mit seinen knapp über 5000 Einwohnern zählte man kaum 12 Priester. Noch aus dem Jahre 1600 lesen wir in Visitationsberichten, daß von hundert Priestern in Tirol kaum zwanzig tauglich waren. Es gab Apostaten, Betrüger, Konkubinarier, unrechtmäßig Geweihte und solche, die die Messe nicht feiern konnten, weil sie die Konsekrationsworte nicht beherrschten. Das kaiserliche Errichtungsdekret für das Innsbrucker Kolleg führt den allgemeinen sittlich-moralischen Verfall ebenfalls darauf zurück, daß »solche spaltung zum maisten thail, auß dem mangl frummer, geschickhter und gelerter seelsorger ervolgt sein möchte«.[20] Es galt daher für den neuen Orden, die Pfarrseelsorge auf ein höheres Niveau zu heben, indem er den Klerusnachwuchs in Tirol gründlich reformierte und die Ausbildungstätten für ihn schuf. Weiterhin stellten sich die ersten Jesuiten in Tirol für die Schlüsselpositionen der Seelsorge zur Verfügung. So versorgten sie z. B. den Fürsten und seine Schwestern mit Beichtvätern, die Bischöfe mit Dompredigern für ihre Kathedralkirchen und die Hochschulen mit Theologieprofessoren. Alle diese Positionen hatte Petrus Canisius selbst nicht nur in Tirol inne. Dort, wo durch die weltliche oder geistliche Obrigkeit ein Kirchensprengel visitiert und reformiert werden sollte, wurden gewöhnlich Jesuiten als Berater angefordert. So wissen wir von einer 1569/70 durchgeführten Büchervisitation, die von einer Regierungskommission in Begleitung des Paters Nikolaus Lanoy in Kitzbühel, Kufstein und Rattenberg durchgeführt wurde. Für die ausgelieferten und konfiszierten Bücher bekamen die Menschen dann Gebetbücher und die neuen Katechismen des Petrus Canisius. Die Gesellschaft Jesu hatte meistens das, was andere Orden mit wenigen Ausnahmen nicht hatten, nämlich gewandte Prediger, eifrig im Gottesdienst und bereite Spender der Sakramente. Sie waren gut ausgebildet, unerschrockene Anhänger des Papstes und Verteidiger der katholischen Lehre und meistens auch echt in Wort und Tat.[21]

So erweiterten die Jesuiten ihr Tätigkeitsfeld rasch in die breitesten Schichten der Bevölkerung hinein. Von Innsbruck aus versorgten die Patres auch die umliegenden Ortschaften seelsorglich. Häufig fiel den Jesuiten die Aufgabe zu, für die Kinder und die Erwachsenen in Kirchen und Schulen Christenlehre zu halten. Das hieß oft nichts anderes, als ihnen in verständlicher Form, angefangen beim Vaterunser und den Zehn Geboten, die Kernstücke des katholischen Glaubens zu erklären. In den Chroniken wird dann vermerkt, daß sich immer zahlreiche Menschen um die Prediger aus der Gesellschaft Jesu drängten.

Anlässlich des 400. Todestages des hl. Petrus Canisius legte die österreichische Post eine offizielle Sondermarke auf mit der Darstellung „Canisius, der Kinderfreund" von Josef Bachlechner, 1912, in der Hauskapelle des Canisianums in Innsbruck.

Als ein solch freundlicher und kinderliebender Katechet blieb P. Canisius, wie es viele Darstellungen im Lande beweisen, den Menschen in lebendiger Erinnerung.

Ab 1586 wirkten die Patres auch in den Bergwerkzonen Tirols um Schwaz, und vier Jahre später erhielten sie durch ein bischöfliches Patent die Erlaubnis, überall im Lande Missionen zu halten. Gegenüber dem leichtfertigen Wandel, den rohen Sitten und dem geringen Bildungsgrad, wodurch bisher der Klerus in der Achtung des Volkes so sehr gesunken war, imponierte der Ernst, das kluge Benehmen und das überlegene Wissen der Jesuiten, die mit überzeugender Beredsamkeit auf der Kanzel die

Kirchenlehre zu verkünden und im Beichtstuhl so eindringlich ins Gewissen zu reden verstanden.[22] Wie wir aus den Chroniken wissen, wurde Innsbruck und seine Umgebung 1573 von einem Erdbeben heimgesucht. Dieses Ereignis stimmte die Bevölkerung verständlicherweise ängstlich. Indem die Jesuiten in diesen bangen Stunden beim Volk ausharrten, stieg deren Ansehen beträchtlich. Sie zogen mit den Betroffenen hinaus auf das freie Feld, wo man sicherer vor einstürzenden Mauern war. Auch in den Jahren der Pestseuche 1564 und 1589, als die meisten Geistlichen von Innsbruck und Wilten fluchtartig die Stadt verließen, blieben die Jesuiten in der Stadt und gingen in die Vororte, um der Bevölkerung in ihrer Not beizustehen. Für die praktische Seelsorge warteten die Jesuiten oft mit einer Reihe von neuen und unkonventionellen Methoden auf. Sie gaben den Gottesdiensten nach außen hin einen vor allem die Sinne ansprechenden festlich-feierlichen Charakter. Sie schmückten ihre Gotteshäuser bis zur Übersättigung nach dem Geschmack der Menschen. Das machte jene für einen weiten Kreis von Gläubigen anziehend und eindrucksvoll. Zusätzlich taten sich die Jesuitenpatres in der damals üblichen Praxis des Exorzismus hervor, zumal die Zeit voll von Hexenwahn und Teufelsspuk war. In diesem Zusammenhang wollte Erzherzog Ferdinand II. von Tirol auch das Hostienwunder von Seefeld von 1384 durch den angesehenen Theologen Canisius geklärt wissen. Eine endgültige Stellungnahme scheint Canisius klugerweise nicht abgegeben zu haben. Diese gewaltige Vielseitigkeit der Jesuiten trug viel zum Erfolg und zur Fruchtbarkeit des Ordens bei.

Eine der Hauptaufgaben wurde bald das Predigen. Die Patres pflegten die Predigt gewissenhaft und legten ihr sorgfältig die Heilige Schrift zugrunde. Wie die Protestanten entschlossen sie sich, nicht nur sonntags, sondern auch werktags zu predigen. Die Zeiten des Kirchenjahres, die seit alters her einer vertieften religiösen Besinnung dienten, wie die Advent- und Fastenzeit, wurden gesondert berücksichtigt.[23] 1565 wurde ein Innsbrucker Jesuitenpater, »professor theologiae«, mit den Unterweisungen für die gebildeten Stände der Hauptstadt betraut. Alle Sonn- und Feiertage hielt er nachmittags eine Stunde seine Vorträge, zu denen auch Mitglieder der Regierung und der Kammer eintrafen. Beim Hof selbst erschienen allerdings noch selten Jesuiten als Prediger, dafür besorgten sie die Predigt in der Innsbrucker Kirche von St. Jakob. Mußte Kaiser Ferdinand noch zu Beginn des Jahres 1564 hören, daß die Predigten der Jesuiten nur schwach besucht waren, so stimmen die Berichte der nächsten Jahre darin überein, daß ihnen das Volk mehr und mehr zuströmte. Als ein Jesuit im Auftrag der Regierung in Hötting an den Sonntagnachmittagen die Christenlehre hielt, die eigentlich nur für Kinder bestimmt war, war die Kirche voll junger und alter Zuhörer, die »mit sonderer lust und begierde dazu ja auch herzlicher freud und nit in geringer zal« hineilten.[24]

Die Theologenkonferenz in Innsbruck und Petrus Canisius

Wenn wir von Innsbruck als einer Petrus-Canisius-Stadt sprechen, darf keinesfalls sein Beitrag auf der Theologenkonferenz von 1563 in Innsbruck verschwiegen werden.

Während der letzten Konzilsphase in Trient wurde die Hauptstadt Tirols zum Schauplatz der wohl berühmtesten und bedeutendsten Theologenversammlung ihrer Geschichte. Die Verhandlungen in Trient waren an den alten Streitfragen, ob der Papst über dem Konzil stehe oder umgekehrt, ins Stocken geraten und drohten nun das Konzil neuerlich zu spalten. Am 26. Januar 1563 war der Bischof von Fünfkirchen / Pécs, Georg von Drašković (1525–1587), zum Kaiser nach Innsbruck abgereist, wo man über die Maßnahmen verhandelte, die das Konzil wieder arbeitsfähig machen sollten. Er war ein Befürworter der Einschränkung päpstlicher Vollmachten und trat offen dafür ein, daß der Papst unter Androhung von Nationalkonzilien genötigt werde, den Wünschen des Kaisers zu gehorchen. Mit der Ankunft des Kardinals Karl von Lothringen (1524–1574) und neun seiner Bischöfe drohte Innsbruck zu einem Nebenkonzil anzuwachsen. Kaiser Ferdinand I. handelte allerdings besonnen. Er berief eine Kommission von Theologen zusammen, der auch Petrus Canisius angehörte, und legte ihr einen 17-Punkte-Katalog vor. Zusammengefaßt handelte es sich um Fragen der Reform der römischen Kurie, um die Freiheit des Konzils im Sinne der Fürsten und um den Einfluß des Kaisers auf die Konzilsbeschlüsse.

Papst Pius IV. (1555–1559) schenkte der Innsbrucker Versammlung große Aufmerksamkeit. So wurde Kardinal Giovanni Francesco Commendone (1524–1584) von den Konzilslegaten nach Innsbruck entsandt, um den Kaiser für die päpstliche Konzilspolitik zu gewinnen. Allerdings blieb er erfolglos. Er empfand die Lage in Innsbruck bedrohlich und fürchtete, der Kaiser könne seine Ansichten rücksichtslos ausführen. Allein die Anwesenheit des P. Canisius unter den Theologen gab ihm Hoffnung. Er hielt diesen für rechtschaffen, gelehrt und für einen entschiedenen Verteidiger des päpstlichen Ansehens.

In diesem Sinne fiel auch das Gutachten des Canisius vom 22. Februar 1563 zu den kaiserlichen Fragen aus: Die Oberhoheit des Papstes am Konzil soll durch keine weltliche Einflußnahme, weder von den Fürsten noch vom Kaiser, angetastet werden. Die Reform der päpstlichen Kurie ist einzig und allein Angelegenheit des Papstes. Trotzdem kann der Kaiser einvernehmliche Reformvorschläge sowohl für die päpstliche Kurie als auch für die weltlichen Fürsten machen. Bevor so nebensächliche Fragen wie die Gestattung des Laienkelches, die Bischofs- und Prälatenwahl und die Priesterehe auf dem Konzil lang und breit getreten würden, solle der Kaiser für Reformen plädieren, die allgemein eine Besserung des ganzen Lebens nach sich zögen. Vor allem möge der Kaiser alles daransetzen, damit die deutschen Bischöfe zum Konzil kämen. Canisius wünschte zudem ein Treffen zwischen Kaiser und Papst in Bologna, damit vertraulich und gemeinsam eine Reform an Haupt und Gliedern zustande gebracht würde.

Die Gutachten des Bischofs von Drašković, des P. Franz von Cordova OFM und des theologischen Beraters Friedrich Staphylus fielen weitaus polarisierender aus. Sie forderten die Einschränkung der päpstlichen Autorität beim Konzil und die Einflußmöglichkeit der Fürsten auf dieses. Die Drohung mit Nationalkonzilien sollte den Papst dem Kaiser willfährig machen. Der Kaiser sollte selbst zum Konzil kommen. Der Laienkelch sollte vom Papst und die Priesterehe vom Konzil gestattet werden.

Für diese Gratwanderung zwischen den beiden Parteien tat sich der neue Konzilslegat Kardinal Giovanni Morone (1509–1580) im richtigen Augenblick durch sein Ansehen beim Papst und beim Kaiser mit großem diplomatischen Geschick hervor. In seinen Berichten an den Papst über seine Erfolge sprach sich Morone äußerst anerkennend für die Verdienste des Canisius aus. Die Formulierungen der kaiserlichen Vorschläge fielen letztlich so aus, daß auf dem Konzil die Parteien sich versöhnten und auf einen Abschluß des Konzils hingearbeitet werden konnte. Petrus Canisius war dann der Mann, der als päpstlicher Gesandter den deutschen Bischöfen die Konzilsbeschlüsse überbringen mußte.[25]

Tirol im Umbruch des 20. Jahrhunderts

Allein durch die Ehrenbezeichnung »Zweiter Apostel Deutschlands«, zu dem Petrus Canisius vor hundert Jahren von Papst Leo XIII. (1878–1903) im Rund-

Vignette mit Darstellung des sel. Petrus Canisius anlässlich des 300. Todestages im Jahr 1897.

schreiben an die Erzbischöfe Deutschlands, Österreichs und der Schweiz vom 1. August 1897 ausgerufen wurde, versuchten spätere Generationen seine Bedeutung auf eine ähnliche Stufe zu heben, wie sie sonst nur der Persönlichkeit des großen Winfried Bonifatius (675–754) für Europa zukam. Grenzüberschreitende Basisarbeit, kirchenpolitische Weichenstellung und Glaubenskonsolidierung stehen als Überschriften für beide Persönlichkeiten, die aus dem Werden des modernen Europa nicht wegzudenken sind. Es konnte daher kaum überraschen, als der vormalige Brixner Weihbischof und Generalvikar von Vorarlberg Sigmund Waitz (1913–1921) bei der Abschlußpredigt zu den achttägigen Canisiusfeierlichkeiten vom 9. bis zum 15. November 1925 in der Innsbrucker Jesuitenkirche ankündigte, die anwesenden Bischöfe hätten gemeinsam mit ihm beschlossen, den am 21. Mai desselben Jahres heiliggesprochenen Petrus Canisius zum Patron der Diözese Brixen zu erwählen und sein Fest an einem Sonntag im April auf das Feierlichste zu begehen. Die ganze Predigt war eine begeisterte Begründung dieses Beschlusses.[26] In diesem Zusammenhang gilt es die außerordentlich schwierige Übergangssituation der Diözese Brixen nach der politischen Ziehung der Brennergrenze gemäß dem Friedensvertrag von St. Germain-en-Laye (10.9.1919) zu bedenken. Sigmund Waitz versuchte entschieden, auch einer Teilung der Brixener Diözese in ein Gebiet nördlich des Brenners und in eines südlich des Brenners, was für das politische Tirol bereits galt, entgegenzuwirken. Die Erhebung des Canisius zum Diözesanpatron einer neuen länderübergreifenden Diözese (Italien/Österreich) hätte sicher in einem gewissen Sinn für den Teil der Brixener Diözese, der südlich des Brenners lag, eine unübersehbare Signalwirkung gehabt. Dieses Restbistum war ja zu einem Zwergbistum geworden. Gehörten doch zu ihm nur mehr der Südtiroler Teil des Pustertales, das obere Eisacktal, drei ladinische Dolomitentäler und der völlig isolierte Teil des Dekanates Mals im oberen Vinschgau.

Der Wirkungsbereich des Canisius für das Land Tirol hatte zu einem Gutteil im nördlichen Landesteil gelegen, wenngleich seine Arbeit auch für den südlichen Teil keinesfalls zu unterschätzen war. Als Gründer des Jesuitenkollegs von Innsbruck, als Hofprediger des Erzherzogs Ferdinand II. und als Begleiter der Schwestern des Erzherzogs bei der Gründung des Haller Jesuitenkollegs 1573 lebte er im Bewußtsein der Bevölkerung in der nördlichen Landeshälf-

Die 1913 postalisch gelaufene Karte zeigt im Hintergrund das 1569 begründete Damenstift von Hall in Tirol und fünf erzherzogliche Töchter, darüber den „Seligen Petrus Canisius SJ als besonderer Patron aller eucharistischen Bestrebungen und dessen, im Rufe der Heiligkeit (1566–1621) verstorbene, geistliche Töchter, die Erzherzoginnen: Magdalena, Margaretha, Helena, Eleonora und [Maria] Christierna als besondere Verehrerinnen des heiligsten Altarsakraments aus dem Hause Habsburg".

te mit Sicherheit stärker fort als vergleichsweise südlich des Brenners. So finden wir heute noch volkstümliche Darstellungen auf Häuserwänden, Canisiusweg 7, und auf den Kirchenportalen von Arzl und Absam sowie entlang des nach ihm benannten Weges in Arzl bei Innsbruck. Oberhalb von Rum wurde 1932 das Alpengasthaus »Canisiusbründl« – Murstraße 75, im Besitz der Familie Hölbling – nach der Quelle benannt, die daneben im gleichnamigen Brunnen gefaßt wird. 1972 wurde in der Innsbrucker Höttinger Au, Santifallerstaße 5, eine neue Kirche nach den Plänen des Architekten Horst Parson dem hl. Petrus Canisius geweiht. Und nicht zuletzt wurde der Neubau des internationalen Theologenkonviktes der Jesuiten im Jahre 1911 in der Innsbru-

Altes Wandfresko am Cansisiusweg Nr. 7 mit einer Ansicht von Arzl um 1737/1756. Inmitten des Ortes ist der hl. Petrus Canisius mit Mitbruder, Jugend und Erwachsenen dargestellt. Petrus Canisius hat auf seinem Weg nach Hall in den Bauernhäusern in Arzl und anderen Orten an der alten Straße Hauslehren gehalten. Der Text unter dem Bild lautet: „Peters Canis, Haus und Dorfgemein, dir Maria Hilf befohlen sei, vor Sünd und Feuergefahren hilfreich tue (sie) allzeit bewahren."

Zahlreichen Innsbruckern und Tirolern ist der Name Canisius durch die Existenz des 1932 gegründeten Alpengasthauses „Canisiusbründl" geläufig. Der Legende nach wanderte Petrus Canisius immer wieder von Innsbruck über Rum und rastete schließlich an der Tränke – dem heutigen Canisiusbründl – und predigte dort vor vorbeikommenden Leuten (lt. Daniela Pfennig, in: momente, Beilage zur TT v. 25.4.2014, S. 3).

Pfarrkirche Petrus Canisius – errichtet in der Höttinger Au (Innsbruck) von 1968 bis 1972 nach Plänen von Horst Parson.

cker Tschurtschenthalerstraße 7 »Canisianum« getauft, womit sich eindeutig ein Programm verband. Die architektonische Verzierung des neubarocken Gebäudekomplexes kündet das Canisianische Programm für alle sichtbar an. Mit den in Stein gehauenen Wappen der österreichisch-ungarischen Monarchie, flankiert von jenem des Landes Tirol und dem Stadtwappen von Innsbruck über dem Haupteingang des Hauses, finden wir an den vorspringenden Lisenen des Haupttraktes die in Farbe angebrachten Wappen der im Canisianum hauptsächlich vertretenen Länder: Ungarn, Deutsches Kaiserreich, Königreich Bayern, Schweiz, Vereinigte Staaten von Amerika, England, Rußland, Italien, Türkei, Rumänien, Niederlande, Schweden, Liechtenstein und Brasilien. Heute müßten Kroatien, Polen, Ukraine, Indien, Korea, Philippinen, Indonesien, Nigeria, Ghana, Togo, Tanzania, Kongo, Uganda, Kolumbien, Mexiko und Venezuela hinzukommen.

Der Name »Canisius« stand – und das wußte auch der Brixener Fürstbischof Josef Altenweisel (1904–1912) im Rahmen der Eröffnungsfeierlichkeit des Canisianums am 15. Oktober 1911 hervorzustreichen – für überdiözesan und für länderübergreifend. Dasselbe Thema griff auch Papst Pius X. (1903–1914) in seinem Glückwunschschreiben zur Eröffnung des Gebäudes auf, indem er betonte, daß die apostolische Liebe des Canisius einerseits alle Völker umfaßte und daß er andererseits die Deutschen als seine Heimatgenossen ganz besonders lieb hatte.

Den zweiten Apostel Deutschlands zum Diözesanpatron einer neuen, nun länderübergreifenden Diözese zu erheben, hätte wahrscheinlich ein Zweifaches nach sich gezogen: Einmal wäre es in einer Diözese, die möglicherweise den Namen »Brixen/Innsbruck« bekommen hätte und deren weitaus größerer Teil in Österreich gelegen wäre, unmöglich vorstellbar gewesen, die Brennergrenze dicht zu machen und den innertirolischen Kontakt zu unterbinden. Zweitens hätte diese Entscheidung in dem bei Italien befindlichen Teil der Diözese ein nicht zu unterschätzendes Bewußtsein weiter tradiert, zum nördlichen Teil, mit einem möglicherweise zweiten kirchlichen Zentrum in Innsbruck, weiterhin zu gehören. Als »politisch« denkender Mensch wußte Waitz um die Symbolträchtigkeit einer solchen Entscheidung zweifellos gut Bescheid. Rückblickend wirkt seine Ankündigung in der Innsbrucker Jesuitenkirche vom 15. November 1925 allerdings so, als ob er nicht gewillt war, den bereits vollzogenen Tatsachen Rechnung zu tragen. Im südlichen Landesteil von Tirol war spätestens seit der Besetzung des Bozener Rathauses am 2. Oktober 1922 aller Welt klar, daß nun die systematische Arbeit der italienischen Faschisten begonnen hatte, in diesem Teil von Tirol jede Erinnerung an die nördliche Landeshälfte gründlich auszuradieren.

Jedenfalls trug der Apostolische Stuhl der neuen Entwicklung Rechnung und erhob den in Österreich befindlichen Teil der ehemaligen Diözese Brixen zur Apostolischen Administratur. Das war zwar noch keine definitive Regelung, allerdings war damit vorerst die Teilung der Diözese Brixens vollzogen. Sigmund Waitz wurde mit dem 12. Dezember 1925 der Apostolische Administrator von Innsbruck/Feldkirch mit den Rechten und Pflichten eines Residentialbischofs.[27]

Nach der endgültigen Diözesanregelung im Jahre 1964 wurde mit der Neuerrichtung der Diözese Innsbruck – nun selbstverständlich ohne die südlich des Brenners gelegenen Gebiete – auf Petrus Canisius als Diözesanpatron zurückgegriffen.

Seit die Renovierung des Innsbrucker Domes 1993 abgeschlossen wurde, befindet sich eine Marmorskulptur des Diözesanpatrons über dem rechten Seitenaltar am Chorbogen des Gotteshauses. Der Bildhauer Wolfram Köberl stellte Canisius im Herzen der Diözese Innsbruck als Prediger dar und erinnert damit an sein fruchtbares Wirken für diese Stadt und für das Land Tirol mitten in einer Zeit des zähen Ringens um die Einheit der Kirche.

Die Besinnung auf die inneren Qualitäten des Innsbrucker Diözesanpatrons könnte eine äußerst fruchtbare Inspiration inmitten der heutigen Auseinandersetzungen um den richtigen Weg der Kirche sein. Der Krieg der Worte im Streit mit den »anderen« herrschte damals wie heute. Hören wir allein auf seine gemäßigte Sprache, so gilt er als Beispiel eines Christen, der mit anderen, mit ethnisch und religiös Verfolgten, mit dem Fremden und mit dem Ungewohnten, geradezu mustergültig umzugehen wußte. Canisius kann uns gerade aufgrund seiner grenzüberschreitenden Arbeiten ermuntern, unsere europäisch-abendländische Provinzialität überwinden zu helfen. Europa war für Canisius niemals nur eine geographische Größe, sondern vielmehr eine Werte- und Kulturgemeinschaft, die entscheidend von der christlichen Botschaft geprägt wurde. Diese Stadt, Tirol, die Diözesen von Innsbruck und Brixen tun gut daran, sich der Persönlichkeit dieses europäischen Heiligen zu erinnern, wenn sie am Aufbau und am Erhalt ihres Erbes Substantielles beitragen möchten. In diesem Sinn möchte ich mit seinen eigenen Worten an die Mitbrüder in Innsbruck enden: »Liebet also diese bereite und ergiebige Ernte und sucht die Tiroler vorwärts zu bringen. Nicht allein durch Worte, sondern auch durch Beispiele.«[28]

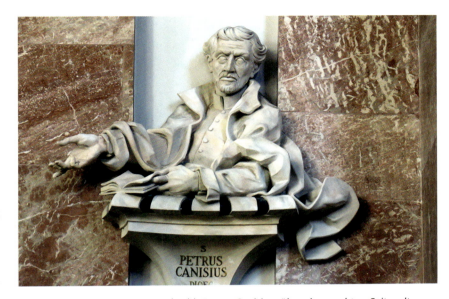

Skulptur des Diözesanpatrons, des hl. Petrus Canisius, über dem rechten Seitenaltar am Chorbogen des Domes und der Pfarrkirche St. Jakob in Innsbruck, geschaffen 1993 nach Entwurf von Prof. Wolfram Köberl.

Anmerkungen

1 Anlässlich der vierhundertsten Wiederkehr des Todestages vom hl. Petrus Canisius am 21. Dezember 1997, erstmals veröffentlicht in KBC, Heft 2, Studienjahrgang 1997, Jg. 130, S. 2–13.

2 Vgl. die Reisekarte im Anhang des Buches von J. Metzler, Deutschlands zweiter Apostel. Ein Charakterbild. M. Gladbach 1925.

3 Vgl. Die Bekenntnisse des heiligen Petrus Canisius und sein Testament. Hg. von J. Metzler, M. Gladbach, 1925, 17.

4 Vgl. J. Oswald, Petrus Canisius – ein Lebensbild. In: Petrus Canisius – Reformer der Kirche. Festschrift zum 400. Todestag. Hg. von J. Oswald und P. Rummel. Augsburg 1996, 21–38, hier 23 f.

5 F. Neuner, Der Einfluß der Devotio moderna und der rheinisch-flämischen Mystik auf die Spiritualität des Petrus Canisius (1521–1597). Diplomarbeit Innsbruck 1989, 32.

6 J. Oswald, Festschrift, a.a.O., 24.

7 H. Rahner, Ignatius von Loyola und das geschichtliche Werden seiner Frömmigkeit. Graz 1949, 46.

8   B. Schneider, Petrus Canisius. Briefe. Salzburg 1959, 119–120.
9   M. Kehl, Taugt ein Heiliger der Gegenreformation noch für die »Postmoderne«? In: Entschluß (1997) H. 4, 20–22, 27.
10 Vgl. J. Gelmi. Kirchengeschichte Tirols. Innsbruck 1986, 80 ff.
11 Vgl. J. Lortz. Die Reformation in Deutschland. 2 Bde. Freiburg i. Br. 1962, 140 f.
12 Beati Petri Canisii epistulae et acta. Ed. O. Braunsberger. Bd. 3. Freiburg i. Br. 1900, 170.
13 Zit. n. A. Kröß, Der selige Petrus Canisius in Österreich. Freiburg i. Br. 1898. 143 f.
14 Vgl. E. Coreth, Das Jesuitenkolleg Innsbruck. Grundzüge seiner Geschichte. In: ZKTh 113 (1991) H. 2–3, 140–213, hier 149.
15 Vgl. Grundzüge jesuitischer Erziehung. Hg. von der Generalskurie der Gesellschaft Jesu. Rom 1986, 51.
16 A. Kröß, a.a.O., 145.
17 Ebd., 148.
18 Ebd., 149.
19 Ebd.
20 Vgl. G. Mraz, Geschichte der Theologischen Fakultät der Universität Innsbruck von ihrer Gründung bis zum Jahre 1740 (Forschungen zur Innsbrucker Universitätsgeschichte 3; VUI 5) Innsbruck 1968, 25.
21 J. Hirn, Erzherzog Ferdinand ll. von Tirol. Geschichte seiner Regierung und seiner Länder. Bd. I. Innsbruck 1885, 227 f.
22 Ebd., 233.
23 E. W. Zeeden, Das Zeitalter der Gegenreformation. Freiburg i. Br. 1967, 160.
24 J. Hirn, a.a.O., 234.
25 Vgl. A. Kröß, a.a.O., 151 f.
26 Vgl. Nachrichten der österreichischen Provinz S. J. (November-Dezember 1925), 5 f.
27 Vgl. J. Gelmi, a.a.O., 228 f.
28 Zit. n. A. Kröß, 209.

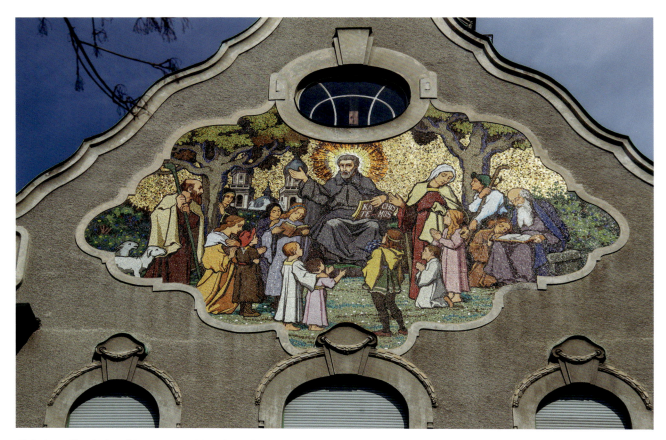

Giebelmosaik mit dem hl. Petrus Canisius als Kirchenlehrer (1912) am Canisianum in Saggen, ausgeführt von der Tiroler Glasmalereianstalt.

Warum das Theologische Konvikt zu Innsbruck »Canisianum« heißt[1]

Msgr. Prof. DDr.
Rüdiger Feulner

Seit seiner Gründung im Jahre 1858 hieß das von den Jesuiten geleitete Theologenkonvikt zu Innsbruck »Theologisches Konvikt im Nikolaihaus«. Das Nikolaihaus ist jener Teil des heutigen Jesuitenkollegs, der das gelb gestrichene Eckhaus bildet, vor welchem Universitätsstraße und Sillgasse zusammentreffen. Es war 1588 vom ersten Provinzial der österreichischen Ordensprovinz der Gesellschaft Jesu, Nikolaus de Lanoy, als Heim für arme und mittellose Schüler des bereits 1562 von Petrus Canisius zusammen mit dem Jesuiten-Kolleg gegründeten Gymnasiums errichtet und von de Lanoy nach seinem Namenspatron – dem hl. Bischof Nikolaus, Helfer der Armen – als Nikolaihaus benannt worden. Nach der Errichtung der Universität und damit auch der Theologischen Fakultät war es 1673 erweitert und in zunehmendem Maße als Theologenkonvikt geführt, im Zuge der Aufhebung des Jesuitenordens 1783 aber geschlossen und verkauft worden.

Als die Gesellschaft Jesu 1814 wieder allgemein zugelassen worden war, wurde das Nikolaihaus 1839 zurückerworben, 1857 die Theologische Fakultät wiedererrichtet und am 28. September 1858 unter Rektor und Regens P. Johannes Wenig SJ das »Theologische Konvikt im Nikolaihaus« als ausdrückliche Priesterausbildungsstätte neu eröffnet.

Durch hervorragende Professoren und Regenten aus dem Jesuitenorden wie Nilles, Noldin, Hofmann, Hurter, Stufler, Fonck, Lercher, Jungmann, Stentrup, Grisar, Franzelin und Donat erlebten Fakultät und Konvikt bald einen außerordentlichen Aufschwung und wurden in dieser Verbindung allenthalben als Eliteschule des katholischen Klerus betrachtet, aus dem zahlreiche Kardinäle, Bischöfe und Wissenschaftler hervorgingen. Die

Der hl. Nikolaus v. Bari als Patron des theologischen Konvikts sollte auch Namensgeber für das neu errichtete Konvikt im Innsbrucker Stadtteil Saggen sein.

Zahl der Konviktoren aus den verschiedensten Ländern und Kontinenten stieg bis zur 50-Jahr-Feier 1908 auf 280 an, sodaß ca. 50 Konviktoren bereits außerhalb in Filialen wohnen mußten und der räumliche Rahmen des Theologenkonvikts im Nikolaihaus längst gesprengt war.

Man mußte unweigerlich an eine Neuregelung der Verhältnisse denken, um der weiter ansteigenden Zahl von Bewerbungen gerecht werden zu können.

P. Regens M. Hofmann und P. Rektor F. Donat waren zur Tat entschlossen. Am 16. März 1909 fiel in Beratung mit P. Provinzial F. X. Schwärzler in Wien die Entscheidung: Es sollte ein größerer und großzügiger Neubau entstehen, in dem an die 300 Konviktoren Platz finden sollten.

In den folgenden Monaten wurde der Grund im Innsbrucker Stadtteil Saggen erworben, im Oktober 1909 lag der Bauplan endgültig vor. Am 1. Juni 1910 erfolgte der erste Spatenstich, am 21. Juni die Grundsteinlegung, am 15. Oktober die Firstfeier, im August 1911 war der Bau fertiggestellt und bezugsfertig, am 5. Oktober 1911 trafen die ersten Konviktoren ein und am 14. Oktober desselben Jahres fand die feierliche Einweihung des Hauses und der Kapelle statt. Das alte Nikolaihaus wurde zum Jesuiten-Kolleg umgebaut.

Mit der Entscheidung, das Theologische Konvikt nicht länger im

Am 21. Juni 1910 erfolgte unter zahlreicher Teilnahme und auf festlich geschmücktem Baugelände die Grundsteinlegung für das neue theologische Konvikt, dem zugleich der Name „Collegium Canisianum" gegeben wurde.

zu klein gewordenen Nikolaihaus aufrechtzuerhalten, sondern in einen Neubau zu verlegen, eröffnete sich nun die Frage, wie das bisherige »Theologische Konvikt im Nikolaihaus« im neuen Gebäude fortan zu benennen sei.

Drei Vorschläge der Namensgebung galt es bald zu berücksichtigen.

Der erste Vorschlag, der vor allem von den Altkonviktoren favorisiert wurde, besagte, daß man das Konvikt in Anlehnung an den alten Namen einfach »Theologisches Konvikt im neuen Nikolaihaus« nennen sollte. Die Problematik dieser Benennung bestand jedoch darin, daß der Name »Nikolaihaus« in der Baugeschichte Innsbrucks fest verankert war, daß sich das Nikolaihaus nun einmal historisch betrachtet unverrückbar an der Ecke von Universitätsstraße und Sillgasse befand und nicht in der Tschurtschenthalerstraße; der dort errichtete Gebäudekomplex war ein Neubau, und dies sollte bei aller Kontinuität der Institution des Theologenkonvikts auch der Name zum Ausdruck bringen.

Der zweite Vorschlag stammte von P. Regens M. Hofmann. Er wollte das Haus nach dem hl. Joseph, der durch seine Demut und Fürsorge, durch seinen Gehorsam und Einsatz allen Priesteramtskandidaten zum Vorbild gereichen sollte, »Collegium Josephinum« nennen. Doch verschiedene andere Patres aus den Reihen der Hausleitung und Professorenschaft, vor allem Noldin, Donat, Hurter, Stufler, Großheimann und nicht zuletzt der neu ernannte P. Provinzial Joh. Wimmer, hielten diese Benennung – obgleich sie sich darin einig waren, die Verehrung des hl. Joseph zum festen Bestandteil der Frömmigkeit des Hauses zu nehmen – für zu allgemein, zu verbreitet und zu unspezifisch für das Theologenkonvikt in Innsbruck. Sie schlugen deshalb vor, das neue Konvikt nach einem (damals noch) Seligen zu benennen, der in gleicher Weise einen direkten Bezug zu Innsbruck, zum Jesuitenorden, zur Theologie, zur Priesterausbildung und zur Pastoral, zu Kirche und Papst und auch zur Herz-Jesu-Spiritualität, der spezifischen Frömmigkeitsform des Theologischen Konviktes, aufweise: Petrus Canisius.

Diesem Vorschlag pflichtete schließlich auch P. Regens Michael Hofmann bei, und so wurde dem Konvikt im neuen Haus bereits bei der Grundsteinlegung am 21. Juni 1910 der Name »Collegium Canisianum« gegeben.

Petrus Canisius war am 8. Mai 1521 in Nijmegen geboren worden. Er studierte Theologie und schloß sich in Köln 1543 der Gesellschaft Jesu an. 1546 wurde er Priester, 1548 berief ihn Ignatius von Loyola nach Rom und ließ ihn als achten Jesuiten am 4. September 1549 zur feierlichen Profeß zu. Als »zweiter Apostel Deutschlands« (Leo XIII.) war Canisius während der Reformationszeit in den folgenden drei Jahrzehnten unermüdlich im Sinne der katholischen Erneuerung am Neuaufbau der deutschen Kirche beteiligt. Er wirkte in Ingolstadt, Wien, Prag, Augsburg, München und vor allem in Innsbruck, wo er auch das Jesuiten-Kolleg und das Gymnasium gründete, er wirkte als Professor der Theologie, als Katechet und Seelsorger, als erster Provinzial der oberdeutschen Jesuitenprovinz, als Ratgeber der katholischen Fürsten, des Kaisers und der Päpste und nicht zuletzt als umfassender Schriftsteller in verschiedensten katechetischen und theologischen Themenbereichen. Er starb am

Regens P. Michael Hofmann favorisierte anfänglich den Hl. Joseph als Patron für das neue zu errichtende theologische Konvikt.

21. Dezember 1597 in Fribourg und wurde von Papst Pius IX. am 20. November 1864 selig gesprochen.

Der Name »Canisianum«, der dem neuen Theologischen Konvikt gegeben worden war, wurde von Anfang an als Programm und Ideal verstanden. So betonte P. Provinzial Joh. Wimmer SJ in seiner Ansprache zur Grundsteinlegung mahnend und zukunftsweisend, daß das Theologische Konvikt nunmehr unter fortwährender Anempfehlung an das heiligste Herz Jesu den Namen des seligen Petrus Canisius trage, des großen Verteidigers des Glaubens; einem jeden Konviktor müsse er zum Vorbild werden und möge durch sein Beispiel und seine Fürbitte bewirken, daß die hier heranzubildenden Priester einmal in seinem Geiste wirken und so, nachdem sie zunächst äußerlich als »Canisianer« ins Konvikt aufgenommen worden seien, diesem Namen Ehre bereiten, indem sie allmählich innerlich durch die Erfüllung ihrer priesterlichen Pflichten zu wahren »Canisianern« würden. Denn dieser Name sei die Verpflichtung für ein ganzes Leben.

Auch der Brixner Fürstbischof Dr. Joseph Altenweisel, der Haus und Kapelle am 14. Oktober 1911 einweihte, legte bei seiner Tischrede während des Festbanketts den Namen »Canisianum« programmatisch aus, indem er einen vierfachen Vergleich zwischen Canisius und dem Canisianum zog:

1. Es war eine verworrene und glaubenslose Zeit, in die Canisius gestellt wurde. Doch gegen alle Verwirrung setzte er sich für die Wahrheit und gegen alle Glaubenslosigkeit für Glauben und Kirche ein. Genauso ist auch das Canisianum in eine verworrene und glaubenslose Zeit gestellt und muß seine Alumnen zu wahren »Canisianern« heranbilden, in denen der Geist des Canisius herrschen soll, so daß auch sie gegen alle Verwirrung und Glaubenslosigkeit als Apostel des Glaubens und der Wahrheit in alle Lande hinausziehen können, um das Werk des Canisius wirksam fortzusetzen.

2. Canisius führte den Kampf gegen Irrtum, Sittenlosigkeit und Unglauben durch eifrige Selbstheiligung und überzeugte Kirchlichkeit. Genauso soll auch das Canisianum in einer lasziven und liberalen Welt eine Stätte der Selbstheiligung, der Askese und des Gebetes und in einer Welt des Subjektivismus, des Agnostizismus und der Auflehnung gegen jede Autorität, in der lediglich die Autorität des eigenen Ich als souverän anerkannt wird, eine Stätte der Anerkennung der kirchlichen Autorität, des Gehorsams und der Papsttreue sein.

3. Canisius wirkte nicht nur an einem Ort, in einer Stadt, in einer Diözese oder in einem Land. Sein Wirken hatte universalen Charakter, und jeder Par-

Der Patron des neuen Collegiums im Jahr 1910: Der damals Sel. Petrus Canisius, nach Darstellung aus dem Jahr 1699, Miniaturgemälde, Amsterdam, Schilderijencollectie Rijksmuseum.

tikularismus und Nationalismus war ihm wesensfremd. Genauso muß auch das Canisianum seine Grenzen öffnen und wie bisher seinen universalen und multinationalen Charakter bewahren. Hier müssen Priesteramtskandidaten aus allen Ländern, Nationen, Kontinenten, Stämmen und Völkern, geeint im katholischen Glauben, in Ruhe und Frieden, in Liebe und Eintracht, zusammen sein. Das Canisianum ist nicht das Priesterseminar einer Ortskirche, sondern ein Priesterseminar der Weltkirche.

4. Canisius war ein Gelehrter, der seine Gelehrsamkeit in den Dienst der Kirche stellte. Er war

ein Mann der Wissenschaft, der sich um die Erkenntnis des Wesens der Dinge bemühte. Doch Canisius war auch Seelsorger und Katechet, der mit schlichten Worten dem einfachen Volk zu predigen vermochte. Genauso muß auch das Canisianum seine Alumnen umfassend in die Tiefen der Wissenschaft hinunterführen und mit den Waffen des Geistes ausrüsten, um den Bedürfnissen und Problemen der Zeit nach allen Richtungen zu entsprechen. Doch es muß sie auch heranbilden zu Seelsorgern und Katecheten, die den Gläubigen beistehen und die hohen theologischen Sachverhalte in schlichter Weise dem einfachen Volk vermitteln.

Am deutlichsten aber ging Papst Pius X. in einem wohlwollenden Glückwunschschreiben vom 4. August 1911 auf den programmatischen Namen »Canisianum« ein. Dieses päpstliche Schreiben ist inhaltlich von besonderer Bedeutsamkeit und sei deshalb in vollem Wortlaut, wenngleich in deutscher Übersetzung, hier wiedergegeben:

*»Papst Pius X. den geliebten Söhnen und
Alumnen des Collegiums ‚Canisianum' zu Innsbruck.
Geliebte Söhne,
Heil und Apostolischen Segen!*

Nicht geringen Trost bereitete Uns neulich Euer Schreiben, das einerseits Eure ergebene Liebe gegen diesen heiligen Apostolischen Stuhl und gegen den Statthalter Christi auf Erden in besonderer Weise bestätigte, andererseits den Eifer bekundete, von dem Ihr beseelt seid, die Verehrung und den Empfang der göttlichen Eucharistie im Volke und speziell in der Jugend zu fördern, zu der unser Herr Jesus eine ganz besondere Liebe trägt.

Angenehm war Uns auch die Kunde, daß Ihr schon bald, nämlich nach den Herbstferien, aus dem alten Nikolaihause in das neue und herrlich gebaute Collegium Einzug halten würdet, das man nach seinem himmlischen Beschützer, dem seligen Petrus Canisius, ‚Canisianum' benannt hat. Mit Grund und Recht gefiel Uns das; denn Canisius, nach dem hl. Bonifatius der Apostel Deutschlands, war vor allem dafür besorgt, daß Seminarien gemäß den Vorschriften des Konzils von Trient zur Erziehung von Priestern errichtet würden, die, ganz erfüllt vom Geiste Christi, der heiligen Kirche heilsam und erfolgreich ihre Dienste weihen würden. Beweis dafür ist allein schon das theologische Konvikt zu Innsbruck, das auf den Rat und durch die Bemühungen des seligen Canisius erstanden ist und im langen Laufe der Jahrhunderte viele Diener des Heiligtums herangezogen hat, die durch Frömmigkeit, Wissenschaft und Seeleneifer wahrhaft ausgezeichnet waren.

Da Ihr nun eines solchen Gründers und Förderers Euch rühmen könnt, ist es durchaus geziemend, daß die Erinnerung seines Na-

Papst Pius X. betont in seinem Glückwunschschreiben die programmatische Bedeutung des Namens „Canisius" für das neue Haus.

mens bei Euch durch ein geeignetes Denkmal heilig gehalten wird; ist ja sein bloßer Name schon ein mächtiger Ansporn zu großen Tugenden. Canisius trug eine ganz einzige Treue und Ergebenheit gegen den Nachfolger Petri in seinem Herzen, weshalb er unglaubliche Mühen und Beschwerden auf sich nahm und standhaft ertrug.

Ebenso war niemand um das ewige Heil der Menschen mehr besorgt als er, niemand eifriger, dasselbe zu befördern; darum hat er nicht bloß beinahe ganz Europa durchreist, um allen alles zu werden, sondern er hat auch Werke geschaffen, welche der Christenheit für immer zum guten Segen gereichen sollten, sei es in der Erkenntnis der Wahrheit, sei es im rechten Lebenswandel. Um einen Ausspruch von Leo XIII., Unserem Vor-

gänger seligen Andenkens, in Erinnerung zu bringen, „verfaßte Canisius größere Abhandlungen über die umstrittenen Glaubens- und Sittenlehren und legte dann Hand ans Werk, um Bücher zu verfassen, die geeignet waren, den Glauben des Volkes zu stärken sowie die Frömmigkeit anzubahnen und zu nähren. Ganz wunderbar ist, wie viel seine ‚Summe der katholischen Lehre' dazu beitrug, Unerfahrene vor den Schlingen der Irrtümer zu bewahren. Hinter diesem Werke stehen zwar an Umfang, keineswegs aber an Nützlichkeit zurück jene zwei hochgefeierten Katechismen, die von dem Seligen für die Ungebildeten verfaßt wurden. Dadurch kam es, daß Canisius durch 300 Jahre der gemeinsame Lehrmeister der Katholiken Deutschlands wurde, so daß es im Volksmund gleichbedeutend war, zu sagen: ‚den Canisius kennen und die christliche Wahrheit bewahren'.

Alle Lobsprüche, die einen Priester zieren können, gebühren darum dem seligen Canisius; vor allem aber erstrahlte er durch seine apostolische Liebe, die alle Völker umfaßte, wenn er auch die Deutschen als seine Heimatgenossen ganz besonders lieb hatte. So sehen Wir auch in Eurem Collegium ‚Canisianum' Alumnen aus den

Das Collegium Canisianum als Modell vor der Bergkulisse.

verschiedensten Nationen miteinander vereint und bewundern Eure Sorgfalt, die Ihr darauf verwendet, daß bei all der großen Verschiedenheit in Sitten und Gebräuchen dennoch Geister und Herzen harmonieren. Was seinerzeit die Heiden zum Lobe der ersten Christen sagten, daß sie ein Herz und eine Seele zu sein scheinen, das habt Ihr zu Unserer Herzensfreude gleichsam zum Losungswort Euch gewählt. Daß Ihr diese Gesinnung auch fernerhin im Laufe Eures ganzen priesterlichen Lebens bewahren möget, ist Unsere angelegentlichste Mahnung. Es kann indessen nicht wundernehmen, daß Canisius mit so vielen und so großen Tugenden geschmückt erscheint, da er dem hochheiligen Herzen Jesu auf eine ganz besondere Weise ergeben war. So schreibt er selbst in seinen Bekenntnissen: ›Du, o Herr, hast endlich mich geheißen, aus dem geöffneten Herzen Deines heiligsten Leibes, das ich wie vor meinen Augen sah, gleichsam wie aus einem Born zu trinken, und hast mich eingeladen, die Wasser meines Heiles zu schöpfen aus Deinen Quellen, mein Erlöser. Ich aber war voll des Verlangens, daß Ströme des Glaubens, der Hoffnung und der Liebe daraus in mich überfluten. Ich durstete nach Armut, Keuschheit und Gehorsam; mich verlangte, von Dir ganz gewaschen, bekleidet und geschmückt zu werden. Darum hast Du mir, nachdem ich Dein liebevollstes Herz zu berühren und darin meinen Durst zu löschen gewagt hatte, ein dreifach gewobenes Kleid versprochen, das meine entblößte Seele bedecken könnte – es waren Friede, Liebe und Beharrlichkeit.‹

Nehmet darum, geliebte Söhne, den himmlischen Beschützer Eures Collegs gerade in den Tugenden, die Wir hervorgehoben haben, zum Vorbild. Folget ihm bereitwillig, so wird er Euch geraden Weges zum Quell der Heiligkeit und des ewigen Lebens führen, zum Herzen unseres Herrn Jesu.

Damit Euch dies gelinge, erteilen Wir Euch und Euren Vorgesetzten und Lehrern als Beweis Unseres väterlichen Wohlwollens in aller Liebe den Apostolischen Segen.

Gegeben zu Rom am 4. August 1911, im 9. Jahre Unseres Pontifikates.

Pius PP. X.«

Die Benennung »Collegium Canisianum« wurde, wie sich eindringlich und mehrfach zeigt, von Anfang an als Wahlspruch und Ideal verstanden, dem jeder Konviktor dem Wunsch der Vorgesetzten zufolge ein ganzes Leben lang gerecht zu werden bemüht sein sollte. Dieser Anspruch verstärkte sich noch, als Petrus Canisius am 21. Mai 1925 von Papst Pius XI. heilig gesprochen und zum Lehrer der Kirche erhoben wurde. Man beging diesen Tag im Canisianum in höchster Feierlichkeit und seither ebenso den Gedenktag des Heiligen, der in Innsbruck stets am 27. April gefeiert wird (und nicht entsprechend der Neuordnung am 21. Dezember).

Der Name »Canisianum« ist ein Programm, und das Jahr, in dem der 400. Todestag des Canisius gefeiert wird, ist Grund, sich dieses Programms zu erinnern und sich seinem Anspruch zu stellen.

Anmerkung

1 Erstmals veröffentlicht in: KBC, Heft 2, Studienjahrgang 1997, Jg. 130, S. 16–20.

Quellen

Korrespondenzblätter des Priester-Gebets-Vereins bzw. des Collegium Canisianum, 1866–1996; Nachrichten der österreichischen Provinz der Societas Jesu 1906–1971; J. A. Jungmann / F. Lakner, Hundert Jahre Theologisches Konvikt, in: Festschrift zur Hundertjahrfeier des theologischen Konvikts Innsbruck 1858–1958, Innsbruck 1958; E. Coreth, Das Jesuiten-Kolleg Innsbruck, Sonderdruck der ZKTh 113 (1991); E. Coreth, Die Theologische Fakultät Innsbruck. Ihre Geschichte und wissenschaftliche Arbeit von den Anfängen bis zur Gegenwart, Innsbruck 1995.

Die Entstehung des theologischen Konvikts Collegium Canisianum

MAG. PHILIPP ÜBERBACHER
P. ANTON WITWER SJ[1]

Anfänge

Die erste und früheste Wurzel des heutigen Collegium Canisianum liegt in der 1671 gegründeten theologischen Fakultät in Innsbruck, welche, errichtet und geleitet von der Gesellschaft Jesu, in gutem Ruf stehend, bis zur Aufhebung dieses Ordens im Jahr 1773 bestand. Bei der Rückkehr der Jesuiten nach Innsbruck gründeten diese 1839 ein Kolleg für die Ausbildung des eigenen Nachwuchses, nachdem für die neuerliche Einrichtung einer theologischen Fakultät zunächst kein Bedarf vorhanden war. Erst im Jahr 1857 kam es zu einer Wiedergründung der Theologischen Fakultät, ermöglicht durch das Konkordat von 1855. Damit war auch die Notwendigkeit für ein eigenes theologisches Konvikt gegeben, wenn die Fakultät auch für Nicht-Jesuiten offenstehen sollte. Ein solches wurde im Jahr 1858 im sogenannten Nikolaihaus an der Ecke Sillgasse/Universitätsstraße eröffnet. Es beherbergte im Gründungsjahr 37 Konviktoren aus dem gesamten deutschen Sprachraum und erweiterte sich in den folgenden zehn Jahren auf 100 Alumnen, auch aus Ungarn, Kroatien, Po-

Im Nicolaihaus Ecke Sillgasse/Universitätsstraße wurde 1858 das Theologische Konvikt begründet.

len und Amerika. Die Internationalität, ein Charakteristikum des heutigen Canisianums, war also von Anfang an gegeben. Nach überwundenem Widerstand der verschiedenen liberalen Tendenzen gegen die Jesuiten und ihre Arbeit stand einer weiteren Vermehrung nichts mehr im Wege, was die Konviktorenzahl von 212 Alumnen um die Jahrhundertwende belegt. Das Wachstum fand aber seine Grenzen in einer Raumnot, welche die Unterbringung einiger Gruppen von Konviktoren außerhalb des Nikolaihauses (u. a. im „Schwarzen Adler") erzwang.

Bereits 16 ½ Monate nach dem ersten Spatenstich (1. Juni 1910) konnte der Neubau mit seinen neobarocken Grundformen fertiggestellt werden und am 14. Oktober 1911 seine Weihe erfahren.

Das Canisianum unter Regens P. Michael Hofmann

Eine neue Ära begann mit Regens P. Hofmann, der für insgesamt 32 Jahre die Geschicke des Konvikts leiten sollte. Dessen Zustand schildert er bei seinem Amtsantritt, wohl aufgrund der bisher rasch wechselnden Regenten, als einen, „wo Pünktlichkeit und Silentium noch kleine Ideale waren, wo man an kühlen Sommerabenden nach dem Nachtgebet auctoritate propria noch kleine, gemütliche Sitzungen im Garten hielt". So war die erste Zeit des Regens Hofmann geprägt von einem Kampf um die von der Tradition des Hauses festgelegte Ordnung, sah er

274 Konviktoren bezogen den Neubau – entsprechende Dimensionen zeigt der neue Speisesaal.

doch in der äußeren Zucht das beste Mittel zur Formung der inneren Gesinnung. Dabei zeigte er den Konviktoren bei der verlangten Ordnung auch sich selbst gegenüber Härte und Entschlossenheit, welche ihn denn auch das kühne Unternehmen eines Neubaues des Konvikts in Angriff nehmen ließen. Nachdem vom Provinzial die Entscheidung gegen eine Aufteilung des Konvikts zugunsten eines Neubaues in der Tschurtschenthalerstraße gefallen war, erfolgte der Baubeginn, dem nach dem ersten Spatenstich am 1. Juni 1910 schon am 14. Oktober 1911 die Einweihungsfeier folgte. 274 Konviktoren bezogen das neue Haus, das, nach Erwägung des hl. Josef als Patron, doch unter den Schutz des – damals noch nicht heiliggesprochenen – seligen Petrus Canisius gestellt wurde und so den Namen ‚Canisianum' erhielt.

An der Lebens- und Hausordnung hatte sich mit dem Umzug kaum etwas geändert, außer daß von nun an verstärkt eine eigene Feier der Liturgie stattfand, welche früher an Sonn- und Feiertagen in der Dreifaltigkeitskirche mitgestaltet worden war. Die Haus- und Lebensordnung geht übrigens auf Regens P. Nilles (Regens von 1860 bis 1875) zurück; er hatte die sogenannten Consuetudines erstellt, die ihre Gültigkeit bis ins Jahr 1930 behalten sollten. Die nunmehr 280 Konviktoren bereiteten dem Regens und den Präfekten bei der Förderung des Gemeinschaftslebens im Canisianum aber auch einige Schwierigkeiten, wurden doch die Formen des organisierten Zusammenlebens („Gsteckter", „Zirkus") durch die große Zahl immer schwieriger. Der Versuch einer Trennung in zwei separate Hausgemeinschaften währte nur kurz, da der Krieg ausbrach

Das Deckblatt der Chronik der österreichischen Landmannschaft zeigt das in der Dollfuss-Schuschnigg-Ära gebräuchliche Kruckenkreuz.

und fast das halbe Gebäude der Militärverwaltung und als Lazarett zur Verfügung gestellt werden mußte. Nach dem Eintritt Italiens in den Krieg wurde auch noch das vertriebene Germanicum im Canisianum untergebracht und fand bis 1919 hier eine Zufluchtsstätte.

Das bittere Ende des Krieges brachte ein Einstellen des Vorlesungsbetriebes mit sich, Zwangsferien wurden eingeschoben. Erst im Jahr 1919 begann allmählich wieder ein geordnetes Konviktsleben, gezeichnet von Kohlen- und Nahrungsnot. P. Hofmann zog für sechs Jahre als Regens mit den Germanicern zurück nach Rom. Bei seiner Rückkehr ins Canisianum war er dort jedoch mit einem geänderten geistigen Klima konfrontiert, die Katholische Jugendbewegung mit ihren Idealen wie auch ihren Problemen machte sich bemerkbar. Dennoch konnte er das Canisianum, das er durch seine tiefe Spiritualität und seine Persönlichkeit zu prägen verstand, in von innerem und äußerem Frieden gezeichnete Zeiten führen.

Erst mit der zunehmenden Bedrohung durch den Nationalsozialismus geriet das Canisianum in neue Schwierigkeiten. Nachdem am 20. Juli 1938,

In der Chronik sind die Ereignisse des Jahres 1938 wie das Ende Österreichs am 11. März eindrücklich dokumentiert.

wenige Monate nach dem Anschluß Österreichs, die Theologische Fakultät aufgelöst worden war, errichtete Papst Pius XI. zur Weiterführung des Studienbetriebs im Canisianum auf rein kirchlichem Boden eine Pontificia Facultas Theologica. Aber auch mit diesem Schritt konnte der Vorlesungsbetrieb nur mehr kurz, bis Ende November 1938, weitergeführt werden, da mit 2. Dezember 1938 das Canisianum für den Einzug der Finanzbehörde geräumt sein mußte. Regens P. Hofmann reagierte auf den Räumungsbefehl mit von tiefem Glauben zeugender christlicher Hoffnung und ließ als Antwort die Konviktoren das Tedeum intonieren.

Das Canisianum fand seine Zufluchtstätte im Alten Spital in Sitten (Schweiz), das der dortige Bischof zur Verfügung gestellt hatte. Nur die Jesuitenpatres Hofmann, Donat, Umberg, H. Rahner, Dander, Lakner und Thalhammer mußten zuvor noch um ihre Säkularisation bitten, was der Jesuitenparagraph in den Schweizer Gesetzen verlangte.[2] Durch die Kriegsereignisse sank die Zahl der Konviktoren bis 1941 auf 23 herab. Noch vor Ende des Krieges begannen aber bereits die Verhandlungen um die Rückgabe des Canisianums, welche dank der ehemaligen Jesuitenschüler in der französischen Offiziersriege schon mit dem Beginn der Vorlesungen am 21. September 1945 für 50 Canisianer ihren Erfolg zeigte. P. Hofmann verblieb aus Altersgründen noch mit 20 Konviktoren in der Schweiz, wo mit seinem Tod am 22. Jänner 1946 das Sittener Exil endgültig zu Ende ging; mit traurigem Nachgeschmack we-

Am 23. November 1938 verkündet P. Regens in der Aula die Beschlagnahme des Canisianums durch Gauleiter Franz Hofer. Die Chronik vermerkt: »Am frühen Vormittag des 24. Nov. zogen die deutschen Bewohner des Hochparterres des Nord- u. Mitteltraktes über in das Collegium S. J. Auch eine Reihe braver Landsleute mußte ins Exil. Das Bild oben zeigt, wie die Auswanderer ihre Habseligkeiten in die Sillgasse verfrachteten.«

Wenige Tage später am 30. Nov. 1938 verließ Regens P. Michael Hofmann (im Bild links) mit dem letzten Teil der Konviktoren Innsbruck Richtung Exil in die Schweiz. An diesem Andreastag wurde Dr. Paulus Rusch zum Titularbischof geweiht, nachdem er am 15. Oktober 1938 zum Apostolischen Administrator der Administratur Innsbruck-Feldkirch ernannt worden war.

Dank namhafter Schweizer Altkonviktoren fand das Canisianum von 1938 bis zu seiner Rückkehr im Jahr 1945 nach Innsbruck Exil im ehemaligen Hospital zu Sitten (Sion) im Schweizer Wallis.

gen des Ablebens des um das Canisianum hochverdienten Regens.

Nachkriegszeit bis heute[3]

In der Nachkriegsära hatte das Canisianum unter Regens Braunshofer mit Konviktorenmangel zu kämpfen, welcher dank der Mithilfe der Altkonviktoren behoben werden konnte. Diese übernahmen nämlich Patenschaften für Theologen aus Asien und Afrika, womit Regens Braunshofer nach fünfjähriger Amtszeit nicht nur stolz auf ein volles Haus, sondern auch auf die Internationalität von 26 vertretenen Nationen blicken konnte. Klar ist natürlich, daß es nicht immer leicht war, diese bunte Gruppe zu einer Gemeinschaft zu formen … Weitere einschneidende Änderungen nach dem Krieg geschahen parallel zu den Aufbrüchen des Vaticanum II, welche in verschiedenen experimentellen Formen der Mitgestaltung und Verantwortungsübernahme der Konviktoren sichtbar wurden. Auch in Liturgie und Hausbrauch wurde einiges verändert, rein äußerlich geben die umgestaltete Aula sowie die Kapelle von den Neuerungen Zeugnis.

Für heute scheint die Zeit dieses Experimentierens und Erprobens abgeschlossen zu sein, der Enthusiasmus ist einer realistischeren, nüchterneren Sicht der Dinge gewichen. Die wilden Siebziger sind demnach den milden Neunzigern gewichen. Den Schlußstrich unter die Entwicklung des Canisianums vom „Collegium" zur „Seminarfamilie" scheint der Abschluß der Ratio Localis, vergleichbar mit der Verfassung eines Staates, zu ziehen. Mit diesem Versuch einer Festschreibung der Grundsätze einer Priesterausbildungsstätte nach den Grundsätzen des Vaticanum II will eine Grundlage für die Arbeit der nächsten Jahre geschaffen sein. Trotz mancher Probleme, mit denen das Canisianum heute zu kämpfen hat, scheinen bei einem Blick auf seine wechselvolle Geschichte die Zuversicht und die Hoffnung auf die schützende Hand Gottes über das Canisianum nicht vergebens zu sein.

Anmerkungen

1. Zusammengestellt von Mag. Philipp Überbacher nach dem Artikel „Das Canisianum – Ein Rückblick auf 125 Jahre Geschichte" von P. Anton Witwer SJ im Korrespondenzblatt 2, 1982/83. Erstmals veröffentlicht in: KBC, Heft 1, Studienjahrgang 1994/95, Jg. 128, S. 27–30.
2. 1848 bzw. 1874 wurde in der Schweizer Bundesverfassung mit der Aufnahme der Artikel 58 bzw. Artikel 51 das Verbot der Aufnahme der Jesuiten in der Schweiz verfügt. Letzterer (Art. 51) stellte eine Verschärfung dar, die auch das Wirken der Jesuiten in Kirche und Schule untersagte, und der sich in der Schweiz unter dem Begriff „Jesuitenartikel" bzw. „Jesuitenparagraph" einbürgerte.
3. Dieser Absatz wurde von Mag. Philipp Überbacher selbst verfasst und umfasst die Zeitperiode bis zur Erstellung dieses Beitrages (1994). Für aktuelle Entwicklungen siehe insbesondere den Beitrag „Umwandlung und Übersiedelung" von P. Friedrich Prassl SJ ab S. 135!

Das Collegium Canisianum in Innsbruck 1958–2007*

P. Peter Gangl SJ

„Die hundert Jahre, die das Theologische Konvikt – als Nikolaihaus und als Canisianum – durchlebt hat, sind ... eine Apologie der väterlichen Vorsehung Gottes und des Schutzes, den der Herr den Verehrern Seines heiligsten Herzens in besonderer Weise verheißen hat; so war es in den ersten 50 Jahren in der Bedrohung, die der Liberalismus um 1870 hervorgerufen hatte, so war es in den letzten 50 Jahren in den Stürmen, die um 1940 der Nationalsozialismus heraufbeschwor. Stürme werden auch in der Zukunft nicht ausbleiben und das Kreuz wird auch den kommenden Generationen nicht erspart bleiben. Aber es wird auch dann wieder gelten: Regnavit a ligno Deus."[1]

Mit diesen Worten schließt ein historischer Rückblick in einer Festschrift anlässlich der Hundertjahrfeier des Theologischen Konvikts Innsbruck zu Pfingsten 1958.[2] Der Verfasser des Beitrages, der Jesuit Franz Lakner[3], ehemaliger Rektor und Regens der gefeierten Anstalt, spricht rückblickend von den erlebten Bedrängnissen und vorausschauend von den „Stürmen", denen auch spätere Bewohner des Hauses ausgesetzt sein würden. Sind nun die angedeuteten Bedrängnisse be-

Festgottesdienst anlässlich des Jubiläums „100 Jahre Theologisches Konvikt zu Innsbruck", Pfingsten 1958.

kannt und auch schon hinlänglich dargestellt worden,[4] so fragt man gut fünfzig Jahre später danach, welche denn die „Stürme" gewesen sein sollen, die Lakner andeuten wollte? Ist etwa die Zeit der „stürmischen Krise und einer wachsenden Polarisierung"[5] gemeint, die im Anschluss an das Zweite Vatikanische Konzil (1962–1965) die katholische Kirche erlebt hat und wovon auch die Priesterseminare nicht ausgenommen waren? Dass es damals sowohl auf dem Gebiet der Priesterausbildung als auch in der Fra-

Die Neoingressi des Studienjahres 1960/61. Bei genauem Hinsehen erkennt man auch einige „Missionstheologen" – wie die Theologiestudenten und Priesterkandidaten aus Afrika und Asien damals genannt wurden.

ge der priesterlichen Identität einen gewissen Problemstau gab, das zeigt nicht allein der „sprunghafte Anstieg der Amtsniederlegungen von Priestern"[6] nach dem Zweiten Vatikanum. Das ist jedoch nur eines der Phänomene in der nachkonziliären Ära. Zu beobachten sind in dieser Zeit, neben den vielen neuen Akzenten, die in verschiedenen Bereichen des kirchlichen Lebens gesetzt worden sind, ebenso vielfache kulturelle Umbrüche, die auf die Kirche und ihre traditionellen Institutionen eingewirkt haben. Das Collegium Canisianum ist dabei nicht ein unerschütterlicher Fels in der Brandung der Moderne geblieben, sondern war selbst verschiedenen Veränderungen ausgesetzt und wird es wohl auch weiterhin bleiben.

„Missionstheologen"

„Das Haus ändert sich mit jedem Jahr. Der gegenwärtige Zug geht dahin, die Kontinente im Haus zu versammeln. Die Afrikaner und Asiaten werden vielleicht noch alle anderen Landsmannschaften an Zahl übertreffen."[7] Diese Aussage von 1962 stammt von einem US-amerikanischen Konviktor. Aus Anlass der Hundertjahrfeier seiner Landsmannschaft blickt er in der Geschichte nach vorne und nimmt gleichsam die Zukunft des Hauses vorweg. Tatsächlich sollte es nicht mehr lange dauern, bis nicht nur die Amerikaner im Canisianum, sondern auch die deutschsprachigen Konviktoren zu einer Minderheit gegenüber den Priesteramtskandidaten aus Afrika und Asien werden sollten. Dabei war damals das Experiment „Missions-

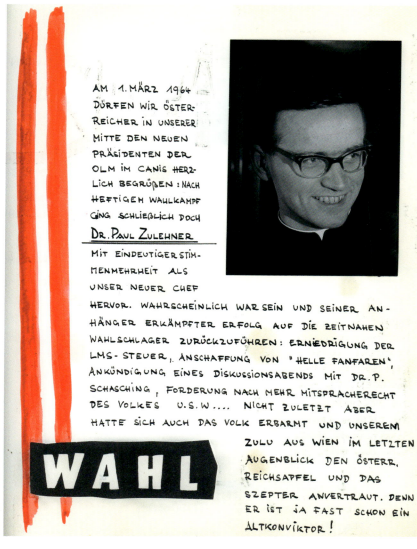

DDr. Paul Zulehner war von 1957 bis 1964 Konviktor des Canisianums. Am 1. März 1964 wählte die österreichische Landsmannschaft „Zulu" – wie er in Kurzform genannt wurde – zu ihrem Präsidenten.

ren anzuwerben für die weiteren 60 Zimmer, die jetzt … bereitgestellt sind".[9] In der Folge wurde der Entschluss gefasst, nicht mehr nur Priesteramtskandidaten aus den bisherigen Einzugsgebieten Europas und den Vereinigten Staaten aufzunehmen,[10] sondern darüber hinaus auch einigen Studenten aus Ländern der sogenannten „Dritten Welt" das Theologiestudium in Innsbruck zu ermöglichen. Das Ergebnis dieses Entschlusses wird im KBC anschaulich gemacht. Im Heft Oktober/Jänner 1960/61 werden auf drei Seiten „unsere Missionstheologen"[11] vorgestellt. Es handelt sich zunächst um sieben Seminaristen aus Nigeria (2), Ghana (1), Indien (2), Korea (1) und den Philippinen (1).

Weitere Kandidaten werden angekündigt. In diesem Zusammenhang wird auch die notwendige Finanzierung angesprochen. Patenschaften sollen den Aufenthalt und das Studium der Missionstheologen in Innsbruck ermöglichen. Für insgesamt dreizehn Seminaristen werden auf dem Weg über das KBC noch fehlende Wohltäter, das heißt: Pfarreien gesucht: „Die Jahrespension beträgt 10.000 Schilling, zahlbar natürlich in Raten. Dazu kommen dann noch evtl. Ausgaben für eine dem Klima entsprechende Kleidung, ferner Studienbeihilfen, manchmal auch die Kosten für die Anreise. Auch die Sorge für die Ferien müsste von der Pfarrei übernommen wer-

theologen" gerade erst einmal zwei Jahre alt.

Nach der Hundertjahrfeier von 1958 waren im Canisianum Entscheidungen getroffen worden, die weitreichendere Bedeutung haben sollten. P. Franz Braunshofer[8], der bisher als Minister im Haus tätig war, wurde im Herbst 1958 zum Regens ernannt. Im KBC vom Oktober 1958 wendet er sich das erste Mal an die Leser und spricht von 142 Konviktoren, die im Canisianum wohnen. Als Regens komme ihm die Aufgabe zu, „tüchtige Konvikto-

den. Die Pfarrei soll ihm dann eine Art zweite Heimat sein. Die Studiendauer wird zwischen 5–6 Jahren liegen, entsprechend den bisherigen Vorstudien des Missionstheologen und der evtl. Absicht einen akademischen Grad zu erwerben ..."[12]

Der Studienaufenthalt von Seminaristen aus Afrika und Asien im Canisianum ist im Laufe der vergangenen Jahrzehnte zu einem Kennzeichen dieses Hauses geworden. In der Selbstvorstellung aus dem Jahr 2000 bezeichnet man sich als „internationales Priesterseminar"[13] und will damit zum Ausdruck bringen, dass hier eine besondere Lernsituation genützt werden möchte, um auf den Dienst des Priesters vorzubereiten. Die Aufnahme von Studenten aus Übersee geschah demnach nicht einfach aus einer reinen Notwendigkeit heraus – sozusagen weil die leerstehenden Zimmer immer schwieriger mit deutschsprachigen Seminaristen besetzt werden konnten; hingegen sollte beim angehenden Priester, der zur Ausbildung ins Canisianum kommt, Interesse und Verständnis für die Weltkirche geweckt werden.

„Hier ist die Welt zu Hause"[14] – so titelt ein Bericht über das Collegium Canisianum in der „Tiroler Tageszeitung" vom 24. Dezember 1981, der auch im KBC zu finden ist. Die Zeitungsmeldung betont die Chancen eines Studienaufenthaltes im Canisianum und weist darauf hin, dass in diesem Innsbrucker Haus „die Weltkirche mit ihrer ganzen Aufgeschlossenheit"[15] anzutreffen sei. Freilich ist das eine (fast zu) schöne Beschreibung des gemeinsamen Lebens im Kolleg. Denn das konkrete Leben war bei allem Bemühen um Aufgeschlossenheit und Dialog gelegentlich auch gehemmt durch nationale Empfindlichkeiten und Unsensibilität für die kulturelle Verschiedenheit.

Zweites Vatikanisches Konzil

Im Sommer 1969 ging die „Ära Braunshofer"[16] zu Ende. Rückblickend äußert dazu eine anonyme Stimme, die sich in der Unterschrift ein wenig verblümt als „ein ehemaliger Pedell"[17] ausgibt:

Die Landsmannschaften veranstalteten erheiternde Zusammenkünfte wie jene des gemeinsamen „Mundartabends" im Jahre 1964.

„Es waren bestimmt keine geruhsamen Jahre für den Regens. Das geistig einschneidendste Ereignis dieser 10 vergangenen Jahre war natürlich auch für das Canisianum das Konzil und seine Konsequenzen für das Priesterbild und für die Priesterausbildung."[18]

Der konziliare Frühling mit seinen Tagträumen und Erwartungen hält Einzug in der altehrwürdigen Stätte der Priesterausbildung. Auch hier will man den Erfordernissen der Gegenwart nicht mehr mit Antworten von Gestern begegnen. Betroffen sind die Bereiche Theologie, Leitung, Frömmigkeit und Alltagsleben. Nicht zu vergessen die Reform der Liturgie, bei der sich die vorerst sichtbarste Auswirkung des Konzils zeigte.

Zu den „festen Institutionen"[19] des Hauses gehörte bereits zu

Die Hauskapelle des Canisianums vor der Umgestaltung.

Beginn der 60er-Jahre die Feier des Wortgottesdienstes. Eine erste Frucht des Konzils ist es dann, wenn im Jahre 1964 im Canisianum die Zelebration der Messe „versus populum" in Gebrauch kommt, und zwar der „größeren Kommunikation wegen"[20], wie der Schreiber der Historia Domus sich ausdrückt. Von einer weiteren liturgischen Neuerung wird im Jahr 1965 berichtet.[21] Die Feier des Leidens und Sterbens Jesu Christi in der Karwoche begeht man in deutscher Sprache. Erprobt wird auch die Konzelebration der Eucharistiefeier an Sonn- und Festtagen; allerdings beteiligen sich daran nur wenige, wie der Chronist dieses Jahres berichtet.

Priestersein, priesterliche Lebensform, Amtsverständnis, Identität des Priesters, das sind einige der Stichworte, die im Zusammenhang mit der Priesterausbildung in vielen Jahrgängen des KBC mit großer Regelmäßigkeit wiederkehren. Auffallend ist dabei, dass man sich dem Priesterberuf hauptsächlich in problematisierender Weise zuwendet. Die Rolle des Priesters erscheint in den Jahren nach dem Konzil vielen zunehmend unklarer. Es gab zahlreiche Versuche, sie neu zu reflektieren und zu formulieren. Beispielsweise in einer „Denkschrift zur Reform des priesterlichen Lebens"[22] aus dem Jahre 1966. Dieser Denkschrift zufolge sollte die Ausbildung der Seminaristen nicht bloß auf die Priesterseminare beschränkt bleiben, sondern unter Anleitung eines Pfarrers in der Gemeinde vor Ort geschehen. Außerdem wird vorgeschlagen, in den Diözesen einen Spiritual für die Priester einzusetzen, also für eine „Seelsorge am Priester"[23] Sorge zu tragen. Hilfreich wäre das besonders für jene, die entweder in die Krise geraten sind oder aber ihren Stand bereits verlassen haben. Unter dem Dauerthema „Priestersein" steht schon vor dem Konzil ein Buchbericht, in dem insgesamt acht Publikationen zur priesterlichen Lebensform vorgestellt werden.[24] Als Grund für die Rezensionsoffensive wird der steigende Priestermangel genannt. Für diese Problematik wollen die empfohlenen Bücher sensibilisieren und beitragen „zur tieferen Besinnung auf Wesen und Gestalten des Priestertums".[25]

Auf 100 Jahre Öffentlichkeitsarbeit im Rahmen des Korrespondenzblattes blickte man zu Beginn des Jahres 1966 zurück. Bei dieser Gelegenheit und im Gedenken an die vergangene Zeit plädiert P. Hugo Rahner in seinem Brief an die Altkonviktoren „für die Wandlungsfähigkeit der Kirche und eine Offenheit für das Neue, die zugleich begeistert und klug sein kann".[26] Dieser Nachsatz kann sowohl zeitkritisch als auch prophetisch verstanden werden. Rahner dürfte schon damals erkannt haben, dass ein übereifriges Sich-Öffnen für alles Neue und Moderne sowie ein unnachgiebiges Drängen auf Reformen, wie es gerade in den Jahren nach dem Konzil in den deutschsprachigen Ländern

In den Jahren 1969/70 wurde die Hauskapelle nach Plänen von Architekt Josef Lackner umgestaltet. Die „Verhüllung" der Altäre bzw. der alten Ausstattung rief vor allem bei den Alt-Canisianern Widerspruch hervor.

zu beobachten ist, der Kirche nichts Gutes tun würde, vor allem dann nicht, wenn dabei der Sinn für die kluge Mitte verloren geht. Ähnlich wie Rahner thematisiert auch ein neuer Spiritual im Canisianum kurze Zeit später die ausgewogene Verbindung von Tradition und Erneuerung. Seiner Auffassung nach „[gehören] Anpassung und Erneuerung ... zu den Aufgaben eines heutigen, zur Kirche und zur Welt geöffneten Priesterseminars".[27] Aufgabe sei es, „das Gestern, Heute und Morgen in der Spannung einer notwendigen Kontinuität und ebenso notwendigen Neuorientierung zu verbinden".[28]

Ebenso konstruktiv wollte man auch mit dem überkommenen Erbe umgehen. Zu diesem Erbe gehörte zweifellos die Hauskapelle, deren Renovierung seit dem Sommersemester 1969 diskutiert wird. Den Beziehern des KBC werden die Gründe für die Neugestaltung der Hauskapelle erst nach vollbrachter Tat mitgeteilt. Dabei wird einleitend gefragt, „warum ... die Hauskapelle im Canisianum überhaupt umgebaut [wurde]".[29] Der darauf gegebenen Antwort zufolge sei alles im Zusammenhang mit den Anregungen des Zweiten Vatikanischen Konzils zu sehen, wonach „die Kapelle ... den Mittelpunkt unseres Hauses bilden und so auch räumlich einladend auf alle Konviktoren wirken [soll]".[30] Offensichtlich war das in letzter Zeit nicht mehr so der Fall gewesen, weshalb man für den Gottesdienstraum nach einer „reife(n) Lösung"[31] Ausschau hielt. Wie schon zuvor bei der Neuadaptierung der Aula vertraut man sich auch jetzt wieder den Plänen des Architekten Lackner an. Ob die von ihm ausgeführte Lösung jedoch wirklich so „reif" war, daran zweifelte damals der eine oder andere kritische Betrachter. Der Scriptor der „Historia Domus" vermerkt dazu ein wenig überrascht: „Nicht jeder, nicht einmal von den jungen Leuten, konnte sich zunächst an den sehr nüchtern-technischen Eindruck der Raumgestaltung und Einrichtung gewöhnen. Ausdrücke wie ‚Turnhalle', ‚Operationssaal' u. ä. waren zu hören."[32]

Auch von außerhalb des Hauses sind die positiven Reaktionen auf den Kapellenumbau endend wollend. Das KBC spricht gar von „eine(r) kleine(n) Flut von Protestbriefen"[33], die ausgelöst worden sei. Beispiele solchen

Das Panorama-Foto zeigt den aktuellen Zustand der Hauskapelle.

Protests werden den Lesern des KBC nicht vorenthalten. Diese gipfeln in der doppelten Anfrage: „Wird wohl Gott dieses sein Haus gefallen?" Und: „Armer Heiland, wo bist Du hin?" Zu hören ist auch die sonderbar anmutende Aussage: „Wie hätten wir uns empört, wenn die Nazis verlangt hätten, unsere Kirchenräume in Konzertsäle zu verwandeln! Und nun geschah es ohne Zwang, aus freien Stücken." Statements wie „Modetorheit" oder „Vandalismus" klingen da schon weniger aufregend.

Studium und intellektuelles Leben

Neben dem pflichtgemäßen Gang der Seminaristen zu den Vorlesungen an der Theologischen Fakultät und dem privaten Studium im Konvikt pflegte man im Canisianum der Nachkonzilszeit auch eine intensive intellektuelle Auseinandersetzung, wobei man sich auf die verschiedensten Themenbereiche einließ. So findet man im Canisianum damals nicht nur einen Missionskreis und einen Bibelkreis, einen aszetischen und einen theologischen Arbeitskreis. Auch auf andere Fragen wurde zugegangen. 1961 blickt man auf „70 Jahre Katholische Soziallehre" zurück. Unter diesem Stichwort werden im KBC Auszüge aus einem Referat von P. Johannes Schasching[34] veröffentlicht[35]. Es beleuchtet den zeitgeschichtlichen Hintergrund der Entstehung der ersten Sozialenzyklika Papst Leos XIII. und geht auf die wichtigsten Anliegen der katholischen Soziallehre ein. Wenn es schließlich darum geht, Aufgaben des sozialen Engagements der Kirche in der Zukunft zu formulieren, meint Schasching in nicht unkritischer Weise, „dass die Kirche noch weit davon entfernt ist, den Zugang zum modernen Menschen gefunden zu haben".[36] In der gegenwärtig pluralistischen Gesellschaft sei es aber notwendig, dass auch „die Kräfte der Kirche"[37] zum Zug kommen. Nicht Rückzug aus der Gesellschaft, sondern dass die Kirche wieder „Lebensprinzip der Gesellschaft"[38] werden soll, ist dem Referenten ein Anliegen.

Immer wieder sind Persönlichkeiten der theologischen oder anderer Wissenschaften Gastredner im Canisianum, und das nicht nur aus Anlass der jährlichen Herz-Jesu-Akademie. Am 7. Februar 1963 spricht der Professor für Fundamentaltheologie aus Bonn, Joseph Ratzinger[39], über die christliche Brüderlichkeit in der Aula des Canisianums[40]. Vor versammelter Konviktorenschar weist er die angehenden Priester darauf hin, dass dieses Amt vor allem ein Auftrag zum Dienen sei, weshalb der Amtsträger sich „vor einem allzu betonten Paternalismus und vor patriarchalischem Gehabe hüten und vielmehr die selbständige

Die Aula des Canisianums vor der Umgestaltung

Bereits in den Jahren 1964/65 wurde die Aula nach Plänen von Architekt Josef Lackner umgestaltet, nach dessen Plänen in den folgenden Jahren die Konzilsgedächtniskirche in Wien-Lainz errichtet wurde.

Nenning[43], der 1968 zu den Canisianern spricht[44]. Dabei bedeutet es eine Demokratisierung des anwesenden intellektuellen Potentials, wenn der Redner die anschließende Diskussion für wichtiger hält als den Vortrag selbst. Nenning sieht im Sozialismus „ein moralisches Wertsystem mit den sittlichen Ideen Freiheit, Gleichheit und Brüderlichkeit", weshalb von ihm der sowjetische Sozialismus, der „immer mehr terroristische und militante Züge annimmt", als „unproduktiv" für die Sache des Sozialismus eingestuft wird. Ansonsten weist Nenning darauf hin, dass nach der geschichtlichen Gegnerschaft zwischen Katholizismus und Sozialismus nun eine Annäherung und Koexistenz der beiden zustande gekommen sei, die in Zukunft in eine „Interexistenz"[45] übergehen sollte. Andere Vortragsthemen sind beispielsweise „Theologie der Befreiung bei Gustavo Gutiérrez"[46] oder „Theologische Ansätze eines schwarzen Bewusstseins"[47] oder „Katholizismus und Kommunismus in Jugoslawien"[48].

„Theologie und Kirche im Konflikt"[49] ist ein akutes Thema zu Beginn des Wintersemesters 1974/75. Der erst seit kurzem in Innsbruck lehrende Ordinarius für Dogmatik an der Theologischen Fakultät, P. Franz Schupp[50], war auf Grund seines philosophisch-theologischen Ansatzes ins Kreuzfeuer der Kritik geraten, worauf er sein Amt als Pro-

Erwachsenheit und die Eigenwürde der seinem Dienste anempfohlenen Gläubigen respektieren [müsse]".[41] Denn „als ‚pater' [bleibe der Priester] immer noch ‚frater'"[42]. „Christentum und Sozialismus" ist schließlich das Thema des Journalisten Günther

Die neuerliche Umgestaltung der Aula in den Jahren 1999/2000 orientierte sich wieder an der ursprünglichen Gestaltung. Sie wurde nun nach der gleichnamigen Stiftung von DDr. Herbert Batliner „Propter-Homines-Aula" genannt.

fessor zur Verfügung stellte und später auch aus dem Orden austrat. Sein Anliegen war es gewesen, Theologie so zu betreiben, dass sie „den Ansprüchen heutiger Wissenschaftstheorie gerecht werden könnte. Mit Hilfe der Sprachphilosophie und analytischen Philosophie überdachte er die Glaubenssprache, untersuchte theologische Sätze auf ihren Wahrheitsgehalt, um religiöse Aussagen intersubjektiv diskutierbar zu formulieren."[51]. Das KBC bringt zu den aufregenden Ereignissen „Gedanken von betroffenen Studenten"[52] sowie „Erwägungen eines betroffenen Mitbruders und Kollegen"[53]. „Trauer und Empörung"[54], so lautete eine Aufschrift am Eingangstor zur Theologischen Fakultät, dürften die damalige Situation beherrscht haben. Ein bald danach stattfindender Einkehrtag im Canisianum kreist um die „Frage unserer Katholizität"[55] und leitet angesichts der erlebten Vorfälle auch zur Selbstbesinnung hinsichtlich des Umganges miteinander an. Zu guter Letzt verfasst das Hausparlament der Canisianer einen Brief an den Ordensgeneral der Gesellschaft Jesu, in dem das Befremden und die Betroffenheit der Studentenschaft über den „Fall Schupp"[56] zum Ausdruck gebracht wird[57]. Befragt man abschließend die jesuiteninterne „Historia Domus", werden die Ereignisse kurz so erwähnt: „Schwer zu schaffen machte der Hausleitung und auch den Studenten der Weggang von P. Franz Schupp ... Für manche Studenten ist manches bis heute nicht aufgearbeitet. Außerdem gab es viele Missverständnisse zwischen Bischof Paul Rusch, der Geistlichkeit von Innsbruck und dem Canisianum."[58]

Gemeinschafts- und Geistliches Leben

Wie war in der Nachkonzilszeit das Gemeinschaftsleben im Canisianum organisiert? Neben den schon bestehenden Landsmannschaften werden ab dem Sommersemester 1967 sogenannte Wohngruppen eingerichtet, die zur Auflockerung der Gemeinschaftsstruktur im Haus beitragen sollen. Außerdem hoffen die Leitungsverantwortlichen, dass auf diese Weise „Bereitschaft und Fähigkeit zu Teamarbeit ... eingeübt werden"[59]. Es handelt sich dabei um „Gruppen von 7 bis 8 Mitgliedern, die ein- bis zweimal wöchentlich die puncta oder ein geistliches Gespräch halten, eine Messe zusammen feiern, kulturelle Veranstaltungen besuchen, Wege eines Austausches und der Hilfe im Studium erproben und schließlich durch das nähere Kennenlernen die Möglichkeit und den Mut wachsen lassen, eine sinnvolle correctio fraterna zu üben"[60]. Das eingeleitete Experiment versteht sich als „der Versuch realer Verwirklichung von Gemeinschaft"[61].

Einige Jahre später, 1972, nahm man dann eine besser zu überblickende Aufgliederung der stark angewachsenen Studentenschar in der Weise vor, dass künftig ein Mitglied der Hausleitung für je ein Stockwerk im Canisianum verantwortlich sein sollte. Dieser „Stockpater" war zuständig für die Einzelgespräche mit den Seminaristen, in denen das Studium und der persönliche spirituelle Weg im Mittelpunkt stehen sollten.

Was die Formung des geistlichen Lebens der Canisianer betrifft, so wird im Jahre 1970 neuerlich darauf hingewiesen, „dass jeder Konviktor einen geistlichen Berater hat (sein Name ist dem Regens zu melden), mit dem er sich regelmäßig bespricht".[62] Ein anderes, wesentliches Formungselement waren die jährlichen Exerzitien, deren Gestaltung im Laufe der Zeit einige Wandlungen erfuhr. [...]

Die stattgefundene Diskussion zum Thema Exerzitien scheint nicht umsonst gewesen zu sein. Tatsächlich wurde die Anzahl der Exerzitientage künftig auf sechs reduziert. Als Termin nahm man nun die Zeit vor Weihnachten. Außerdem teilte man die Konviktoren in verschiedene Gruppen mit jeweils einem Leiter auf. Dabei gab es immer auch eine Gruppe mit einem Nichtjesuiten als Exerzitienleiter. Die Kurse wurden fortan außerhalb des Hauses veranstaltet, wobei als gemeinsamer Abschluss der Exerzitien die Eucharistie im Canisianum gefeiert wurde. Eingeräumt wurde den Konviktoren schließlich auch ein Mitspracherecht bei der Auswahl der Exerzitienleiter.

Beraten wird 1968 im Canisianum auch über eine Mitbeteiligung der Studenten an den Leitungsstrukturen des Hauses. Das Ergebnis der Beratungen wird im KBC mitgeteilt: „Die Hausleitung erhält als Mitarbeiter einen Seminarrat, eine repräsentative Vertretung der ganzen Hausgemeinschaft. Er soll Vorschläge, die das Leben im Haus betreffen, soweit klären und formulieren, dass sie zur Abstimmung der Vollversammlung vorgelegt werden können. ... Viele Hoffnungen sind an die neue Verfassung geknüpft. Doch ob es zu einer echten Zusammenarbeit kommt, die allein das Leben im Haus positiv beeinflussen kann, wird sich erst zeigen, wenn konkrete Sachfragen angegangen werden."[63]

Mitbeteiligung der Konviktoren an der Leitung des Hauses, wie man sich 1968 selbstbewusst ausdrückte, bedeutete konkret, dass auch die Ämter im Canisianum künftig demokratisch verteilt werden sollten. Das geschieht am sogenannten „Dies officialis"[64]. Ein solcher hat am 25. Juni 1969 im Haus stattgefunden. „Zum zweiten Male" – so der Jahreschronist – „wurde heuer das Amt des Pedells, des Liturgiepräfekten und des Vorsitzenden der Vollversammlung in einer Vollversammlung durch demokratische Abstimmung vergeben. ... Bis vor einem Jahr wurden die Kandidaten von ihren Vorgängern und P. Regens bestimmt."[65] Ebenso wichtig, wenn nicht überhaupt bedeutsamer, dürfte die folgende Neuerung gewesen sein: „In der Seminarratssitzung vom 29. Oktober [1969] wurde ein seit langem gewünschter Vorschlag angenommen, nämlich, dass jeder Konviktor, falls er es wünscht, gegen eine Kaution einen Hausschlüssel überreicht bekommt."[66] Die vielfach gepriesenen Ideen von Freiheit und Selbstbestimmung waren damit ein Stück näher gerückt.

„Cor unum et anima una" – Priestergebetsverein

Im Jahre 1866 erfolgte im Theologischen Konvikt Nikolaihaus zu Innsbruck „ein Zusammenschluss, der nicht nur auf menschlichen Beziehungen aufgebaut sein sollte, sondern noch mehr vom Übernatürlichen her gewonnen werden musste".[67] Es handelt sich dabei um den sogenannten Priestergebetsverein (PGV), der Konviktoren und Altkonviktoren zu einer besonderen Gebetsgemeinschaft verbinden wollte.[68] Dieser Zusammenschluss „vom Übernatürlichen her" wird hundert Jahre später zur Diskussion gestellt werden.

Im Rahmen der letzten Aula-Umgestaltung wurden auch die Decken-Gemälde von Ludwig Sturm sichtbar. In der Mitte: Philosophie und Theologie, links: Nicolaihaus, rechts: Canisianum.

Eine Statutenänderung des Priestergebetsvereins, der seit seiner Gründung noch immer am gleichen Reglement festhielt, wird im KBC im Juli 1960 angekündigt.[69] Vorgelegt wird dabei ein von den Konviktoren ausgearbeiteter Vorschlag, der den Mitgliedern des Vereins zur Kenntnis gebracht wird. Bei der Entscheidung, ob dieser Änderungsvorschlag angenommen wird, soll es demokratisch zugehen. Auf einer beiliegenden Karte kann vom Altkonviktor ein „Ja" oder ein „Nein" angekreuzt werden, je nachdem ob er mit den neuen Satzungen einverstanden ist oder nicht. Eine wesentliche Änderung im neuen Grundlagendokument ist die Wandlung des Namens: Nicht mehr „Priestergebetsverein" will man sich nennen, sondern etwas moderner: „Priestergemeinschaft des Collegium Canisianum". Auf diese Weise möchte man den „Vorstellungen von verstaubten Traditionen und überholten Ansichten"[70] entgegenwirken. Man will vor allem „eine Gemeinschaft … sein, die in mitbrüderlicher Liebe zu gegenseitiger Förderung und Hilfe verbunden ist".[71] Das positive Ergebnis der Kartenumfrage, wonach sich ein Großteil der Altkonviktoren für die vorgeschlagenen Änderungen ausspricht, wird in der darauffolgenden Ausgabe des KBC mitgeteilt.

Die beabsichtigte Änderung des Namens wird auch zum Anlass genommen, im KBC einen Vortrag von P. Hugo Rahner abzudrucken, in dem im Hinblick auf

Das zweite Decken-Gemälde zeigt zwei musizierende Engel.

den Priestergebetsvereins bzw. auf die Priestergemeinschaft „der alte Geist im neuen Gewande" beschworen wird.[72] Nicht ein Bruch mit alten Traditionen, sondern deren Erneuerung durch die Rückbindung an die Dynamik des Ursprungs sei angebracht. Rahner geht es um ein Eintauchen in die spirituelle Tradition des Hauses. Er blickt auf den Anfang dieser Gemeinschaft vor fast hundert Jahren zurück, in der Absicht, „wieder das Herz pochen [zu] spüren, das einst den Plan zu dieser Einigung gezeugt hat".[73] Rahner zeigt sich zwar dessen bewusst, dass die für die Priestergemeinschaft so wichtige Herz-Jesu-Verehrung im letzten Jahrhundert vielfache Wandlungen erfahren hat, weshalb man sie heute aber nicht einfach aufgeben, sondern „immer wieder neu entdecken und nachvollziehen [müsse]".[74] Dieses Anliegen will man im Canisianum in Zukunft wieder mehr verfolgen. So werden beim Herz-Jesu-Fest, am 24. Juni 1960, während des Festgottesdienstes auch 58 Mitglieder – also fast alle neu eingetretenen Konviktoren des Studienjahres – in den Priestergebetsverein aufgenommen. Die übrige Kommunität erneuert bei diesem Anlass ihr einmal gegebenes Weiheversprechen. Ausdrücklich betont wird, dass „das Entscheidende des PGC [Priestergemeinschaft des Canisianums] ... die Solidarität [ist], vor allem des Gebetes, der Konviktoren untereinander und mit den schon draußen im ‚Betrieb' stehenden Altkonviktoren".[75]

Mitte der siebziger Jahre wird dann nochmals über das spirituelle Erbe nachgedacht. Nun ist es der seit langem verwendete Wahlspruch der Canisianer – „Cor unum et anima una" –, mit dem Konviktoren und Altkonviktoren sich untereinander verbunden fühlen, der offenbar zunehmend unter Verstehensverlust leidet und deshalb ins Forum der Diskussion gebracht wird. „Dieser Satz ist – so oder so – eine Anforderung, der wir uns stellen müssen, nicht nur, weil er zur Geschichte dieses Hauses gehört. Zumindest sollten wir ihn nicht allzu leicht von der Hand weisen: ‚Was haben wir damit zu tun?'. Die Priestergemeinschaft des Canisianums wählte ihn zum Leitmotiv. Heute belastet er wie ein seltsames und unverständliches Relikt manche Diskussion. Von den einen wird er zitiert, um noch ein wenig Spiritualität zu retten, von den anderen beschwörend, z. T. auch drohend, um auf die verlorengegangene Einheit der Lehre und der Disziplin hinzuweisen."[76] So äußerte man sich beim geistlichen Vortrag am Vorabend des Herz-Jesu-Festes 1974. Versucht wird bei dieser Gelegenheit auch, dem alten Wahlspruch eine neue Deutung zu geben, wobei Tradition und Moderne einander die Hand reichen sollen.

Nüchtern meinte der Vortragende: „[...] Das, worin realistisch Einheit gesucht werden kann, ist die Einheit angstloser und freier Kommunikation"[77]. Es scheint, dass jener Gedanke an einen Zusammenschluss „vom Übernatürlichen her", wie er früher beabsichtigt gewesen war, Mitte der Siebzigerjahre bei den Canisianern auf wenig Plausibilität gestoßen ist. Das bedeutet freilich nicht, dass die Priestergemeinschaft des Collegium Canisianum aufgehört hätte zu existieren. Eher geriet sie im Anschluss an die Zeit des kritischen Hinterfragens während der Siebzigerjahre „unbeabsichtigt und unbewusst in Vergessenheit".[78] Eine Neureflexion dieser auf Gebet und gemeinsamem Glaubens- und Sendungsbewusstsein aufgebauten Gemeinschaft wäre für unsere Zeit interessant und mehr als nötig. Zu Recht weist deshalb Feulner auf die nach wie vor bestehende Aufgabe hin, „Ziel und konkrete Verfassung der Priestergemeinschaft zu beleben und wachzuhalten".[79]

Schlussbetrachtung

Die von Lakner vorhergesagten Stürme haben das Canisianum nicht in der Weise bedroht wie seinerzeit der Liberalismus im 19. oder der Nationalsozialismus im 20. Jahrhundert. In seiner Existenz war das Haus in den vergangenen 50 Jahren nicht gefährdet. Eher sind es die geschilderten Windbewegungen der „68er-Jahre", die vieles durcheinandergewirbelt und manches davongetragen haben. Hin und wieder wäre es vielleicht besser gewesen, nicht jedem Impetus des ungestümen Zeitgeistes nachzugeben. Im Laufe der Zeit tauchte jedoch ein anderes, immer dringlicher werdendes Problem auf, das aus der sprachlichen Zusammensetzung der Konviktorenschaft herrührte. Erstmals wird das im KBC des Studienjahres 1982/83 formuliert. Der damalige Regens, P. Gerwin Komma[80], macht die Leser darauf aufmerksam, dass „der Anteil der deutschsprachigen Konviktoren auf ein Dutzend zusammengeschmolzen ist. Dass dies auch Folgen für die Führung des Kollegs mit sich bringt, werden Sie verstehen können. Wenn die Österreichische Ordensprovinz der Gesellschaft Jesu weiterhin ihr Ja zu diesem Werk sagt, dann kann sie es nur in der Hoffnung auf den, der – gegen jede Hoffnung – Neues zu schaffen vermag."[81]

Tatsächlich gestaltete es sich auf die Dauer als schwierig, ein deutschsprachiges Priesterseminar zu führen, in dem nur wenige der Seminaristen deutsch als Muttersprache sprechen. Denn Sprache erlernt sich erfahrungsgemäß beim Sprechen, wozu es aber auch Sprachkundige braucht, die unterstützend wirken können. Im Bewusstsein der Tatsache, dass die Zahl der deutschsprachigen Konviktoren im Abnehmen begriffen ist, wird anlässlich „125 Jahre Theologisches Konvikt Nikolaihaus und

Canisianum" im Studienjahr 1982/83 danach gefragt, ob es sich dabei vielleicht gar um den „letzte(n) große(n) Geburtstag"[82] des Hauses handelt. „Kann das Canisianum so weiterbestehen? ... Oder naht bald das Ende für das Konvikt?"[83] Die hierauf gegebene Antwort erinnert an das große Erbe der Vergangenheit und fordert dazu auf, auch künftig Vertrauen zu haben. Für die Zukunftsfähigkeit des Canisianums ist das auch heute unerlässlich. Das befreit freilich nicht davon, diese Zukunft mutig zu gestalten und Wandel zuzulassen. So kam der Beschluss zu Stande, das Collegium Canisianum ab dem Wintersemester 2007/08 nicht mehr als Priesterseminar im eigentlichen Sinn zu führen. Stattdessen soll es ein Internationales Theologisches Kolleg für Priester und Studenten der Theologie mit weiterführenden Studien beherbergen. Man darf deshalb darauf hoffen, dass das Canisianum auch im weiteren Fortgang seiner Geschichte, den so notwendigen Auftrag der Aus- und Weiterbildung von Priestern treu erfüllen wird.

Anmerkungen

[*] Gekürzte Fassung eines Vortrages, der beim Konveniat der Altkonviktoren am 29. Juni 2007 im Collegium Canisianum in Innsbruck gehalten wurde.

[1] Zit. in: Festschrift zur Hundertjahrfeier des Theologischen Konvikts Innsbruck 1858–1958, Innsbruck (ohne Jahresangabe), 60.

[2] Zur Geschichte der ersten hundert Jahre des Theologischen Konvikts vgl. Festschrift; darin die Beiträge von J. A. Jungmann (10–42) und F. Lakner (43–60). – Vgl. ferner M. Hofmann, Das Nikolaihaus zu Innsbruck einst und jetzt. Den Alt- und Jung-Konviktoren zum 50jährigen Jubiläum 1858–1908 in herzlicher Verehrung und Liebe gewidmet, Innsbruck 1908. – Vgl. Ders., Baugeschichte und Beschreibung des Collegium Canisianum zu Innsbruck, Innsbruck 1912; zweite, vermehrte Auflage Innsbruck 1914. – Vgl. E. Coreth, Das Jesuitenkolleg Innsbruck. Grundzüge seiner Geschichte. Sonderdruck der Zeitschrift für katholische Theologie, Innsbruck 1991, 31 f, 38 f, 46–48.

[3] Franz Lakner (1900–1974). 1919–1922 Konviktor im Canisianum. 1922 Eintritt in die Gesellschaft Jesu, 1929 Priesterweihe. 1936 Dozent für Dogmatik in Innsbruck. 1937–1946 Rektor des Canisianums, 1941–1949 Regens. 1965/66 Rektor der Universität Innsbruck.

[4] Im Gefolge liberaler Strömungen im damaligen Österreich verlangte der Budgetausschuss im Wiener Reichsrat am 15. Februar 1870 „die ‚sofortige Einstellung der theologischen Fakultät und Streichung der Dotation'" (zit. in: E. Coreth, Die Theologische Fakultät Innsbruck. Ihre Geschichte und wissenschaftliche Arbeit von den Anfängen bis zur Gegenwart, Innsbruck 1995, 80). Kaiser Franz Joseph I. gab dazu jedoch nicht seine Unterschrift. Wäre die Fakultät tatsächlich „eingestellt" worden, hätte das auch Auswirkungen auf den weiteren Bestand des Nikolaihauses gehabt. Vgl. H. Rahner, Die Geschichte eines Jahrhunderts. Zum Jubiläum der Theologischen Fakultät der Universität Innsbruck 1857–1957, in: ZKTh 80 (1958) 25–42. – Vgl. E. Coreth, Die

Theologische Fakultät, 78–84. – Die genannten Bedrängnisse in der Zeit des Nationalsozialismus beziehen sich auf die Beschlagnahmung des Canisianum durch die nationalsozialistische Regierung und die darauffolgende Räumung und Übersiedelung der Anstalt nach Sitten (Schweiz). Vgl. Festschrift, 46–54. – Vgl. E. Coreth, Die Theologische Fakultät, 114–116. – Vgl. A. Batlogg, Die Pfaffenburg muss weg. Das Collegium Canisianum im Jahr 1938, in: Korrespondenzblatt des Canisianums (KBC) 132/I (1998/99) 11–23.
5   K. Schatz, Kirchengeschichte der Neuzeit II, Düsseldorf 1989, 189.
6   N. Trippen, Entwicklungen im Klerus seit 1914, in: H. Jedin / K. Repgen (Hrsg.), HKG VII, Die Weltkirche im 20. Jahrhundert, Freiburg im Breisgau 1979, 342.
7   KBC 96/III (1962) 32.
8   Franz Braunshofer (1900–1975), 1958–1969 Regens im Canisianum.
9   KBC 93/I (1958) 62.
10 Die „Konviktorenliste nach Diözesen – Wintersemester 1958/59" [in: Archiv Collegium Canisianum (ACC), Historia Domus (HD) 1948–1980] dokumentiert, dass ein Großteil der diözesanen Studenten aus Deutschland (35), den Vereinigten Staaten (33), der Schweiz (18) und danach erst aus Österreich (10) stammten. Unter den Studenten aus Ordensgemeinschaften waren die Zisterzienser (14) am stärksten vertreten.
11 KBC 95/I+II (1960/61) 38.
12 Ebd., 40.
13 KBC 133/II (1999/2000) 24.
14 KBC 115/II (1981/82) 18.
15 Ebd.
16 KBC 104/I+II (1969/70) 35.
17 Ebd., 36.
18 Ebd., 35.
19 KBC 96/I+II (1961/62) 23.
20 Vgl. ACC, HD 1964: „maioris communicationis causa".
21 Vgl. ACC, HD 1965.
22 Vgl. KBC 100/III (1966) 17–23.
23 Ebd., 20.
24 Vgl. KBC 96/I+II (1961/62) 17 f.
25 Ebd.
26 Vgl. KBC 100/I (1966) 3.
27 KBC 102/I+II (1967/68) 35.
28 Ebd., 34 f.
29 Ebd., 10.
30 Ebd.
31 KBC 105/I (1970) 24.
32 ACC, HD 1948–1980, Umbau und Neugestaltung unserer Konviktskirche.
33 KBC 106/I (1972) 13. (Die folgenden Zitate ebd.)
34 Johannes Nepomuk Schasching (1917–2013). Er lehrte in Innsbruck Sozialethik und war ab 1966 Professor an der Gregoriana in Rom.
35 Vgl. KBC 95/III (1961) 24–30.
36 Ebd., 30.
37 Ebd.
38 Ebd. (Es handelt sich hier um eine Formulierung von Papst Pius XII.)
39 Joseph Ratzinger (Jg. 1927). 1959–1977 Ordinarius für Fundamentaltheologie, Dogmatik und Dogmengeschichte in Bonn, Münster, Tübingen und Regensburg. 1977 Erzbischof von München und Kardinal. 1981 Präfekt der Glaubenskongregation. Am 19. April 2005 als Benedikt XVI. zum Papst gewählt; Amtsverzicht 2013.
40 Vgl. KBC 97/IV (1963) 2–14.
41 KBC 97/IV (1963) 11.
42 Ebd.
43 Günther Nenning (1921–2006). Studium der Sprach- und Religionswissenschaften, Journalist, Mitglied der sozialistischen Fraktion im Österreichischen Gewerkschaftsbund.
44 Vgl. KBC 103/I+II (1968/69) 26 f.
45 Ebd., 27.
46 Vgl. KBC 111/II (1976/77) 2–6.
47 Vgl. ebd., 7 f.
48 Vgl. ebd., 9–12.
49 KBC 109/I (1974/75) 15.
50 Franz Schupp (1936–2016), 1971 Ordinarius für dogmatische Theologie in Innsbruck.
51 KBC 109/I (1974/75) 15.
52 Vgl. ebd., 16 f.
53 Vgl. ebd., 17 f.
54 Ebd., 28.
55 Vgl. ebd., 18–20.
56 E. Coreth, Das Jesuitenkolleg Innsbruck, 68.
57 Vgl. KBC 109/I (1974/75) 20.
58 ACC, HD 1974. – Die geschilderten Ereignisse hatten Nachwirkungen für das Canisianum. Nachdem sich Studenten aus dem Canisianum gegen die Vorgehensweise der kirchlichen Autoritäten gegenüber Schupp gewandt hatten, erzeugte das bei manchen den Eindruck, die Priesterausbildung in diesem Haus sei auf einen falschen Weg gekommen. Vgl. dazu ein Schreiben des Innsbrucker Bischofs Paul Rusch an den Regens des Canisianums vom 10. Februar 1975: „Zwei Reisen nach Deutschland haben mich davon in Kenntnis gesetzt, dass bei verschiedenen deutschen Bischöfen und Kardinälen das Ansehen des Canisianums … sehr angeschlagen ist." (In: ACC, Rusch, Bischof) – Ein weiteres Schreiben des Bischofs vom 16. April 1976 teilt Folgendes mit: „Hochwürdiger Pater Regens! Zu meinem Bedauern muss ich Ihnen mitteilen, dass sich die Bischofskonferenz in Anbetracht der Beunruhigung, die durch P. Schupp im November 1975 entstanden ist, nicht zu einer Freigabe von Mitteln entschließen konnte. Immerhin besteht noch die Hoffnung, dass die November-Bischofskonferenz, wenn bis dahin, wie ich erwarten möchte, keine unguten Nachrichten mehr eintreffen, für das Studienjahr 1976/77 eine Subvention geben könnte." (Ebd.)
59 KBC 102/I+II (1967/68) 28.
60 Ebd., 29.
61 Ebd.
62 ACC, HD 1970.
63 KBC 103/I+II (1968/69) 38.
64 KBC 104/I+II (1969/70) 41.
65 Ebd., 41 f.
66 KBC 104/III (1970), 40.
67 Zit. in: Das Collegium Canisianum in Innsbruck, Sonderheft des Korrespondenzblattes, als Manuskript gedruckt, Innsbruck (ohne Jahresangabe), 25 f.
68 Vgl. dazu R. Feulner, Der Priestergebetsverein im Theologischen Konvikte Collegium Canisianum zu Innsbruck, in: KBC 127/II (1994) 13–21.
69 Vgl. KBC 94/IV (1960) 68–70.
70 Ebd., 68.
71 Ebd., 69.
72 Vgl. KBC 95/I+II (1960/61) 14–18.
73 Ebd., 15.
74 Ebd., 17.
75 Ebd., 28.
76 KBC 109/I (1974/75) 11.
77 Ebd., 12.
78 R. Feulner, Der Priestergebetsverein, 21.
79 Ebd.
80 Gerwin Komma (Jg. 1942), 1980–1985 Regens im Canisianum, Rektor 2007.
81 KBC 116/I (1982/83) 1.
82 KBC 116/II (1982/83) 12.
83 Ebd.

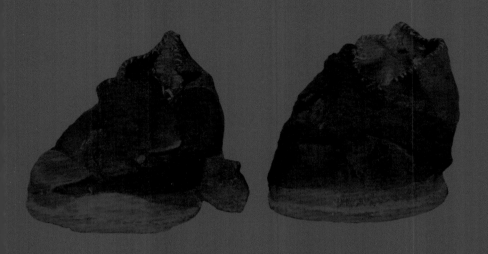

II. DAS CANISIANUM AB 1945

ERINNERUNGEN AN STUDIUM UND ALLTAG

Die zerschundenen Schuhe des Petrus Canisius, die unter dem Altar der Canisius-Kirche im niederländischen Nijmegen verwahrt werden.

Erinnerungen an die ersten Nachkriegsjahre!

Bischof Dr. Reinhold Stecher

Meine sehr verehrte festliche Versammlung!¹

Die Einladung, zu diesem Anlaß zu sprechen, freut mich, bewegt mich und kann nicht ohne Emotion an mir vorbeigehen. Sie bringt mich aber auch in Verlegenheit.

Vor fünfzig Jahren hier als „Boß"

Vor allem gegenüber den jungen Insassen dieses Hauses. Ich soll nämlich hier als Veteran sprechen. Und ich weiß natürlich, daß Veteranenreden nicht unbedingt das Spannendste sind. Und das, was ich hier erlebt habe, das ist ein halbes Jahrhundert her, man kann es kaum glauben. Es gibt eine gewisse Parallele; vor fünfzig Jahren stand ich hier als „Boß" der Tiroler und Vorarlberger und habe eine Rede geschwungen, deren Inhalt ich nicht mehr genau weiß. Ich weiß nur, daß ich den Schweizern gedankt habe, die damals wesentlich dazu beigetragen haben, daß das Canisianum eröffnet werden konnte. Man darf nicht vergessen, wie die Schweizer ab Feldkirch hergefahren sind: 1. Klasse war ein Viehwagen mit Bänken, 2. Klasse war ein Viehwagen ohne Bänke. So waren die Zustände. Man kann sich das nicht gut vorstellen. Ich möchte also jetzt bitte keine feierliche Rede halten, sondern eher einen Beitrag zur Kirchengeschichte von unten „leisten". In der Weltgeschehenshistorie gibt es bereits dieses Fach, das man als Geschichte aus dem Blickfeld des kleinen Mannes betrachtet. Also dazu kann ich vielleicht einen kleinen Beitrag leisten. Ich habe schon die Verhältnisse angedeutet.

Ein völlig intaktes Haus

Ich bin im Dezember 45 hier hereingekommen. Die Verhältnisse sind kaum vorstellbar. Ganz Innsbruck lag in Trümmern, der Dom war eingebombt, die Jesuitenkirche zerstört. Hier im Canisianum sind wir in ein völlig intaktes Haus eingezogen. Und jetzt darf ich dazu eine kleine Information geben, warum das so war. Im Jahre 46 erschien hier ein Altcanisianer in der Uniform eines Generals der

US-Army, er war einer der höchsten Seelsorger in der amerikanischen Armee und ist in Europa als oberster Chef der Seelsorger der amerikanischen Armee gewesen; er ist hierhergekommen, und dann hat er uns in engerem Kreise Folgendes erzählt – und das ist jetzt ein kleiner Beitrag, lieber Herr Bürgermeister, zur Geschichte des II. Weltkrieges in Innsbruck. Er wurde im Jahre 42 in das Hauptquartier der Airforce gerufen – und zwar deswegen, weil man gewußt hat, daß er in Innsbruck studiert hat – und dort im Hauptquartier der Airforce, so hat uns dieser General erzählt, ich weiß nicht wie der offizielle Titel geheißen hat – general chaplain oder irgend so etwas – jedenfalls hat er uns erzählt, daß man ihm dort eine Karte von Innsbruck vorgelegt und ihn zu verschiedenen Punkten befragt hat. Und dann haben sie auf das Canisianum gezeigt und haben gesagt: „Das ist ein Zentrum der Nazis." Da hat er gesagt: „Halt! Halt! Das ist ein Haus, das die Nazi beschlagnahmt haben, das ist das Konvikt, in dem ich studiert habe. Ich mache Sie aufmerksam, daß es einst mit sehr viel amerikanischem Geld gebaut worden ist." Und daraufhin zog ein Stabsoffizier um das Canisianum einen großen Kreis, der den Großteil des ganzen Saggen[2] umfaßt hat. In diesem Kreis war am Ende des Krieges nicht eine Fensterscheibe kaputt. Und so sind wir 1945 – ich erst im Dezember – in ein intaktes Haus eingezogen. Wir – das waren die Schweizer Theologen, die eigentlich von einem wohlgeordneten, reichen Land in ein chaotisches, armes Land übersiedelt sind, einige Österreicher aus anderen Diözesen, einige wenige Deutsche, ein paar Ungarn und Ukrainer, ein Engländer, ein Franzose, wir Vorarlberger und Tiroler der Diözese Innsbruck.

Die Stallungen für die päpstlichen Bullen

Ja – und ein Amerikaner, er hieß Joe, war als GI nach Europa gekommen, hatte vage geistliche Berufsvorstellungen und einen Hund. Angesichts der Bedeutung, die damals Amerika hatte, wurde der Hund von den strengen Vätern der Gesellschaft Jesu genehmigt. Joe war sehr naiv. Als er zum ersten Mal auf der Straße Prämonstratenser von Wilten sah, fragte er mich, was denn das für Leute seien. Ich sagte ihm, es handle sich hier um Jesuiten, die in der Bäckerei arbeiten. Er hat es sauber geschluckt. Ein anderes Mal stand er droben im Gang des ersten Stockes sinnend vor den alten Fotos an der Wand, und zwar vor dem mit dem Petersplatz. Er zeigte auf die Kolonnaden und fragte mich „what's that?". Ich sagte ihm, daß es sich hier um ein hochinteressantes Bauwerk handle. Diese Säulenhallen wären die Stallungen für die päpstlichen Bullen. Auch das hat er gläubig zur Kenntnis genommen.

Father Flanagan

Aber damit Sie keinen einseitigen Eindruck von den Amerikanern erhalten: Das Jahr 1946 brachte uns eine unvergeßliche Begegnung. Der wohl bedeutendste Erzieher der Kirche im 20. Jahrhundert, Father Flanagan, der Gründer von Boys Town, wollte noch einmal sein Canisianum sehen, in dem er fünf Jahre studiert hatte. Die Airforce hat ihn mit einem Sonderflug herübergebracht. Er hat hier in der Aula einen ganzen Nachmittag mit uns gesprochen. Sein Besuch in Innsbruck war übrigens ein wichtiger Anstoß für den jungen Dr. Hermann Gmeiner, den späteren Gründer des Kinderdorfs. Die Stunde mit Flanagan habe ich nie vergessen. Wie er uns von einem seiner Zöglinge erzählt hat, der buchstäblich in den Slums wie ein Wolfskind aufgewachsen war und als Neunjähriger nur fluchen konnte, haben wir ihn gefragt, was er mit dem hoffnungslosen Falle gemacht habe (der Bub ist nämlich später Priester geworden). Da hat

FATHER EDWARD JOSEPH FLANAGAN
1886-1948 · FOUNDER OF BOYS TOWN

Der gebürtige Ire Joseph Edward Flanagan lebte am Canisianum von 1909 bis 1912 – am 26. Juni 1912 empfing er in der Jesuitenkirche zu Innsbruck die Priesterweihe. Die Jahre am Canisianum bezeichnete er als die glücklichsten und unbeschwertesten seines ganzen Lebens. 1986 widmete ihm die Post in den USA im Zuge der Serie „Große Amerikaner" eine offizielle Briefmarke für seine Verdienste, die er sich durch die Gründung der „Kinderstadt" (Boys Town) in Omaha erworben hatte.

er uns eine Zeitlang angeschaut und einfach gesagt: „Mit dem bin ich drei Monate fischen gegangen ..." In 24 Jahren Lehrerbildung habe ich dieses Wort nie vergessen. Flanagan ist zwei Tage nach diesem Besuch hier gestorben. Ein Flugzeug der Luftwaffe hat den Sarg in die USA geflogen.

Für uns war es auch ein unvergeßliches Erlebnis, mit der Welt und der Weltkirche in diesem Haus zusammenzukommen. Sieben Jahre waren wir ja vollständig isoliert.

Die Heimkehrer aus dem Krieg

Und damit komme ich zu einem weiteren Thema: Die menschlich-geistig-religiöse Verfassung der Belegschaft. Ich meine damit die Heimkehrer aus dem Krieg. Später habe ich mir oft gedacht, daß es für die Vorgesetzten und Spirituale wie auch für die Schweizer Theologen nicht leicht gewesen sein muß, mit uns, diesen heimgekehrten Landsknechten, zusammenzuleben.

Wir waren nicht gerade das, was man eine gepflegte Generation nennen könnte. In den Schützengräben und Bunkern, in der unvorstellbaren Primitivität des Daseins hatten wir jede feinere Art des „savoir vivre" eingebüßt. Es gab daher einen „magister elegantiarum". Also dieser magister elegantiarum hatte die schwierige Aufgabe, uns alte Krieger wieder behutsam an Mitteleuropa heranzuführen. Der biedere Schweizer schlich sich eines Tages verlegen an mich heran und begann mit diplomatischen Einleitungsformeln, bis ich sagte, er solle halt loslegen, wenn er etwas wolle. Und dann kams: Ich benähme mich beim Essen so, als fräße ich immer noch aus dem Kochgeschirr. Er hatte natürlich recht.

Sagen Sie, Herr Stecher, lüften Sie?

Wir waren auch etwas rauh in unseren Witzen. Als ich mit meinem Freund Hermann, der hier unten sitzt, die Bude bezog, war das natürlich ein großes Hallo. Wir hatten uns sechs Jahre nicht gesehen. Er fuhr mit einer Flakkanone mit Rommel durch Nordafrika, und ich war über Karelien, Lappland und Norwegen ins Canis gekommen. Aber ich hüte in der Bude einen kostbaren Schatz. Ein Schweizer Theologe hatte mir einen Käselaib zugesteckt – eine unfaßbare Kostbarkeit im Jahre 1946. Natürlich verbreiteten Käselaibe im Kasten einer Theologenbude nicht gerade jenen für solche Räume passenden Duft der Heiligkeit. Der kontrollierende Präfekt, ein etwas schüchterner Jesuitenpater, schaute öfters herein und begann sichtlich zu schnuppern. „Sagen Sie, Herr Stecher, lüften Sie?" „Ei ja, hie und da schon. Aber wissen Sie, es gibt einen alten Soldatenspruch: Erfroren sind schon viele, erstunken ist noch niemand!" Der gute Mann war geschockt, was uns außerordentlich freute, weil uns eben jedes Feingefühl abging. Wir haben ihn noch ein paarmal verzweifelt hereinschnuppern lassen, bis ich den Käse einmal herausholte. Er war richtig moralisch erleichtert, als er die Harmlosigkeit dieser atmosphärischen Störung erkannte.

Eine fundamentale Zufriedenheit

Wir hatten auch vielleicht ein paar Vorteile.

Da war z. B. die doch ziemlich autoritäre Führung von Haus und Kirche. Das hat uns eigentlich nicht viel ausgemacht. Nachdem, was man mit uns in Gefängnis, Arbeitsdienst und Wehrmacht aufgeführt hatte, waren kirchlich autoritäre Engführungen die reinsten Streicheleinheiten. So hat z. B. der Regens eines Tages verkündet, es schicke sich nicht, in der Fastenzeit Schi zu fahren. Es sei daher verboten. Es wurde für diese aszetische Regel zwar keine weitere Begründung aus Schrift oder Tradition angeführt, aber mir war das eigentlich egal. Den Winter vorher hatte ich Lappland auf 800 km in der Polarnacht auf Schiern mit schwerem Gepäck durchquert; also war unser Bedarf an Abenteuern völlig gedeckt.

Es gab auch so etwas wie eine fundamentale Zufriedenheit. Für uns war die Tatsache, in einem Bett schlafen zu dürfen und nie zur Wache aufstehen zu müssen, ein absolutes Neuheitserlebnis. Im Jahr vorher hatte ich auf 3600 km kaum je die Schuhe weggebracht und immer auf dem bloßen Boden geschlafen. Ein Bett war der Traum der Träume.

Ein anderer Hunger

Das Brotstück lag zwar für jeden abgezählt beim Frühstückskaffee, und es gab keines nach; aber dieses Stück gab es eben. Und der hier gebotene Jesuitenkaffee, der auch nicht gerade nach „Eduscho" roch, war Nektar gegenüber dem schwarzen Gebräu, das sie in der deutschen Wehrmacht wahrscheinlich aus Maikäfern herstellten.

Es gab noch einen anderen Hunger: Wir wollten studieren. In diesen Räumen hat mich die Freude daran erfaßt. Wir mußten nachholen. Und es ging bei den Gebrüdern Rahner, bei Dander und Mitzka, Lakner und Gächter die reine Welt auf.

Ich war um die Schweigezeiten froh, in denen man nicht stören und nicht gestört werden durfte. Mir ist hier erst aufgegangen, worum es geht.

Und es war einfach so, daß das Kostbarste die genannten Persönlichkeiten waren. Sie repräsentierten eine Einheit von Glauben und Wissen, von Ergriffenheit und Sachlichkeit – und wenn ich mich heute in der Kirche umschaue – bis hinauf in höhere Etagen – es gab damals ein theologisches Niveau. Man hätte keinem Würdenträger erklären müssen, was der Unterschied von de fide definita, de fide divina, ... sei. Hie und da höre ich heute Ansichten, mit denen wären wir im Rigorosensaal von

Innsbruck über neun Zäune geflogen.

Wahre Seelenärzte

Sicher hatten viele von uns aus den rauhen Jahren des Krieges auch ihre Schwierigkeiten und Unsicherheiten mitgebracht. Und hier glaube ich auch im Namen vieler zu sprechen, daß die Seelenführer und Beichtväter der Gesellschaft Jesu vom Schlage eines P. Dander als wahre Seelenärzte viel geholfen haben. Sie haben Güte, Klugheit, Erfahrung mit einer tiefen theologischen Grundlage vereinigt. Irgendwie haben sie uns den Weg gewiesen, aus der tiefsten Mitte zu leben. Durch dieses Haus ging eine Christozentrik. Und dagegen tritt alles andere, was man heute als unmöglich und überzogen disziplinär und Einschränkung der Identität und ich weiß nicht was bezeichnen würde, in die Reihe des mehr oder weniger Belanglosen zurück, auch wenn wir damals über manches etwas den Kopf geschüttelt haben. Das andere war wichtiger.

Im großen Hauptquartier des Heils

Und nun ist das alles ein halbes Jahrhundert her. Es ist seither, wie ich von außen feststellen

Das Collegium Canisianum im Innsbrucker Stadtteil Saggen um 1950

kann, mit dem Canisianum gut gelaufen, auch wenn heute vieles anders ist.

Was soll ein Veteran dem lieben alten Canis wünschen?

Wie war das doch im Hauptquartier der US-Air Force im 2. Weltkrieg?

Der Offizier hat einen Farbstift genommen und auf dem Stadtplan rund ums Canisianum einen großen Kreis gezeichnet, und innerhalb dieses Kreises war am Ende des Krieges kein Fenster zerschlagen. Ich möchte heute im großen Hauptquartier des Heils vorsprechen, wo die Strategie der göttlichen Liebe tagt, und irgendein Erzengel vom Dienst soll auf der großen Weltkarte ums Canis auch den Kreis der liebenden Vorsehung ziehen, damit es behütet und bewacht wird und lebendig bleibt durch alle Welt- und Kirchenkrisen hindurch, und damit es ein Segen bleibt für die Kirche, hier und in vielen Ländern der Erde.

Anmerkungen

1 Am 23. November 1995 hielt Bischof Dr. Reinhold Stecher anlässlich der Gedenkveranstaltung – 50 Jahre Rückkehr des Canisianums nach Innsbruck – diese Rede im freien Vortrag, erstmals veröffentlicht im KBC, Heft 1, Studienjahrgang 1996, Jg. 129, S. 4 ff.
2 Jener Stadtteil von Innsbruck, in dem das Canisianum beheimatet ist.

Floh, Gsteckter, Pedell: Erinnerungen an die Terminologie des Canisianums

BISCHOF DR. REINHOLD STECHER
GR HERMANN LUGGER
MSGR. OSTR. JOSEF ROHRINGER

Beim gemütlichen Teil der Feier anlässlich der Gedenkveranstaltung – 50 Jahre Rückkehr des Canisianum – am 23. November 1995 hatte sich „Reporter" Dominik Toplek im Speisesaal unter die damaligen Rückkehrer und Altcanisianer gemischt und Eindrücke dieser vergangenen Tage gesammelt.[1]

H. Lugger[2]: Ich bin 1945 nach dem Krieg heimgekommen und am 1. Oktober hier ins Canisianum eingetreten. Bischof Stecher kam ein wenig später. Wir mußten denen, die aus Sitten hierher zogen, helfen, fehlende Betten einzurichten. Es gab zu wenige. Man behalf sich mit Lazarettbetten. Schönegger hat uns damals kommandiert. Wir lebten zu zweit auf einer Bude. Ich habe lange mit Bischof Stecher das Zimmer geteilt.

Woher kamen all die Konviktoren, die 1945 eingetreten sind?

H. Lugger: Die Schweizer sind die ersten gewesen; sie kamen im September bis Anfang Oktober hierher. Dann kamen welche aus der Ukraine, Polen und den anderen Ländern. Und wir waren fast alle heimkehrende Soldaten. Das war sehr interessant. Unter uns waren ehemalige Offiziere und auch Häftlinge. Bischof Stecher und ich waren auch eingesperrt gewesen. Und es waren auch Verwundete dabei.

Die Jesuiten haben uns anfangs etwas mißtrauisch beobachtet. Ich kann mich an einen Pater erinnern, der uns „aushorchen" mußte. Zum Beispiel ist dieser zu mir gekommen und hat gesagt: ‚Gell, Herr Lugger, es fällt ihnen sehr schwer, hier als ein ehemaliger Soldat mit dem Gehorsam und so, dieser fällt ihnen sehr schwer, nicht?' Dieser

Blick auf das Collegium Canisianum in Richtung Südosten um 1950

Wenn man die Chroniken der Landsmannschaften am Canisianum durchblättert, so nehmen darin die Berichte und Illustrationen der Ausflüge einen gewichtigen Teil ein – wie 1955 im Falle des geselligen Ausflugs der süddeutschen Landsmannschaft zur Gastwirtschaft beim Natterer See.

Pater hat uns ausgehorcht, damit der Regens erfährt, wie die Stimmung im Volk war.

In diesem Zusammenhang möchte ich auch etwas über den „Floh" erzählen.

Wer oder was war der „Floh"?

J. Rohringer[3]: Der „Floh" war so eine Art Faschingsunterhaltung. Der ist von oben (im Speisesaal) in einem Teppich heruntergeseilt worden und ist dann aus dem Teppich gerollt worden.

H. Lugger: Der „Floh" war ein gesundes Ventil. Wir konnten dem Floh unsere Meinung sagen.

J. Rohringer: Die Hausleitung, Präfekten und Professoren konnten so „verrissen" werden.

H. Lugger: Bald darauf war der „Aushorch"-Pater weg, als sie mitbekommen haben, daß wir dies alles durchschaut haben. Sie haben uns da ein wenig unterschätzt.

J. Rohringer: Wir hatten im Speisesaal immer Probepredigten. Die Probepredigten waren immer während des Essens. Die Prediger haben diese Predigten immer sehr witzig gemacht, so machte uns die schwere Zeit weniger aus.

Aber etwas ganz anderes. Ist bekannt, was die „Gesteckten" waren? Weiß man, was das war?

Für die, die es nicht wissen, kann es nicht uninteressant sein.

J. Rohringer: Da war eine große Tafel draußen aufgehängt. Der Präfekt hat immer drei Konviktoren „zusammengesteckt" – zum Beispiel einen Innsbrucker, einen Schweizer und einen Amerikaner. Am Dienstagnachmittag mußten die Gesteckten dann spazieren gehen und den ganzen Nachmittag zusammen verbringen.

H. Lugger: Mit den Gsteckten haben wir das dann meist so gemacht: ich war ja Innsbrucker und war daher gleich in der Nähe des Canisianums zu Hause. Jetzt haben wir die zwei Ukrainer, die uns zugeteilt worden waren, in ein Kaffeehaus hineingesetzt und gesagt: ‚Jetzt könnt ihr Kuchen bestellen und was ihr sonst noch wollt.' Um fünf Uhr sind wir dann wieder alle zusammen zur Pforte hereinmaschiert.

J. Rohringer: An manchen Nachmittagen wurde man zusammengestellt und an einigen durfte man sich die Leute aussuchen.

H. Lugger: An sich war es ja richtig, denn bei uns bestand die Gefahr, daß wir uns nur untereinander bewegen. Sie wollten auch, daß wir mit den Ukrainern, den Schweizern, den Polen usw. zusammen sind.

Waren Sie, Herr Rohringer, bei den Aufbauarbeiten als Pedell sehr eingespannt?

J. Rohringer: Ich mußte alles ansagen, was wieder so im Haus los ist, auf was man aufpassen muß usw. Ich mußte in der Früh die Konviktoren wecken. Wann sind wir aufgestanden? Ich glaube um fünf oder sechs.

H. Lugger: Einmal mußten wir uns 1946 in der Aula versammeln. Wir bekamen Besuch vom Erzbischof von Krakau. Das war Fürst Sapieha. Das ist der Bischof, der den jetzigen Papst am 1. November 1946 zum Priester geweiht hat.

Stimme im Gewirr der Erzählungen: Ich kann mich noch an etwas erinnern, wie wir einmal am Herz-Jesu-Fest auf den Turm gegangen sind. Da sind in dem großen Raum so alte Gasmasken gelegen. Und du (zu Stecher) hast dort gesagt, die gehören dann aufgesetzt, wenn die Heiligkeit zum Himmel stinkt.

Bischof R. Stecher: Da fällt mir ein, wie wir auf dem Dachboden so viele Nachttöpfe gefunden haben. Kannst du dich erinnern? Da haben wir einem, der besonders heiligmäßig getan hat, die ganze Bude vollgestellt mit diesen Nachttöpfen, bestimmt dreißig bis vierzig. Er konnte keinen bewegen, denn sie waren bis zum Rand mit Wasser gefüllt. Schließlich hat er es dann doch geschafft, die dreißig Nachttöpfe hinaus zu bringen. Dann hat er sich beim Regens Lakner beschwert. Und der hat gesagt: ‚Na schauen Sie, solche Sachen kommen vor.' Rauhe Witze waren das schon.

Anmerkungen

1   Erstmals veröffentlicht im KBC, Heft 1, Studienjahrgang 1996, Jg. 129, S. 12 ff.
2   GR Hermann Lugger, im Canisianum 1945–47, Pfarrer i. R., † 29.12.2002.
3   Msgr. Pfr. Josef Maria Rohringer, im Canisianum 1945–48, † 16.12.2010.

Brief eines Altkonviktors (1955 – 1960) an seinen Studienfreund

Pfarrer Bernhard Gemperli

Pfarrer Bernhard Gemperli, langjähriger Schulrektor und Regens im Bistum St. Gallen, spricht 1972 mit hoffnungsvollem Optimismus in folgendem Brief[1] die Entwicklungen der beginnenden 1970er-Jahre im Canisianum an und vergleicht diese mit seinen eigenen Erfahrungen der 1950er-Jahre.

Lieber Paul,

der „Bodensee-Expreß" fährt ruhig und pünktlich – erinnerst Du Dich noch an die sprichwörtlichen Verspätungen der ÖBB damals? Alte Erinnerungen werden wach auf dieser Arlbergstrecke, die wir so oft als Studenten fuhren. Darum möchte ich Dir grad aus dem fahrenden Zug schreiben und ein wenig erzählen, wie es heute in Innsbruck aussieht. Denn Du wolltest ja kürzlich von mir wissen, was ich bei meinen Besuchen in Innsbruck für Eindrücke hätte von der heutigen Priestererziehung. Ob im Canisianum noch der alte Geist lebendig sei oder – so frugst Du mit bekümmertem Unterton – ob aus dem Priesterseminar eine Studentenpension geworden sei?

Wenn ich jetzt versuche, Dir in Kürze ein Mosaikbild zu zeich-

Die Faschingsfeiern der einzelnen Landsmannschaften waren ein Fixpunkt im Jahreslauf des Canisianums, so auch im Jahr 1955.

1956 besuchte P. General Jean-Baptiste Janssens SJ das Canisianum: im Bild v.l.: P. Provinzial Anton Pinsker SJ, P. General SJ, P. Rektor Hugo Rahner SJ

Das „Führungsduo" des Canisianums im Jahr 1957: P. Rektor Andreas J. Jungmann SJ und Regens P. Josef Wamser SJ

nen von meinen Eindrücken, so vergiß nicht, daß dies nicht anders als lückenhaft und wohl auch einseitig geschehen kann: Aus dem beschränkten Horizont eines Altkonviktors, der als fahrender Regens einer kleinen Schweizer Diözese regelmäßig den Kontakt mit seinen Theologiestudenten und ihren Ausbildungsstätten sucht.

Einige Symptome machen deutlich, daß sich vieles gewandelt hat: Vergebens suchst Du schwarze Talare und römische Kragen / Zirkus und Gesteckter sind nicht mehr bekannt / die Bedeutung der Landsmannschaften ging zurück / jeder besitzt einen Hausschlüssel / kein Präfekt geht mehr auf Pirschgang zu nächtlichen Lichtschimmern oder morgendlichen Langschläfern / die Tischlesung ist vom lebhaften Gespräch abgelöst worden / wo früher der Friseur seines Amtes waltete und sich der Duschraum befand, findest Du heute einen ansprechenden Gemeinschaftsraum als Ort der Begegnung über die Grenzen der Nationen hinweg / in die alte Kapelle haben sie einfach eine neue hineingestellt, wo die allmorgendliche Eucharistiefeier unterschiedlich frequentiert wird, da manche es vorziehen, in kleinen Gruppen Eucharistie zu feiern oder gelegentlich einen „dies aliturgicus" einzuschalten ...

Jetzt sehe ich Dich mit leicht skeptischem Blick sagen: Also doch ...! Aber da muß ich Dir erwidern: Sei vorsichtig! Das äußere Bild hat sich radikal gewandelt, ja; vieles ist in Bewegung geraten, manches wird in Frage gestellt. Aber aus vielfältigen Gesprächen mit Studenten und verantwortlichen Leitern des Hauses bin ich beeindruckt, wie ernst hier gesucht und gerungen wird um neue Formen der Erziehung zum priesterlichen Dienst in der Kirche, um das Bewältigen der Spannung von Freiheit und Verbindlichkeit.

Wie ehrlich die Belegschaft von 190 Konviktoren aus allen 5 Erdteilen immer neu versucht, Gruppen zu bilden, Gemeinschaft zu werden und Verantwortung mitzutragen. Wie sie sich bemühen, in der Vielfalt der heutigen Kirche aufeinander zu hören, miteinander zu arbeiten und sich so auf den Dienst in der Kirche von Morgen vorzubereiten. Sie sind kritisch, sehr sogar, unbequem in vielem, manchmal radikal. Aber ist dies nicht bisweilen gut für uns, damit wir wirklich Volk Gottes unterwegs bleiben? Damit wir nicht unter dem Ginsterstrauch absitzen und seßhaft werden, wo Er uns vorwärts führen möchte? Kann man nicht aus herber Kritik auch ein Herz spüren, das diese Kirche liebt und an ihr leidet, das diesen Christus unerhört ernst nimmt, dem das „Cor unum" ein Anliegen ist? Vielleicht anders, aber nicht weniger als uns damals, obwohl sie nicht mehr von „cor unum et anima una" sprechen. – Ich glaube auch, daß sie persönlich beten: Auch anders als wir, scheuer, verhaltener, fragender. Gott ist ihnen in vielem nicht selbstverständlich (als ob er es je sein könnte). Aber manche suchen ihn in der Meditation zu erfahren, auch wenn sie nicht allabendlich „puncta meditationis"

1958 eröffnete die Schweizer Landsmannschaft ihr neues Zimmer. Das Photo trägt im Korrespondenzblatt (April 1959) den Kommentar: „Stich…Stöck…Wis…wo sich vier Schweizer finden wird gejasst…"

hören (die übrigens etwas vom Wertvollsten waren, was ich nebst den Vorlesungen einiger Professoren hier mitbekommen habe).

Lieber Paul, vielleicht verstehst Du jetzt, daß ich mich im Canisianum heute nicht fremd fühle. Wir haben in unserer Studienzeit Kostbares mitbekommen hier für unser Priestersein. Nicht zuletzt durch das Beispiel von Mitkonviktoren und Patres, die unvergeßlich bleiben. Aber auch damals war nicht alles ideal: War nicht manches zu eng und zu ängstlich? Darum bin ich froh, daß das Canisianum sich wandelt, mit der Kirche und ihrer Jugend unterwegs bleibt, mehr auf Bewähren denn auf Bewahren Gewicht legt, eine Synthese sucht zwischen Bleibendem und Zeitbedingtem. Gewiß, es ist schwerer heute, in dieser freien Form Männer für den Dienst in der Kirche zu formen, es braucht fast übermenschliche Fähigkeiten der Verantwortlichen. Ich kann nur hoffen, daß die Hausleitung nicht müde wird, auch wenn sie es nicht allen recht machen kann. Hoffen, daß das Canisianum weiterhin ein Haus bleibt, in dem junge Männer aus allen Erdteilen von diesem einen Christus gepackt und nicht mehr losgelassen werden, daß sie hier ihren Horizont weiten und so Kirche erleben und sind. Hoffen will ich, daß weiterhin von hier aus Männer mit kritischem Verstand und offenem Herz den Dienst in der Kirche von heute aufnehmen, und als Zeugen des Auferstandenen etwas von seiner Zuversicht ausstrahlen.

Lieber Paul, soeben wurde am Lautsprecher mitgeteilt, daß der Zug in wenigen Minuten in Innsbruck ankomme. Ich freue mich. Aber er habe dort nur kurzen Aufenthalt, in fünf Minuten fahre er weiter …! Ich weiß nicht genau, wie die künftige Strecke aussehen würde, bis Salzburg oder Wien. Ich weiß es auch nicht vom Canisianum, auch nicht von unserer ganzen Kirche. Wir sind ja alle unterwegs. Ist es da nicht gut zu wissen, daß in diesem Haus auch heute junge Männer daran sind, das Wagnis auf sich zu nehmen und ihre ganze Existenz für diesen Christus und seine Botschaft zu investieren? Die vielleicht deutlicher als wir um die Möglichkeit des Scheiterns wissen, und die dennoch den Weg in die Zukunft in und mit dieser Kirche wagen.

Laß mich mit einem Satz schließen, den unser St. Gallener Bischof den Regenten der Schweiz bei ihrer letzten Tagung mitgab: „Le pessimisme, c'est une herésie!"[2]

In Verbundenheit
Dein
Bernhard Gemperli

Anmerkungen

1 Erstmals veröffentlicht in: KBC, Heft 2, Studienjahrgang 1972/73, Jg. 107, S. 14 f.
2 „Pessimismus ist Ketzerei"

"Aus meinem Leben – Wahrheit und Dichtung – ein Engländer im Canisianum"

Canon Anthony Dolan

Um die Mittagszeit am Samstag, 5. Oktober 1957, kam ich, nach einer langen Reise aus England, in Innsbruck an. Es war ein herrlicher Herbsttag. Ich bewunderte die Nordkette und den Patscherkofel, die Wälder, die Wiesen, die Bäche und den grünen Inn; und ich inhalierte die frische Bergluft. Vom Hauptbahnhof nahm ich ein Taxi, das mich zur Tschurtschenthalerstraße 7 brachte, wo ich die Schwelle des Collegium Canisianum Oenipontanum zum ersten Mal betrat.

Nachdem ich mein Gepäck im Doppelzimmer 214 deponiert hatte, traf ich den Regens, P. Josef Wamser. Er hat mich Bill Anstett aus Buffalo anvertraut, indem er ihm sagte: „Schauen Sie, bitte, nach dem Herrn Dolan; er ist so klein und schwach!" – Es war nicht gerade die aufmunterndste Einführung zu einem insgesamt sechsjährigen Aufenthalt im Canisianum!

Am folgenden Tag hatte ich mein erstes Gespräch mit P. Regens. Er konnte wenig Englisch, und ich konnte wenig Deutsch – ich hatte im Gymnasium nur zwei Jahre Deutsch gehabt. Der Regens sprach zunächst auf Deutsch und fragte mich gelegentlich: „Haben Sie verstanden?" – „Nein," sagte ich. Dann haben wir beide auf Latein umgeschaltet, und es ging besser!

Wir waren nie mehr als vier Engländer im Hause im Gegensatz zu den vielen Konviktoren aus den Vereinigten Staaten, und aus diesem Grund hatten wir keine eigene ‚Landsmannschaft' – wir gehörten zur Anglo-Amerikanischen.

In den ersten Monaten hatten die englischsprachigen Neoingressi zwei- oder dreimal pro Woche Deutschunterricht. Es wäre möglich gewesen zu überleben und relativ gut durchzukommen – sowohl im Canisianum als auch an der Fakultät –, ohne viel Deutsch zu können. Wenn man ein „Wienerschnitzel mit Pommes frittes und ein großes Bier" bestellen konnte, hätte es gereicht, denn es gab auf Englisch Abschriften (‚scripta') der meisten Vorlesungen, deren Texte sich, mit wenigen Ausnahmen, von einem Jahr zum anderen wiederholten. Dazu waren viele deutschsprachige Konviktoren froh, wenn sie mit ihren englischsprachigen Mitbrüdern Englisch reden konnten. Ich dagegen suchte deutschsprachige Konviktoren aus, die meine Muttersprache weder konnten noch lernen wollten.

Die anglo-amerikanische Landsmannschaft lud zu Feiern anlässlich des amerikanischen Unabhängigkeitstages (Independence Day), so auch am 4. Juli 1958. Zugleich bot man damit eine willkommene „Abschlussfeier" des Studienjahres. Im Bild die ersten vier v.l.: P. Johannes Schasching SJ – zeitweise Spiritual für die anglo-amerikanischen Studenten am Canisianum –, Fr. Leopoldo Creoglio (San Diego), P. Josef Santeler SJ und Anthony Dolan – der Autor dieses Beitrages!

Ein sehr großer Vorteil für uns in den ersten Monaten, wenn wir noch nicht viel Deutsch konnten, war es, daß uns P. Schasching die abendlichen Betrachtungspunkte auf Englisch gab. Seine schlichte, aber zugleich tiefgründige Art über Schrifttexte zu reflektieren hatte, und hat immer noch, einen großen Einfluss auf meine Gebetsweise.

Jedes Jahr, am 3. Januar um 17.00 Uhr, fingen die achttägigen Exerzitien an. Da konnten wir, unter Leitung von einem Jesuitenpater, in Ruhe und Stille Gott begegnen. Diese Ruhe wurde nur durch die Zimmersegnung am Dreikönigsfest unterbrochen.

Für die meisten von uns begannen die Osterferien nach dem Mittagessen am Ostersonntag. Es war der Brauch, daß Engländer und Amerikaner in ihrem ersten Jahr die Osterferien in Rom verbrachten. Nach einer Reise von rund dreizehn Stunden kamen wir am Ostermontag in der Früh erschöpft in Stazione Termini an. Für mich war es der erste von mehr als zwanzig Aufenthalten in der Ewigen Stadt.

Die Sommerferien 1958 verbrachte ich zu Hause und kam Anfang Oktober nach Innsbruck zurück. Ich war kein Neoingressus mehr und hatte nun eine Aufgabe – Chefsakristan in der Hauskapelle. Ich war froh, daß mein Mitarbeiter, Canisius Sauer aus dem Deutschen Orden, kein Englisch konnte und kein Interesse hatte meine Muttersprache zu lernen. So ergab es sich, daß ich in diesem Jahr viel Deutsch lernte. Dazu wurden Canisius und ich gute Freunde (er ist leider bereits 1992 gestorben). Später lernte ich andere Mitglieder des Deutschen Ordens kennen, besonders Arnold Wieland, mit dem ich immer noch Kontakt habe.

Pius XII. starb am 9. Oktober 1958. Das Konklave begann am 25. Am Abend des 28. Oktober hielt P. Hugo Rahner die Betrachtungspunkte. Er begann wie folgt: „Liebe Mitbrüder, wir können als Leitgedanken heute Abend den Satz aus dem Prolog zum vierten Evangelium nehmen wo es heisst: ‚fuit homo missus a Deo, cui nomen erat Johannes'." Es war der Tag der Papstwahl von Johannes XXIII.

Um diese Zeit bekamen wir im Hause neue Messgewänder in gotischem Stil – früher waren sie alle im römischen. Unser Minister, P. Bunda, bevorzugte den römischen Stil, aber er hat den gotischen schweigend toleriert. Aber er hat ihn *schweigend* toleriert. Dann bekam er eine Gelegenheit seine ehrliche Meinung zu äußern. Am 4. November saßen Konviktoren und Jesuiten in der Aula und schauten die Krönungsmesse des neuen Papstes im Fernsehen an.

Plötzlich rief P. Bunda mir von der anderen Seite der Aula zu: „Tony, was für ein Messgewand trägt der Heilige Vater – römisch oder gotisch?" – „Gotisch", antwortete ich. „Siehst Du!" antwortete der glückliche P. Bunda.

In den fünfziger Jahren gab es noch keine Konzelebration; jeder Priester zelebrierte für sich mit einem Ministranten. In der Hauskapelle waren normalerweise, auch während der Kommunitätsmesse, gleichzeitig Messen an den vier Seitenaltären. Eines Tages wartete in der Sakristei ein Konviktor auf den Priester, bei dem er ministrieren sollte. Aber der Priester kam nicht. Der Konviktor bat mich, ihn von der Sakristei aus anzurufen. Das tat ich. In meinem damals sehr beschränkten Deutsch und mit einem ausgesprochen englischen Akzent sagte ich: „Pater Rahner, hier Sakristei. Wollen Sie heute die Messe lesen oder nicht?" P. Hugo entschuldigte sich; er hatte sich verschlafen!

Die Osterferien 1959 verbrachten Paul Hypher (Northampton/East Anglia) und ich in Venedig. Man könnte ein dickes Buch über unsere Erlebnisse in diesen zehn Tagen schreiben; Ähnliches gilt für andere Weihnachts- und Osterferien während meiner Studienjahre.

Zu Pfingsten 1959 hatten wir zum ersten Mal bei der Messe einen Opfergang. Mitten in der Kapelle wurde ein Tisch aufgestellt, auf den ein gedecktes Ziborium

Am 27. Mai 1962 besuchte der aus dem Jesuitenorden stammende Kardinal Augustin Bea das Canisianum. Das Bild zeigt links P. Emerich Coreth SJ (Rektor-Collegium Maximum), dahinter Regens P. Franz Braunshofer SJ, mit dem Rücken P. Andreas J. Jungmann (Rektor des Canisianums) und schließlich den Kardinal. Denkwürdig sind seine Worte über seine Beziehung zum Canisianum: „Ihre Freude scheint groß zu sein, daß ich heute hier bin. Aber vielleicht ist meine Freude noch größer. Ich bin mit dem Canisianum verbunden, seit es hier steht, genau wörtlich genommen. Ich war dabei im Jahre 1910, als P. Hofmann den Grundstein zum Canisianum hier legte, und später habe ich dann das Canisianum auch ins Exil begleitet. Als Sie in Sitten waren, war ich in Sitten Visitator, geschickt von Rom, und ich glaube, auch damals dem Canisianum etwas Gutes getan zu haben ..."

mit Hostien gelegt wurde. Einfach? Keineswegs. Wenn das Ziborium offen wäre, so meinte ein Mitbruder, könnten die Konviktoren die Hostien, die sie später empfangen würden, sehen, was sehr sinnvoll wäre. Ich war anderer Meinung; wieso ist es sinnvoller die Hostien zu sehen, als sie nicht zu sehen? P. Pohl, der für Liturgie verantwortlich war, schlug einen Kompromiss vor: ein gedecktes Ziborium aus Glas!

Im Juli 1959 kehrte ich nach England zurück, um in Cambridge Deutsch und Latein zu studieren. Ich war dankbar und froh, daß mich mein Bischof drei Jahre später wieder nach Innsbruck schickte zum Theologiestudium.

In der Zwischenzeit hatte das Canisianum Studenten aus den früher genannten Missionsländern seine Türe weit geöffnet. Vor allem Dank dem unermüdlichen Eifer und der Hingabe von Regens P. Braunshofer kamen Seminaristen aus Afrika, Südamerika, Asien usw. ins Canisianum. Da für viele von ihnen Englisch ihre erste Fremdsprache war, fuhr der 64-jährige Regens in Sommer 1964 nach London, wo er einen Englischkurs machte, um den neuen Konviktoren besser helfen zu können.

Bald nach Anfang des Schuljahres 1962/63 wurde ich Subzeremoniär und ein Jahr später Zeremoniär. In dieser Rolle, und in den folgenden Jahren, hatte ich

Im Frühjahr 1963 wurde mit vereinten Kräften der Garten im Canisianum neugestaltet. P. Rektor Gualterus (Walter) Croce SJ regte die Schaffung eines Forellenteiches an. Laut Chronik lief der Forellenteich ein und wurde zu Ehren seines Initiators „Lago di Croce" benannt: „Zwei findige Schweizer gruben einen nicht vorgesehenen Abflusskanal am Forellenteich ... Pater Grotz pflanzte Schilf im ‚Lago di Croce', rutschte aus und war zum Glück – totaliter civiliter. Ein Jesuitenfrater bemerkte: „In den Teich kommen Forellen. Die kriegen selbstverständlich nur die Jesuiten."

mit Bischof Paulus Rusch, vor allem zur Zeit der Weihen, viel zu tun. Ich lernte diesen Seelenhirten gut kennen. Jedesmal wenn ich nach Innsbruck zurückkehre, halte ich mich in der Herrengasse auf. Mit dem Rücken zur Wohnung des Bischofs blicke ich auf das Hauptquartier der Gestapo, Herrengasse 3, wie Bischof Rusch es Tag für Tag während der Kriegsjahre getan hat. In diesem Gebäude wurden viele Laien, Ordensleute und Priester, deren Seelenhirt Bischof Rusch war, verhört und gefoltert. Einige, wie Provikar Seliger Carl Lampert und Pfarrer Seliger Otto Neururer, wurden zum Tod verurteilt. Obwohl der Bischof ständig dagegen protestierte, haben die Behörden nicht auf ihn geachtet. Ich kann mir nicht vorstellen, wie sehr er darunter gelitten hat: Die Kriegsjahre waren für ihn eine echte ‚via crucis'.

Aus einem mir unbekannten Grund, nach der ‚inclinatio ad crucem' in der Sakristei vor einem Gottesdienst, pflegte Bischof Rusch nur Latein zu sprechen. So geschah es zum Beispiel, wenn

Im Zuge des Faschings 1964 wurden in der Scholastiker-Aula Lichtbilder mit Karikaturen in Form von Photomontagen & Zeichnungen gezeigt, die Bezug zur aktuell stattfindenden Olympiade 1964 in Innsbruck nahmen. Zu sehen ist P. Otto Muck SJ als Langläufer!

jemand mit Blitz zu fotografieren begann, daß der Bischof dem Zeremoniär befahl: „Domine Caeremoniarie, dicas huic homini ut abstineat a photographando cum fulgure." Ab 1964, zufolge der Konstitution ‚Sacrosanctum Concilium' des Zweiten Vatikanums, hatten wir die Schriftlesungen in der Volkssprache. Bei der Priesterweihe 1964 in der Innsbrucker Pauluskirche – ich war nun Zeremoniär –, bevor der Bischof das Evangelium verkündete, sagte er zu mir: „Ubi habes lunulas pro me?" Momentan war ich verblüfft: Wozu braucht er ‚Möndchen'? Dann fiel es mir ein. Zu seinem Sekretär flüsterte ich: „Der Bischof braucht seine Brille." Diese gab er mir. Ich reichte sie dem Bischof mit den Worten: „Ecce lunulae". „Gratias," antwortete seine Exzellenz und dann konnte er die Frohbotschaft proklamieren.

Zwei Jahre später fand die Priesterweihe wieder in der Pauluskirche statt. Bischof Rusch, der mich wenige Wochen vorher zum Diakon geweiht hatte, kam in die Sakristei und war überrascht, daß ich Talar und Superpelliz anstatt Albe und Diakonstola trug. „Sollten Sie nicht heute die Priesterweihe empfangen?" fragte er mich. Ganz ruhig erwiderte ich: „Exzellenz, ich hätte können heute entweder geweiht werden oder Ihnen bei der Priesterweihe von meinen Kollegen assistieren. Das Zweite schien mir die größere Ehre zu sein." „Das glaube ich nicht", sagte Bischof Rusch. „Das glaube ich auch nicht", antwortete ich, und wir haben beide gelacht. Kurz vor meiner endgültigen Rückkehr nach England schrieb ich an Bischof Rusch: „Ich werde oft an die Zeremonien denken, die ich unter Ihrem Vorsitz – oder war es nicht manchmal umgekehrt? – mitmachen durfte." Er wird auch darüber gelacht haben!

Frater Josef Lindebner hatte viele Jahre im Dienst des Canisianums verbracht. Er hatte den Wunsch geäußert, daß, unmittelbar nach seinem Tod, die Konviktoren das Salve Regina für ihn singen sollten. Am Nachmittag des 14. Juli 1964 wurden wir in die Krankenabteilung berufen, wo Frater Lindebner im Sterben lag. Nach einiger Zeit hörte das Todesröcheln auf und alles war still. P. Rektor winkte dem Pedell, der dann das Salve Regina anstimmte. Nachdem wir die Hymne gesungen hatten, verharrten wir im Gebet. Plötzlich fing Frater Lindebner wieder zu atmen an! Dies dauerte höchstens ein paar Minuten; dann war alles still. Diesmal wartete P. Rektor auf ein Zeichen von der Krankenschwester; erst dann winkte er dem Pedell, und wir sangen das Salve Regina ein zweites Mal.

Es gäbe viel mehr über meine Jahre im Canisianum zu erzählen, aber ... P. Regens Wamser hat uns oft gesagt: „Herr X, haben Sie Freude am Beruf?" Das könnte sowohl eine Frage als auch eine Aufforderung[1] sein. Für mich ist es beides gewesen, und ich danke Gott immer wieder, daß ich einige wichtige Jahre meines Lebens im Canisianum verbringen durfte.

Anmerkung

1   Auf Englisch ‚challenge'

Die US-Community erinnert sich an ihre Studienzeit!
P. Franz Braunshofer SJ im Focus der Erinnerungen

MIKE SCHEIBLE U. A.

Preface Mike Scheible (1964–1968)

The Americans – we came, we saw, we were humbled. We came from all parts of the United States, mostly from small towns and, for the most part, not having traveled far from our places of birth. The vast majority of us journeyed by train to New York, by ship to Europe and by train from Italy or Northern Europe to Innsbruck. No one spoke German well; only months later could we begin to understand the lectures at the University. We were in a different world, and we were graciously accepted into the Canisianum community. We were cared for, nursed and nourished by our German-speaking brothers and by the Jesuits, who insured the well being of all the students from the many nations represented at the Canisianum.

We were a burden: first to our German-speaking brothers who put up with our fledgling attempts at German, then by the Jesuits who put up with our all-too-free spirit, then by the many families who took us in during our four-year stay. And yet, we were loved, we were cared for – and we knew it.

Of all the material written and spoken over the years by the

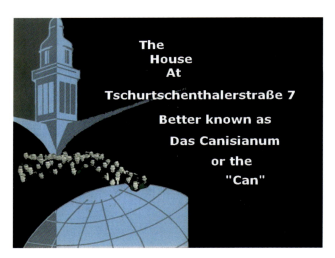

Die Amerikaner am Canisianum gestalteten zahlreiche Collagen und kreierten mit „Can" eine wesentlich leichter auszusprechende Kurzform

Americans who lived at the Canisianum, the overriding emphasis has been on caring. Because you cared, you changed us, we became one in heart with you. We left the Canisianum very different from when we arrived. Yes, we learned German, yes, we received the best education at the University, and yes, we now love and respect the Jesuit Order because we met so many Jesuits who treated us so well.

Over the many years, we Americans get together annually, and with modern technology, communicate often. We celebrate those years we spent at the Canisianum. We exchange stories – oh so many stories of those wonderful life-changing years. We are grateful for the friendships we have formed with our American brothers and our brothers and their families throughout the world.

The Americans – we came, we saw, and we were humbled by your acceptance, your caring, and your love. Thank you.

Cor unum et anima una

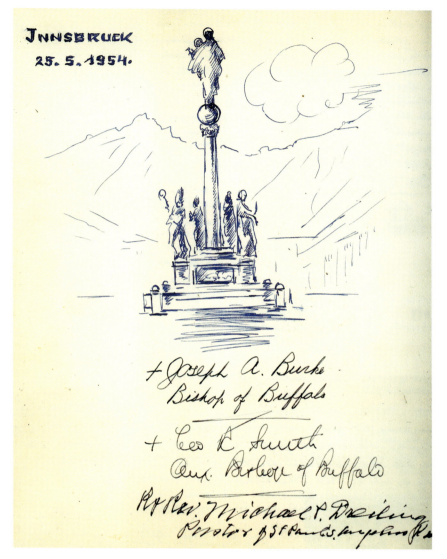

Die anglo-amerikanische Landsmannschaft führte eine genaue Chronik mit kreativen Illustrationen wie jene der Annasäule in Innsbruck. Darunter verewigte sich der Alt-Canisianer (1907–12) und Bischof v. Buffalo (USA) – Joseph A. Burke – bei seinem Besuch im Canisianum am 25. Mai 1954.

Mike Mooney
(1964–1967)

Two memories of Can[1] wisdom, the first from Regens Braunshofer giving one of his occasional scoldings from the high table. After upbraiding the community generally for its slovenly ways he targeted the Americans in particular for being lazy and unmotivated: "If you're not careful," he added, "the Russians will beat you to the moon," and walked out. Fortunately they didn't, no thanks to us.

Greater wisdom came from our beloved and ever-frank head Diener a couple years earlier. Leaning against his mop, he was

Nach der Jahrtausendwende legten die Alt-Canisianer in den USA eine eigene „personalisierte" Briefmarke auf. Sie zeigt die Ansicht des Canisianums mit Giebelmosaik und seine Devise „Cor unum et anima una".

staring intently at the Herz Jesu statue recently installed in the foyer. A group of us were heading out to town, so we asked, "What do you think, Buckets?" – "It looks like it needs a good meal."

Joseph Koechler (1964–1968)

Reminds me of another similar occasion about morning liturgy. After Justin Clements left I was organist. A night before morning prayer we had a session with the "Süddeutschen Landsmannschaft" with a lot of wine. Next morning the Regens was knocking at my door as I had overslept morning prayer.

Charles Pfeiffer (Charlie, 1961–1965)

Another post prandium moment from Regens Braunshofer: One evening after the meal he addressed the subject of the Herrschaft not taking the morning liturgy seriously by sleeping in, coming late, and/or not attending at all. At the end of his ferverino with rising voice and intensity at each exclamation he declared: „Das geht doch nicht! Das geht in diesem Haus DOCH nicht!! Das geht NIRGENDWO IN ÖSTERREICH!!!"

I can't resist another anecdote. Larry Milby and Bill Bigelow could tell this better than I, but I shall attempt. Patrick Bonner from Buffalo and the class of '65 was a heavy smoker. It came his week to serve the morning mass. He arrived early one morning to serve for Francis Braunshofer, the Rector. After a minute or two the Rector turned to Patrick: „Haben Sie, Herr Bonner, heute Morgen schon vor dem heiligen Abendmahl in unverschämter Weise geraucht?!" – „Ja, Herr Regens", erwiderte Herr Bonner, „aber nur ein bisschen." – „Was meinen Sie denn, Herr Bonner?!! Glauben Sie, dass der Herr Jesus so früh am Morgen bei Ihnen einen Kamin heruntersteigen will?!!!"

Kenneth Vogler (1963–1967)

One year I was in charge of the FLOH (Faschingsveranstaltung) and I chose the theme: "The CAN 20 years in the future!" It began with an astronaut hanging from the top of the stage and ended with Pater Regens coming in with a figure completely shrouded in white & when they took the cover off, the astronaut introducing them as Mr. & Mrs. Regens! Everyone howled with laughter!!

Jerry Wallulis (1967–1973)

My anecdote relates to another student from the Portland Arch-

Die amerikanischen Alt-Canisianer treffen sich in den USA alljährlich zu ihrem Konveniat. Das bislang letzte Konveniat fand am 18. Juli 2019 in St. Benedict's Abbey (Wisconsin) statt.

diocese who for the purpose of this story will remain nameless. He had found a way to leave the Can after hours through a special escape route he had discovered. One time after a late evening foray to the Altstadt or across the Inn, he returned only to find Regens Braunshofer waiting for him inside the window. Thinking his goose was cooked, he was surprised to be let go. It turned out that there was another Canisianer, the son of a prominent Austrian politician, who had a much greater reputation for departures from the disciplinary code. As Braunshofer explained to him, "Sometimes the fisherman has to let the small fish go in order to catch the bigger one."

Jim Coleman
(1968 – 1972)

I do have a treasured memory from Miribung days. (I was his first subpedel) Pater Miribung was from the Ladinisch area of Suedtirol. He organized a Canisianer ski week for the beginning of the semester break in his home village of Wengen (La Val). I remember traveling in a van. There were eight of us. The Beamte at the border was quite astounded as he reviewed the passports from Europe, Asia, Africa, North and South America, and even Australia. Six continents. It captures well for me the unique gift of living in an international community, in a world Church.

Jack Neill (1958–1962)

Another couple of memories: Jim Rodgers and I were Mass servers one time on St. Patrick's Day and Pater Braunshofer was celebrant. We convinced him that since St. Patrick was depicted on one of the chapel's stained glass windows and since green was so suitable for celebrating the day, he should wear Green instead of Purple vestments. He did, as Jim had a way of convincing him, probably with an *echt*-sounding Austrian dialect.

Also, as was his custom, the Regens had a seminarian or two sit with him at Mittagessen. When I was there one time we got into a debate of sorts on the merits of the Austrian-Hungarian Empire, so much so that he was quite late in ringing the bell to end the meal, much to the irritation of my fellow seminarians.

On another vein, fond remembrances of Rector Pater Jungmann, who when I went down the hall to his study one year to take the winter exam for his Liturgy class, remarked "Sie scheinen zu blass. Sie sollten mehr Skifahren gehen." Later that year, when as Zerimoniar I directed him to take off his biretta at one point in the Good Friday Liturgy (incorrect, according to the rubrics) he just raised his eyebrows and did it!

Sy Kreilein (1961–1964)

It appears that P. Franz Braunshofer has become the focus of many memories. Let me add mine to the mix.

I was delegated to direct the liturgical music for the opening liturgy in the Wilten Basilika for the 1964 Winter Olympics. Long story short, there were a number of miscommunications between the Olympic Committee and me. The Regens caught wind of this from the Committee, ordered me into his room to get some clarity on the situation. I could tell that he was frustrated with me. Somehow the topic of discussion soon focused on freedom. He then told me that he knew an American song that summed up his view of the Amis in the Can. He burst out into song: "Give me land, lots of land, 'neath the starry skies above, (he then looked sternly at me), don't fence me in!!" With that, he dismissed me. Now, how often did anyone else in the Can ever been privately serenaded by the Regens! It was then I also realized that he knew some English. This was for me a very special moment. By the way, everything turned out fine for the liturgy.

Anmerkung

1   Shortcut for Canisianum

Nach 23 Jahren – zurück im Canis!

PFARRER KENNETH HERR

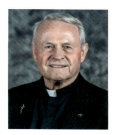

Rev. Kenneth Herr († 12.11.2018), Diözese Evansville (Indiana/USA), Altkonviktor des Canisianum (1964–1968), kehrte 1991 anlässlich eines „Sabbatsemesters" nach Innsbruck ans Canisianum zurück und wagte einen Vergleich des aktuellen Zustandes zu Beginn der 1990er mit jenen seiner Studienzeit, den 1960er-Jahren.[1]

Ich wurde gebeten, einen Bericht meiner Erfahrungen und Eindrücke während meines Sabbatsemesters im Canisianum zu schreiben und einige Vergleiche mit der Zeit hier als Student zu ziehen. Das ist nicht sehr leicht. So viele verschiedene Ideen und Eindrücke sind mir in den Sinn gekommen, daß ich kaum weiß, wo ich anfangen soll.

Es scheint mir, ich könnte mit der Vorgeschichte beginnen. 1964 schloss ich mein Studium der Philosophie im St. Meinrad-College im südlichen Indiana ab. Henry J. Grimmelsman war damals der Bischof der Diözese Evansville. Er war Altkonviktor des Canisianums und hatte eine hohe Meinung von der Theologischen Fakultät der Universität Innsbruck. Jedes Jahr schickte er einige Priesteramtskandidaten nach Innsbruck zum Theologiestudium. 1964 bekam ich die Gelegenheit, dorthin zu kommen und im Canisianum zu leben. Nach vier Jahren wurde ich 1968 zum Priester geweiht. Seither, während der letzten 23 Jahre, habe ich aktiv in unserer Diözese als Kaplan, Lehrer und Pfarrer gearbeitet. Zur Zeit gestattet unser Bischof jedes Jahr drei Priestern, ein Sabbatsemester für ungefähr sechs Monate einzulegen. Dies ist eine Gelegenheit zur Erfrischung und Erholung, frei vom Streß der Seelsorge und eine Chance für den einzelnen, sein Lieblingsfach weiterzustudieren. Letzten Herbst bin ich an die Reihe gekommen. […]

Zunächst denke ich, ist es wichtig festzustellen, daß ein Vergleich zwischen dem Canisianum damals und jetzt nicht ein Urteil darüber abzugeben beabsichtigt, welche Zeit besser war. Es geht um verschiedene Generationen, ein anderes Zeitalter in der Kirche, eine veränderte Welt. Überall haben sich die Dinge drastisch gewandelt.

Des weiteren habe ich zweifellos eine Menge Details des Lebens im Canisianum als Student in den 60ern vergessen. 23 Jahre sind eine lange Zeit, und doch bin ich verwundert, wie schnell

Die Sprachbarriere war für die außereuropäischen Studenten eine erste große Herausforderung: Die Chronik bemerkt dazu: „Die Neoingressi müssen sich auf das Canisianum gut vorbereiten. Seit einem Jahr müssen die amerikanischen Frischlinge einen Sprachkurs machen."

sie vergangen ist. Manchmal schien es mir, als sei die Uhr 23 Jahre zurückgedreht worden.

Als ich in Innsbruck einige Wochen, bevor der Unterricht an der Universität beginnen sollte, ankam, wurde ich von einer eifrigen Gruppe fremdländischer Studenten warmherzig begrüßt, die einen Deutschkurs im Canisianum machten. Ich fand heraus, daß nicht-deutschsprachige Studenten nun ein ganzes Jahr damit verbringen, die Sprache zu lernen, bevor sie Vorlesungen an der Universität besuchen. Als ich in den 60ern hier studierte, besuchten wir sofort Lehrveranstaltungen an der Uni, oft mit so gut wie keiner Kenntnis der deutschen Sprache. Ich kann mich lebhaft an das Gefühl des „Verlorenseins" während des ganzen ersten Semesters erinnern.

Anfang Oktober, mit dem Beginn des Wintersemesters, begannen die Studenten im Canisianum einzutrudeln. Statt der über 200 Seminaristen wie in den 60er-Jahren sind es jetzt ungefähr 90, ich vermute ein Zeichen der Zeit. Der Nordtrakt wird von Studenten bewohnt, die keine Priesteramtskandidaten sind und deshalb am Leben im Konvikt nicht teilnehmen.

Das internationale Flair ist noch immer sehr deutlich, wie es auch in der Vergangenheit war – mit Studenten aus 20 verschiedenen Ländern von fünf Kontinenten. Der Geist des Hauses ist noch immer eigentümlich, und zwar aus folgendem Grund: Wo sonst hat man die Gelegenheit, mit so vielen Nationen unter einem Dach zu wohnen?

Eine Gruppe, so zahlreich in der Vergangenheit, fehlt offensichtlich – die anglo-amerikanische! Während meiner Zeit hier in den 60ern gab es über 40 Amerikaner und einige Engländer im Haus. Wir hatten unseren eigenen englischsprechenden Spiritual und unsere eigenen Exerzitien. Die Amerikaner waren eine sehr lebendige Gruppe, die dafür bekannt war, fast jeden Anlaß zu feiern. Ihr Fehlen hat meiner Meinung nach eine Auswirkung auf das Klima des Hauses.

Die Tagesordnung hat sich ein bißchen geändert. Damals: Um 5.30 Uhr weckt dich das Schellen der Glocke (ein Trost: an Sonn- und Feiertagen erst um 6 Uhr). Um 5.30 Uhr läutet es zum gemeinsamen Morgengebet in der Kapelle, zu dem man nicht zu spät kommen sollte. Sonst ist es möglich, daß entweder die Patres Präfekten oder gar der Pater Regens an deine Tür klopfen. Anschließend ist eine halbstündige Betrachtung. 6.30 Uhr: gemeinsame Eucharistiefeier. Nach der Messe Frühstück im Speisesaal. Oftmals fanden die Amerikaner, die an ein reichhaltiges Frühstück gewohnt waren, die Butterbrötchen und die Marmelade zu wenig. Deshalb hatten sie ihr eigenes „breakfast" mit „ham and eggs" auf ihren Zimmern.

Der Tagesablauf ist heute etwas anders, wobei die Verantwortung des einzelnen betont wird. Die Anwesenheit bei den meisten Hausveranstaltungen wird nicht kontrolliert. Heute läutet die erste Glocke um 6.55 Uhr und zeigt an, daß die Messe um 7 Uhr anfängt. Mehrere Male in der Woche gibt es die Möglichkeit, eine Abendmesse zu besuchen. Nach der Frühmesse ist das Frühstück im Speisesaal.

Der Vorlesungsplan an der Universität war ähnlich wie heute mit der Ausnahme, daß damals der Donnerstag vorlesungsfrei war. Allerdings gab es Vorlesungen am Samstagvormittag. Die Donnerstage waren eine ausgezeichnete Gelegenheit für Ausflüge, Bergtouren oder andere sportliche Betätigungen. Manche von unseren Amerikanern hatten sich dem Basketball-Spiel verschrieben. Es gehörte schon zur Tradition, daß das „American Team" bei den Universitätsmeisterschaften als Sieger hervorging.

Damals, 12.15 Uhr: Die Glocke ruft zu einem kurzen Besuch des Allerheiligsten, dann zum Mittagessen.

13 Uhr: Nach dem Essen wandern wir eine halbe Stunde im Garten umher (bei schlechtem Wetter in den Gängen des Hauses). Dies wird „Zirkus" genannt. Man geht dabei mit dem, den man zufällig an der Tür trifft und soll sich nicht seine „special friends" suchen. Dieser „Zirkus" trug wirklich dazu bei, seine Mitbrüder kennenzulernen.

17 Uhr: Das Studium strictum beginnt. Während dieser Zeit ist natürlich absolute Ruhe gefordert, und Zimmerbesuche sind untersagt.

19.30 Uhr: Nach einem kurzen Besuch in der Kapelle wird das Abendessen serviert.

20 Uhr: An drei Abenden in der Woche (Dienstag, Donnerstag und Sonntag) ist gemeinsamer Aufenthalt in der Landsmannschaft. Damals bildete die Anglo-Amerikanische Landsmannschaft mit über 40 Mann die stärkste Gruppe. Wir hatten dasselbe Zimmer wie heute im zweiten Stock mit eigener Bibliothek und – damals – vielen amerikanischen Zeitungen und Zeitschriften – hier hatten sich die „Exiles" wirklich ein „little America" geschaffen. Zur Zeit bleibt das Zimmer mit dem Türschild „Anglo-American-Australian Landsmannschaft" (der letzte Konviktor war ein australischer Priester) fast unbenutzt. Vor einigen Tagen wurde eine Tür durch die Wand von der benachbarten Schweizerischen Landsmannschaft in unsere Küche gebrochen, sodaß nun beide Gruppen die Küche benützen können.

20.45 Uhr: Das Silentium religiosum beginnt mit den „Punkten", und danach folgt das Abendgebet.

21.30 Uhr: „Lights out".

Die heutige Tagesordnung des Canis ermuntert die Studenten, an der täglichen Messe teilzunehmen – Laudes und Vesper gibt es gemeinsam an mehreren Tagen der Woche – Punkte jeden Dienstag Abend – und einen Einkehrtag einmal im Monat. Die Jahresexerzitien sind noch immer ein wichtiges Ereignis im Leben der Studenten.

Jetzt gibt es im Canisianum weniger Klingeln, weniger Hausregeln und weniger Vorschriften. Zwar gibt es noch immer eindeutige Erwartungen, aber viel mehr Freiheit, seine persönlichen Entscheidungen zu treffen. Es herrscht meiner Meinung nach noch immer eine Atmosphäre eifrigen Studiums im Haus – ein ausgeprägter Sinn für echte christliche Gemeinschaft, wo die Pflege des geistlichen Lebens als wichtige Vorbereitung auf das Priestertum gesehen wird. Es ist auch eine gute Stimmung im Haus.

Während ich hier Student in den 60ern war, wurde der Talar zu den meisten Gelegenheiten getragen. Viele Studenten trugen ihn sogar an der Universität. Jetzt ist es so, daß sehr wenige Studenten, mit Ausnahme der Ordensleute, überhaupt einen Talar besitzen.

Die Existenz der Bar im Tiefparterre neben dem Zeitungsraum ist eine Neuerung seit ich hier war. Die Bar ist jeden Abend geöffnet, und die Studenten können dort gemütlich zusammensitzen und ein Bier, Wein, ein Mixgetränk oder ein Cola genießen.

Vor Jahren mußte man, um einen besonderen Anlaß zu feiern, aus dem Haus in ein Gasthaus gehen. Dies wurde noch weiter kompliziert, da die Studenten keinen Haustürschlüssel besaßen wie heute. Nachts auszugehen bedeutete, daß man P. Regens um Erlaubnis fragen und um einen Schlüssel bitten mußte. Oft war schon das allein ein Abenteuer. Zurückzukommen ins Canis nach der Feier, dabei zu versuchen, nicht zu viel Lärm zu machen – eine Unmöglichkeit für Amerikaner – und zu hoffen, daß P. Regens nicht noch auf war und wartete, das alles bescherte einige spannende Momente.

Während meines Aufenthalts im Canisianum von 1964 bis 1968 wurden einige Erneuerungen und Renovierungen vorgenommen. 1965 wurde die Herz-Jesu-Statue im Haupttreppenhaus aufgestellt. Dies war für eine Weile das Thema lebhafter Diskussionen. Im selben Jahr wurde die Aula renoviert, sie sieht heute noch genau so aus. 1966 wurde die Kommunionbank entfernt und ein Volksaltar in der Kapelle installiert. 1968 wurden Duschen in jedem Stockwerk eingebaut und damit der lange Marsch zu denen im Tiefparterre (heute Bar und Tischtennisraum), wo es selten heißes Wasser gab, abgeschafft.

Von speziellem Interesse war für mich bei meiner Rückkehr die Kapelle, die in den frühen 70ern völlig renoviert und umgestaltet wurde. Man kann viele unterschiedliche Meinungen über die Neugestaltung hören. Ich werde auf Nummer sicher gehen und lieber keine Kritik der guten und schlechten Aspekte abgeben. Ich kann sagen, daß ich nun, nachdem ich die Eucharistie viele Male dort mit der Gemeinschaft des Canisianums gefeiert habe, den Raum sehr friedlich und zum Gebet einladend empfinde. Ich fühle mich ganz wohl da.

Abgesehen von der Askese des Raums stechen für mich, praktisch betrachtet, zwei Dinge besonders heraus: die Akustik ist jetzt ausgezeichnet, eine große Verbesserung gegenüber der ursprünglichen Kapelle, und es ist jetzt ziemlich angenehm dort in der Kälte des Winters. Vor dem Umbau, wird erzählt, war an manchen Wintertagen das Weihwasser in der Kapelle zu Eis gefroren. Wintermantel und Handschuhe waren ein Muß für den Meßbesuch.

Einiges hat sich verändert, aber viele alte Traditionen sind geblieben: die jährliche Wallfahrt nach Absam, der jährliche Besuch am Westfriedhof, um für die verstorbenen Mitbrüder und Hausangestellten zu beten, der Nikolausabend in den Landsmannschaften, das internationale Weihnachtsliedersingen, die Fußballmeisterschaft und vieles mehr.

Nach 23 Jahren – zurück im Canis. Von meinem Leben als Canisianer damals und heute zu berichten, ist nicht leicht. Aber wieder einmal wurde die zeitlose Idee der „Familia canisiana" für mich verwirklicht, obwohl es fast unmöglich ist, sie zu beschreiben. Das Canis ist mir ein Stück Heimat geworden. Im Geist verbunden sind wir „Cor unum et anima una".

Anmerkung

1   Beitrag erstmals veröffentlicht in: KBC, Heft 2, Studienjahrgang 1991/92, Jg. 125, S. 2 ff.

Die Junioren der Vorauer Augustiner-Chorherren am Collegium Canisianum

Propst em. Mag.
Gerhard Rechberger

Das Augustiner-Chorherrenstift Vorau hat von ca. 1930 bis 1999 die Junioren für das Theologiestudium zum Großteil nach Innsbruck geschickt – insgesamt waren es 35 –, wo sie durch das Leben im Canisianum wesentlich geprägt wurden. Diese jesuitische Ausbildung hat sich auch auf das Leben im Stift und auf die Seelsorge ausgewirkt: Offen für die Weltkirche, bereit auch für Dienste in der Diözese und weniger monastisch, aber entsprechend unserer Berufung als Chorherren als „Priestergemeinschaft für den Dienst am Volk Gottes", wie es in unseren Konstitutionen heißt.

Ich selbst war in den Jahren von 1967 bis 1973 im Canisianum, in der Zeit direkt nach dem Zweiten Vatikanischen Konzil. Da habe ich die Erfahrung von Weltkirche im Kleinen erlebt. Die Studenten kamen aus ca. 20 Nationen, aus Europa, Asien, Afrika, Nord- und Südamerika. Wir waren gefordert, den anderen, mit ihren unterschiedlichen Sprachen, Hautfarben und Lebensformen in Offenheit und Respekt zu begegnen. Außerdem bot der direkte Kontakt mit den Universitätsprofessoren, die im Canisianum wohnten, Möglichkeit für horizonterweiternde Gespräche.

An der Theologischen Fakultät spürten wir die Freiheit des Denkens und der Forschung, was jedoch nicht immer spannungs- und konfliktfrei abging. Nicht zufällig gab es im Jahr 1968 – dem berühmten 68er Jahr – auch an der Theologischen Fakultät Streiks der Studenten, weil sie mit den Vorlesungen einiger Professoren nicht zufrieden waren. Plötzlich war ein Hörsaal gesteckt voll, und der Professor musste sich die Kritik der Studenten anhören. Andererseits wurden Professoren zu Bischof Paulus Rusch zitiert, weil dieser an der Rechtgläubigkeit der Vorlesung zweifelte. Und nicht alles haben wir sofort verstanden, wenn Vorlesungen hauptsächlich über die Philosophen der Frankfurter Schule gingen. Aber dafür gab es dann ein Konversatorium, das den Spitznamen „Schupp für Dumme" bekam.

Im Großen und Ganzen durften wir uns glücklich schätzen, an dieser Fakultät und bei diesen Professoren studieren zu können. Besondere Ereignisse waren zum Beispiel die Gastvorlesungen von dem damals schon emeritierten Professor Karl Rahner SJ.

Die Herz-Jesu-Statue im Treppenhaus – 1911 geschaffen von Alois Winkler – begrüßte die Besucher des Hauses mit den Worten „Venite ad me!" / „Kommet zu mir!". Mit den beginnenden 1960er-Jahren wurde die Statue als nicht mehr zeitgemäß angesehen und 1963 auf Geheiß von P. Rektor G. Croce SJ entfernt.

Nach Begutachtung von mehreren Entwürfen (Prof. Hans Pontiller, Bildhauer Franz Roilo, Josef Staud) kam der zweite Entwurf von Josef Bachlechner d. J. zur Ausführung. Das Hochrelief „Christus und Johannes" gelangte zu Ostern 1965 zur Aufstellung.

Das gemeinsame spirituelle Leben im Haus war geprägt von den „Punkten" und „Exhorten" und von der gemeinsamen Eucharistiefeier in der großen Hauskapelle. Aber auch diese Kapelle wurde nach dem Konzil in ihrer neubarocken Gestaltung, die von Josef Bachlechner dem Älteren stammte, hinterfragt. So begannen einige rührige Liturgiepräfekten (ich erinnere mich besonders an Michael Anrain) die starre Anordnung der Bänke aufzubrechen; und es war immer eine spannende Frage vor der hl. Messe, wie die Bänke wohl heute gestellt sein würden: einmal schräg, einmal zum Teil quer und der Altar in deren Mitte. Bis schließlich 1970 die Kapelle nach Plänen von Architekt Josef Lackner ganz neu gestaltet wurde: die Fenster mit Jalousien verdeckt, statt des Gewölbes nach oben eine Decke mit Wölbung nach unten, statt der Bänke mobile Sessel und ein schlichter Altar aus Stahlrohren.

Schon 1965 wurde im Stiegenhaus die bisherige Herz-Jesu-Statue durch eine neue und ansprechende Herz-Jesu-Skulptur, gestaltet von Josef Bachlechner dem Jüngeren, ersetzt. Das war für die damaligen Canisianer ein Beispiel, wie es den Jesuiten gelingt, herkömmliche Frömmigkeit und gewohnte Bilder mit neuer Kunst und neuem Zugang der jeweiligen Zeit zu erschließen.

Im Jahreslauf ragte das mehrtägige Herz-Jesu-Fest heraus, zu dem namhafte Referenten eingeladen wurden; unter anderen auch der damalige Professor Joseph Ratzinger, der spätere Papst Benedikt XVI.

Im Leben des Canisianums spielten damals auch die Landsmannschaften eine wichtige Rolle; dort waren die einzelnen Nationen bei einem wöchentlichen Abend unter sich, um die Gemeinschaft zu pflegen, zu feiern und auch um ernsthafte Diskussionen zu brennenden Fragen zu führen. So wurde einmal in die Österreichische Landsmannschaft der ehemalige Bundeskanzler Kurt Schuschnigg eingeladen, der vor dem Einmarsch Hitlers 1938 den denkwürdigen Satz ausgerufen hat: „Gott schütze Österreich". Die wöchentliche Landsmannschaftsmesse in einer kleinen Kapelle war möglich, weil unter den Canisianern auch mehrere Priester im Doktoratsstudium waren. Die Landsmannschaftsausflüge förderten das Kennenlernen, die Gemeinschaft und das Erleben der schönen Tiroler Landschaft. Mit großer Begeisterung wurde in der Österreichischen Landsmannschaft die Tischfußballmeisterschaft ausgetragen.

In diesen Jahren wuchs das Bewusstsein, dass die Mitverantwortung und Mitentscheidung durch die Studenten, was das Leben im Haus betraf, mehr Bedeutung bekommen sollte. So wurden der Seminarrat und die Vollversammlung eingeführt. Schon bisher gab es die gewählten Ämter wie Pedell, Subpedell und Liturgiepräfekt und den Landsmannschaftspräsidenten.

Im Canisianum eskalierte in diesen Jahren der Kampf um den Haustorschlüssel. Bisher musste man, wenn man nach 21.30 Uhr nach Hause kam, vorher beim P. Regens einen Haustorschlüssel besorgen. Das empfand man mit der Zeit für einen erwachsenen Menschen als nicht zeitgemäß. P. Regens Franz Braunshofer SJ argumentierte aber, dass es – angesichts der strengen Ordnungen in den Priesterseminaren der damals noch kommunistischen osteuropäischen Länder – nicht verantwortbar sei, jedem einen Haustorschlüssel in die Hand zu geben, weil dann einige Bischöfe die Studenten abziehen würden. Zum Eklat kam es schließlich bei einer Vollversammlung, in der ein Doktorand – er ist später Jesuit geworden – sich zu Wort gemeldet und vor allen gerufen hat: „Pater Regens, wissen Sie überhaupt, wie viele schwarze Schlüssel schon im Umlauf sind?" – P. Franz Braunshofer SJ hat dann in diesem Jahr das Amt des Regens abgegeben. Aber auch sein Nachfolger, P. Heinrich Ségur SJ, hatte es nicht leicht und nahm als Regens nach nur einem Jahr den Hut. Ihm folgte dann P. Robert Miribung SJ, dem es in seiner menschlichen und auch humorvollen Art gelang, Brücken zu bauen und über zehn Jahre (1970 bis 1980) die Hausgemeinschaft als Regens zu leiten.

Am 11. Februar 1968 besuchte P. General Pedro Arrupe SJ das Canisianum. Das Bild zeigt seine Begrüßung durch den Rektor P. Otto Muck SJ. Neben einem kurzen Rundgang dufte der Besuch des spanischen Landsmannschaftszimmers nicht fehlen.

In diesen Jahren wurde im Tiefparterre der Clubraum eingerichtet, um die Kommunikation unter den Studenten, Professoren und Gästen zu fördern. Tatsächlich gab es interessante Gesprächsrunden mit Persönlichkeiten aus Kirche und Gesellschaft. Die orange-rötliche Farbgebung der Wände und Möbel rief aber so manches Stirnrunzeln hervor, und da in diesen Jahren bei einer Bischofssynode in Rom die Aufhebung des Pflicht-Zölibates abgelehnt wurde, kam auch die Bezeichnung „Zölibar" für den Clubraum in Umlauf.

Das Land Tirol bot viele Möglichkeiten zur sportlichen Betätigung, sei es beim Bergsteigen oder Skifahren. Ein besonderes Erlebnis war die jährliche Skiwoche in Südtirol, wozu uns P. Miribung im Gadertal, seiner Heimat, ein günstiges Quartier vermittelte. Auch an eine Skimeisterschaft kann ich mich erinnern.

Der kleine Fußballplatz bot Gelegenheit zum Sport, und die Fußballmeisterschaften, ob international oder innerösterreichisch, waren ein Hit. Letztere wurde zwischen drei Mannschaften ausgetragen: die Diözesanen, die Ordensleute allgemein und die Vorauer, da wir genug für eine Mannschaft, d.h. sechs Spieler waren. Dass wir gewonnen haben, brauchen wir nicht zu verschweigen.

Schließlich kam die Idee auf, im Garten ein Gartenfest zu feiern, wo die verschiedenen Nationen ihre kulinarischen Köstlichkeiten anbieten könnten. Es ging aber auch das nicht ohne Konflikte ab, da die lauten Musikverstärker die Nachbarn auf den Plan riefen und plötzlich die Polizei auftauchte. Außerdem meinten einige – vor allem Außenstehende – dieses Fest gehe zu weit, sodass der Spruch entstand: Um ein Gartenfest zu feiern genügt es nicht, im Garten fest zu feiern.

Im Fasching boten kabarettistische Darbietungen beim „Floh" eine Gelegenheit, gewisse Gepflogenheiten und Personen im Haus aufs Korn zu nehmen – da blieben natürlich auch die Jesuiten nicht verschont.

In den Jahren, in denen die Vorauer Junioren im Canisianum waren, hat sich viel verändert, in der Welt und in der Kirche, und damit auch im Canisianum. Deshalb möchte ich hier einige Erinnerungen anderer Altkonviktoren einfließen lassen:

Eine der einschneidensten Veränderungen war wohl die Aufhebung des Canisianums im Jahr 1938. Unser ehemaliger Propst Gilbert Prenner hat immer wieder erzählt, dass Regens P. Michael Hofmann nach der Bekanntgabe der Schließung spontan im Speisesaal vor den Studenten das „Te Deum" angestimmt habe. So hat er die schlimme Situation umgedeutet. Nicht mit Bejammern des Künftigen, sondern mit Dankbarkeit für das, was gewesen ist.

Etwa 50 Jahre später war Mag. Christoph Franz Grabner (1984–1987) im Canisianum. Er erinnert sich:

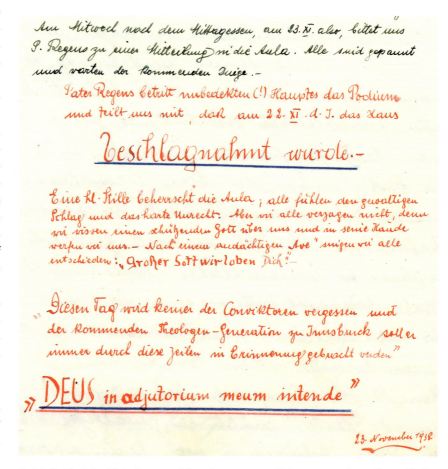

Es ist ein Ideal des Historikers, getätigte Aussagen von Zeitzeugen auch quellenmäßig belegen zu können – so die Erinnerungen im Falle des em. Propstes Gilbert Prenner über die Verkündung der Aufhebung des Canisianums am 23. November 1938, wie die Chronik der österreichischen Landsmannschaft dementsprechend berichtet.

„Vom Knabenseminar und Priesterseminar in Graz war ich die großen Häuser schon gewohnt. Ebenso die ‚überschaubaren' Zimmer. An die dominante Nordkette musste ich mich als Oststeirer noch gewöhnen. Der Föhn war aber für mich kein Problem. Regelmäßige Spaziergänge entlang des Inn und auf die Hungerburg waren eine angenehme Erholung.

Die Internationalität und Interkontinentalität waren sehr bereichernd. So haben einmal am Gang ein Pole und ein Amerikaner zum Spaß eine Unterhaltung in Lateinischer Sprache begonnen. Die Vorlesungen waren gut besucht. Besonders die lebendigen in Dogmatik von Prof. P. Raymund Schwager und Prof. Józef Niewiadomski.

Die internationale Zusammensetzung des Chors im Canisianum war auch immer eine Herausforderung für die jeweiligen Chorleiter. Mit uns sang auch Regens P. Gerwin Komma mit seinem enormen Stimmumfang.

Regelmäßig wurden auch anspruchsvolle Theaterstücke zur Aufführung gebracht. Beim „Heiligen Experiment" hat der Schweizer Guido Scherer den Jesuitenprovinzial so echt und beeindruckend gespielt, dass am Schluss eines Aktes statt des Applauses ein einhelliges, betroffenes Schweigen folgte.

Gleich sechs Studienkollegen wurden später Bischöfe. Die Erzbischöfe Stanislaw Budzik in Lublin und Jorge Ossa in Kolumbien, die Diözesanbischöfe Ivo Muser in Brixen und Benno Elbs in Feldkirch und die Weihbischöfe James Schuerman in Milwaukee und Benedikt Son in Seoul. James war im Kino bei „Hair" in Originalsprache mit Untertiteln oft der Einzige der lachte, weil nur er die Pointen verstand.

Aber auch traurige Schicksale gab es bei unseren Altcanisianern. Tomislav Matanovic wurde zusammen mit seinen Eltern 1995 im Jugoslawienkrieg ermordet.

Bei den Exerzitien hatten wir stets gute Referenten. Besonders an solche mit P. Toni Witwer kann ich mich noch gut erinnern.

Meistens haben die deutschsprachigen Studenten die Diplom- und Doktorarbeiten der ausländischen Studenten verbessert. Als Dank dafür hat mich Mieczyslaw Pyrek im Sommer 1985 nach Polen eingeladen. Dort hatten wir auch beim Bischof von Tarnow Jerzy Ablewicz eine „Audienz", bei welcher er mir eine Ikone der Muttergottes von Tschenstochau geschenkt hat, die ich heute noch in Ehren halte.

Bei meiner Sponsion war Herlinde Pissarek-Hudelist der Promotor, besser gesagt die „Promotrix". Sie war die erste Professorin für Katholische Theologie und die erste Dekanin in Österreich.

In den 1980er-Jahren wurde das Landsmannschaftsleben noch gut gepflegt. Später kamen andere Strukturen mit Regens P. Hans Tschiggerl, der zuvor im Priesterseminar in Graz mein Zimmernachbar gewesen war.

Ich bin dankbar für diese wertvolle Zeit in der Alpenstadt Innsbruck und habe viele gute Erinnerungen. Unter anderen an die feinen Käsespätzle von Köchin Maria Sottara und die schönen Ikebana-Gestecke von Sr. Stefanie Fink in der Kapelle." – Soweit einige Blitzlichter von Christoph Grabner aus den Erinnerungen ans Canisianum.

Unter uns Altcanisianern im Stift Vorau kommt immer wieder und in Dankbarkeit das Studium in Innsbruck und die Zeit im Canisianum zur Sprache. Von den jetzt im Stift Vorau lebenden Chorherren (Ordensbezeichnung CRSA – Canonicus Regularis Sancti Augustini) waren folgende im Canisianum: Mag. Dr. Johannes Pichlbauer, Religionsprofessor i. R. (1960–65), Rupert Kroisleitner, Propst em. (1961–66), Peter Riegler, Pfarrer i. R. (1961–66), Mag. Wolfgang Anton Fank, Pfarrer (1962–63, 1964–68), Mag. Gerhard Rechberger, Propst em. und Pfarrer (1967–73), Sighard Anton Schreiner, Pfarrer (1967–73, 1988–89), Mag. Franz Rechberger, Pfarrer und Religionsprofessor (1975–77, 1978–81) und Mag. Christoph Franz Grabner, Pfarrer (1984–87). Zu den Altcanisianern zählt auch der im Stift Vorau wohnende Wiener Diözesanpriester und Familiare des Stiftes HR Mag. Dr. Heribert Lehenhofer, RPA-Direktor i. R. (1962–63).

„Das Große war die Demokratie!"
Interview mit P. Robert Miribung SJ, geführt von Br. Markus Pillat SJ

P. Robert Miribung wurde am 3. Juni 1930 in Wengen im ladinischen Gadertal (Südtirol) geboren. Nach dem Zweiten Weltkrieg besuchte er das bischöfliche Kleine Seminar Vinzentinum in Brixen und trat nach der Matura 1952 in St. Andrä im Lavanttal als Mitglied der Österreichischen Provinz in die Gesellschaft Jesu ein. Er absolvierte die im Jesuitenorden üblichen Studien von Philosophie an der Ordenshochschule in Pullach bei München und Theologie an der Theologischen Fakultät in Innsbruck. Hier wurde er am 25. Juli 1963 zum Priester geweiht.

Für die Canisius-Festschrift 2021 war er so freundlich, sich mit Br. Markus Pillat über seine Zeit als Regens des Collegium Canisianum zu unterhalten.

Du warst von 1970 bis 1980 – ein ganzes Jahrzehnt lang – Regens des Canisianums. Wie gestaltete sich Deine erste Begegnung mit dem Haus? Auf welchen Wegen bist Du dorthin gekommen, und was war am Anfang Deine Aufgabe?

P. Miribung: Meine erste Arbeitsstelle im Orden war das Kolleg in Wien-Kalksburg. Dort war ich seit 1966 Generalpräfekt des Internats. Es war eine verantwortungsvolle Tätigkeit, denn dort lebten damals über 300 Schüler. Aber ich hatte den Eindruck, ich müsse etwas tun, um diese Aufgabe besser ausüben zu können. Deshalb bat ich darum, zwei Jahre lang Pastoralpsychologie in Innsbruck studieren zu dürfen. P. Provinzial Pilz erlaubte das. Er machte mich 1969 zum Assistenten des Regens im Canisianum und meinte: Wenn Sie für das Haus arbeiten, dann wird es auch für Sie aufkommen. Ich hatte auf diese Weise gewissermaßen ein Stipendium.

Was waren die Aufgaben eines Assistenten des Regens?

P. Miribung: Meine Hauptaufgabe als Assistent bestand darin, für die Evidenz der Studien der Canisianer zu sorgen. Ich holte vom Sekretariat der Theologischen Fakultät die Prüfungsergebnisse der Konviktoren ab und trug im Canisianum die Ergebnisse in die Personalakten ein, damit der Regens über ihre Leistungen informiert sei.

War der Assistent mit dem heutigen Studienpräfekten vergleichbar?

Die Neoingressi des Studienjahres 1970/71 mit der Leitung des Canisianums und den Professoren (sitzend v. l.): P. Hans Rotter SJ (Prof. für Moraltheologie), P. Anton Vogel SJ (Subregens), P. Marcell Smits van Waesberghe SJ (Spiritual), P. Robert Miribung SJ (Regens), P. Otto Muck SJ (Rektor, Prof. für Philosophie), P. Josef Wamser SJ (Minister), P. Franz Schupp (Prof. für Dogmatik), P. Josef Müllner SJ (Spiritual)

P. Miribung: Nein, der Assistent war eher ein Sekretär. Mit den Studien der Konviktoren hatte ich nichts zu tun. Für mich war das Amt eine Nebentätigkeit, denn ich wollte und musste schließlich auch selbst studieren. Heute weiß ich, dass Regens Ségur von mir wohl mehr erwartet hätte.

Wie sah das Leben im Haus aus? Gab es noch eine strenge Tagesordnung, den berühmten ordo solitus, mit gemeinsamem Aufstehen um 5.30 Uhr und ähnlichen festen Punkten?

P. Miribung: Nein, diese festen Strukturen gab es bereits nicht mehr, als ich ins Canisianum kam. Die Konviktoren konnten sogar schon einen Hausschlüssel bekommen. Wenn sie einen wollten, mussten sie 100 Schilling Pfand hinterlegen. Das Geld bekamen sie zurück, wenn sie den Schlüssel zurückgaben. Die Schlüsselverwaltung war übrigens auch meine Aufgabe als Assistent des Regens.

Aber aus dem ruhigen Studium der Pastoralpsychologie wurde nichts. Bereits nach einem Jahr machte Dich der Provinzial zum Regens.

P. Miribung: Ja, er teilte mir das, nachdem er am 4. Juli 1970 extra mit den Patres und den Studenten bis spätabends gesprochen hatte, überraschend auf der Fahrt im Auto vom Canisianum zum Bahnhof in Innsbruck mit. Er sah wohl keinen anderen Ausweg, um eine schwierige Situation zur Zufriedenheit der Hausbewohner zu beheben. Ich hatte ganz andere Pläne. Im Sommer wollte ich nach Irland zu einem Sprachkurs. Er war bereits gebucht. Das musste ich alles abblasen.

Erinnerst Du Dich noch an den ersten Tag als Regens?

P. Miribung: Ich erinnere mich noch gut an das erste Mittagessen. In der alten Zeit stand der Tisch des Regens im Speisesaal separat auf einem Podest. Zwei Studenten, die wöchentlich wechselten, waren seine Tischkollegen. Mein Vorgänger war bereits vom Podest gestiegen mit seinem Tisch, aber es gab immer noch die Tradition der zwei Studenten, die ihm eine Woche lang Gesellschaft leisteten. Als Assistent des Regens war ich gewohnt, mir irgendwo einen freien Platz zu suchen. Das machte ich auch an meinem ersten Tag als Regens. Das Ergebnis war tosender Applaus im Speisesaal.

Regens P. Robert Miribung SJ mit P. Franz Schupp SJ (Mitte) und P. Josef Müllner SJ (rechts)

Die 1970er-Jahre waren eine bewegte Zeit, in der sich vieles änderte. Welche Änderungen des Zusammenlebens im Canisianum sind Dir heute noch wichtig?

P. Miribung: Die Bar im Canis. Wo früher im Parterre Duschen waren, haben wir eine Bar eingebaut und farbig ausgemalt. Bis 23.30 Uhr gab es Getränke, um 24 Uhr war Schluss. Freunde von außen konnten dorthin eingeladen werden. Meine Idee war: Die Leute sollen im Haus eine Möglichkeit haben, sich zu treffen, um nicht in die Stadt gehen zu müssen. In der Bar gab es viele Gespräche und Diskussionen, oft bis weit über Mitternacht hinaus.

Und dann das Hausparlament. Das Große war die Demokratie! Der Bidell[1] wurde nun aus drei Kandidaten von der Hausgemeinschaft gewählt. Vorher war er immer einfach vom Regens ernannt worden. In das Hausparlament wurden sechs gewählte Vertreter geschickt, dazu noch Subbidell, Kulturreferent, Liturgiepräfekt, alle gewählt. Nirgendwo in einem Priesterseminar im deutschen Sprachraum gab es so viel Demokratie. Die Studenten hatten auf diese Weise echte Verantwortung. Der Regens hatte allerdings ein Vetorecht. Ein Veto musste aber echt begründet werden. Ich habe in meiner Amtszeit nur einmal von diesem Recht Gebrauch gemacht. Ich meine, es war im Zusammenhang mit P. Schupp[2].

Ein sichtbares Zeichen der Veränderung ist bis heute die Umgestaltung der Kapelle durch den Architekten Josef Lakner. Die Kirche unter den Völkern, sichtbar gemacht durch die Segel, die von oben in den Kirchenraum hinabkommen. Und dann die Jalousien an den Seiten. Sie sollen zeigen: Lass alles rein in die Kirche. Aber die Idee gefiel nicht allen. Bischof Rusch zeigte sich bei der ersten Weihe, die er in der neu gestalteten Kapelle spendete, sehr schweigsam und entschied, keine Aufträge mehr an den Architekten zu vergeben.

Wie konnte der Regens bei so viel Mitbestimmung dann überhaupt leiten?

P. Miribung: Nun, er konnte sogenannte Verbindlichkeiten festsetzen, über die dann nicht mehr gesprochen wurde. Die Messe am Sonntag und an einem weiteren Tag der Woche waren eine solche Verbindlichkeit. Ansonsten war die persönliche Beziehung, der Kontakt zu den Studenten wichtig. Das Gespräch war wichtig. Dann konnte der Regens auch etwas sagen und man hörte auf ihn.

Wurde das Canisianum durch seine demokratische Struktur attraktiver für andere?

P. Miribung: Die Kleriker von Stift Wilten setzten bei ihrem Abt durch, geschlossen ins Canisianum zu kommen. Eine ganze Menge kam auf einmal, inbegriffen die zehn Kleriker aus dem Prämonstratenser-Stift Geras (NÖ), die im Stift Wilten studierten. Auch Luxemburg verlegte sein ganzes Priesterseminar nach Innsbruck, achtzehn Seminaristen. Die Zahlen stiegen bis auf 182. In meinem letzten Jahr waren es entwicklungsmäßig dann noch 127 Canisianer. Ich brauchte aber in meiner Zeit keine Werbung zu machen.

Kamen denn alle mit diesem Stil des Hauses zurecht?

P. Miribung: Es gab immer auch einzelne Studenten, denen der Stil nicht passte. Aber die waren in der Minderheit und hatten keine Chance, im Hausparlament eine Mehrheit zu bekommen. Und es gab auch Förderer, denen unsere Richtung irgendwann nicht mehr passte und die plötzlich kein Geld für Stipendien mehr gaben. Werenfried van Straaten von „Kirche

P. Robert Miribung SJ als Skifahrer: Legendär sind die alljährlichen Skiwochen der Canisianer, die ins Gadertal nach Südtirol – der Heimat P. Miribungs SJ – führten.

in Not" stellte eines Tages jede Förderung ein. Aber dank Unterstützung von anderer Seite wie etwa der Diözese St. Gallen – unvergesslich Bernhard Gemperli, ein Altkonviktor – oder dem Generalvikar der Diözese Aachen, ebenfalls Altkonviktor, sind wir über die Runden gekommen.

Wer oder was hat Dir bei Deiner Arbeit geholfen?

P. Miribung: Die Bidelle. Ich hatte immer gute Bidelle, die viele Ideen hatten. Mein erster war Maurice Blanche, Luxemburger – bestens! Mein zweiter war Hermann Breulmann, der später Jesuit wurde. Er regte an, dass das Frühstück nicht mehr aufgedeckt wurde. Die Frauen aus der Küche waren bis 21 Uhr damit beschäftigt, 130 Teller und Tassen für das Frühstück zu decken, die am nächsten Morgen gar nicht alle gebraucht wurden, weil nicht alle zum Frühstück kamen. Nun wurde das Geschirr einfach in Stapeln aufgestellt, und jeder bediente sich morgens selbst. Das wurde als solidarisch gegenüber den Angestellten, praktischer und demokratischer angesehen.

Bei dem Stichwort Demokratie muss natürlich Józef Niewiadomski genannt werden. Er war jahrelang Vorsitzender des Hausparlaments und meisterte manche schwierige Situation bravourös.

Und natürlich die anderen Jesuiten, die im Canisianum wohnten, besonders die von der Fakultät. P. Schupp saß oft mit den Studenten zusammen und diskutierte. Und auch P. Hasitschka kam, um seine Doktorarbeit abzuschließen. Mit seiner bescheidenen Art wirkte er auf die Studenten. Unvergesslich die Hilfe der Subregenten, der Spirituale und der Mitbrüder im Haus. Ihnen allen einen großen Dank!

Es fällt auf, dass auch Studenten aus Osteuropa ins Canisianum kamen, obwohl damals noch der Eiserne Vorhang Europa trennte. Wieso konnten die Studenten kommen?

P. Miribung: Studenten aus Osteuropa gab es schon unter meinem Vorgänger P. Ségur. Kroaten, Slowenen, die lange Tradition der Studenten aus der Ukraine und Polen im Canisianum. Ich habe den Studenten aus diesen Ländern immer gesagt: Lernt viel. Was ihr hier erlebt, kommt auch zu euch, in eure Länder. Sie erlebten hier eine lebendige Kirche, und der Aufenthalt in Innsbruck war für sie eine spannende und wichtige Zeit. Das hat sie geprägt. Allerdings sind viele dieser Studenten in Westeuropa geblieben, ausgetreten, und gar nicht mehr in ihre Heimatländer zurückgegangen. Diejenigen, die zurückgegangen sind, hatten oft Schwierigkeiten mit den Verhältnissen zu Hause. Ich habe – wie auch bei den Missionstheologen[3] – immer darauf geachtet, dass die Studenten zu zweit kommen, immer zwei aus einem Land, damit sie mit ihrer Kultur nie ganz allein waren.

Regens P. Robert Miribung SJ in Rom mit dem Präfekten der Glaubenskongregation Franjo Kardinal Šeper (Pfingsten 1974).

P. Robert Miribung SJ gratuliert einem frisch gebackenen Doktor (1979).

Es gab Länder, wie Polen, für die waren die Umbrüche im Westen ein Grund, die Erlaubnis zum Studium im Ausland zu geben. Man dachte, wenn die Leute im Westen studieren, dann kommen sie zurück und machen Wirbel gegen die Kirche in Polen.

Da sollte das Studium im Westen dienen im Kampf zwischen Staat und Kirche.

Ausdrücklich erwähnen und Dank sagen möchte ich Professor Dr. Edward Walewander, einer der ersten zwei Jungaltcanisianer, die von der Diözese Lublin in Polen 1971 nach Innsbruck ins Canisianum zur Vollendung ihres Studiums kamen. 1978 erwarb er hier ein Doktorat und kehrte als Einziger nach Polen zurück. Er wirkt bis heute als Professor segensreich an der Katholischen Universität Lublin Johannes Paul II. Lesenswert, was Edward mir zu meinem 90. Geburtstag schrieb. Zu lesen ist das im *Korrespondenzblatt des Canisianums*, Jahrgang 153, Heft 2, Wintersemester 2020/21. Edward, dafür kann und möchte ich dir echt danken! Vorbildlich, lehrreich und informativ!

In Deiner Zeit bekam das Collegium Canisianum eine neue Gruppe von Hausbewohnern: die sogenannten Traktoren. Was versteht man darunter?

P. Miribung: Ich hab' schon gesagt, dass in meiner Zeit die Zahl der Konviktoren anstieg, zum Schluss aber zu sinken begann. Die freien Zimmer haben wir dann an Studenten von der Universität vermietet. Die Traktoren waren Studenten, die im Haus Vollpension hatten und zu allen Veranstaltungen für Konviktoren eingeladen waren. Es gab aber auch Studenten, die nur im Haus wohnten und sich selbst versorgten. Aber alle wohnten unter den Konviktoren, dort, wo gerade ein Zimmer frei war.

Wie siehst Du Deine Zeit im Canisianum heute, eventuell im Vergleich zur aktuellen Situation?

P. Miribung: Man kann die Zeit damals mit der Gegenwart heute nicht vergleichen. Das war damals eine völlig andere Zeit. Die Zeit heute ist spiritueller. Das fällt mir auf, wenn ich die vielen Konzelebranten in der Messe im Canisianum sehe. Das gab es zu unserer Zeit nicht. An normalen Tagen kamen vielleicht 30 von den 182 Konviktoren zur Messe.

Herzlichen Dank für das Gespräch.

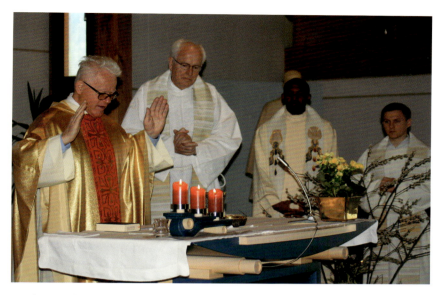

P. Robert Miribung SJ (links im Bild) zelebrierte am 25. Mai 2010 mit P. Rektor Gerwin Komma SJ die hl. Messe in seiner ladinischen Heimat im Gadertal zu Oies im Rahmen eines Kollegsausfluges.

Anmerkungen

1 Der Bidell (andere Schreibweise Pedell) war der Gehilfe des Regens und unterste Autorität gegenüber den Konviktoren.

2 Franz Schupp (1936–2016) war ab 1971 Professor für Dogmatik an der Theologischen Fakultät. Bischof Rusch entzog ihm im Oktober 1974 die kirchliche Lehrerlaubnis. Daraufhin versetzte ihn die Bundesministerin für Wissenschaft und Forschung aufgrund der im Konkordat von 1933 festgelegten Regeln ab dem 28. Februar 1975 in den dauernden Ruhestand. Die Umstände seiner Entlassung sorgten unter den Studenten für großen Unmut, bei Franz Schupp zum Austritt aus dem Jesuitenorden.

3 Ab den 1960er-Jahren kamen Studenten aus damaligen Missionsgebieten in Asien und Afrika ins Canisianum. Ihr Studium wurde von sogenannten Paten finanziert, einzelnen Personen oder Pfarrgemeinden, bei denen die Studenten auch die Ferien verbrachten.

„Sturm und Drang"-Zeiten der Siebzigerjahre

Univ. Prof. em. Dr. Józef Niewiadomski

Es hat mir die Sprache verschlagen. An jenem 18. August 1972, als ich zusammen mit meinem Kollegen Jan Kusyk am späteren Nachmittag nach einer 24-stündiger Reise im Canisianum angekommen bin. Der ältere Pater, der an diesem Tag den Dienst an der Pforte versah, begrüßte uns im phonetisch bestens ausgesprochenen Polnisch: „Szczęść Boże. Witajcie!" (Grüß Gott. Willkommen!) Es war der damalige Pater Minister Josef Wamser. Er erzählte uns gleich, dass er in Lublin zwischen 1930 und 1934 in dem damals dort ansässigen Collegium Bobolanum (heute in Warschau) Theologie studierte und besonders interessiert die Ereignisse, vor allem die Religionsverfolgung jenseits der polnischen Ostgrenze in der Sowjetunion, beobachtete.

Erst recht hat es mir aber die Sprache verschlagen, als ich etwas vom „Geist im Haus", in dem ich mein Theologiestudium nun fortsetzen sollte, mitbekommen habe. Nach dreijährigem Aufenthalt in einem klassischen Seminar in Lublin, wo der Spaziergang durch die Stadt nur zwei Mal in der Woche gestattet, der Tag strengstens strukturiert und das gesamte vorgegebene Programm verpflichtend war, kam ich in ein Haus, das in vielem das genaue Gegenteil zu sein schien. Noch heute kann ich lachen, wenn ich daran denke, mit welch schlechtem Gewissen ich den Haustorschlüssel, den mir P. Wamser gleich bei der Begrüßung aushändigte, entgegennahm.

Die Strukturen und die „Mentalität des Hauses" befanden sich in einem tiefgreifenden Wandel. Der neue Regens P. Robert Miribung, der bis zur Übernahme dieser Funktion als Student im Haus lebte, schien zu Beginn seiner Tätigkeit den „Regens eines sog. früheren Tridentischen Seminars" gar zu beneiden, konnte sich doch dieser auf eine „allgemein verbindliche Ordnung" berufen. „Heute spürt man einen allseitigen Abbau dieser straffen Ordnungen und es wird überall nach neuen Strukturen gesucht. Allen ist nämlich bewusst: Ohne Strukturen und ohne Verbindlichkeiten kann das Ziel so einer Ausbildungsstätte nicht erreicht werden." Auch der damalige Spiritual des Hauses P. Josef Müllner bekannte freimütig: „Das Canisianum ist in keiner Weise ‚Kasten', von der Umwelt abgeschirmtes Seminar."

Die Veränderungen im Canisianum gingen Hand in Hand mit den Veränderungen an der Fakultät. Dort wuchs – wohl als Folge der europäischen studentischen Unruhen – das Bewusstsein der Notwendigkeit studentischer Mitbestimmung. Ähnliches geschah auch im Haus. Das Zusammenleben wurde „erprobt": In intensiven Diskussionen sollten neue Statuten geboren werden, mit denen „die alte Verfassung" ersetzt werden sollte. Die Vollversammlung der Konviktoren begriff sich dabei als oberstes Gremium, welchem – zumindest der Theorie nach – alle wichtigen Entscheidungen oblagen. Ausdrücklich ausgenommen waren in den Statuten nur „die Mobilien und Immobilien der Gesellschaft Jesu". Darunter stand das regelmäßig arbeitende Gremium des Hausparlaments. Dessen Zusammensetzung wurde mehrmals neu geordnet (seit dem Beginn der 70er-Jahre provisorisch eingeführte Statuten wurden von der Vollversammlung 1975 approbiert; aber schon im Sommersemester 1977 im Kontext der Arbeit an den neuen Leitlinien des Hauses revidiert, dann noch einmal überarbeitet, zusammen mit den Leitlinien in der Vollversammlung am 19. Januar 1978 angenommen).

Allen fünf in der Hausleitung tätigen Patres standen im Parlament zehn gewählte Konviktoren zur Seite; beratend kamen dazu der Vorsitzende der Vollversammlung sowie Vertreter der Landsmannschaften und die Funktionsträger (Liturgiepräfekt, Kulturreferent, Sportreferent). Stundenlange Sitzungen des Hausparlaments erfreuten sich reger Aufmerksamkeit der Zuhörer. Alle waren sich auf eine fast emphatische Weise dessen bewusst, dass sie dadurch nicht nur die demokratischen Spielregeln lernten, sondern im wahrsten Sinn des Wortes auch die „Verantwortung für das Haus" trugen. Die Sitzungen fanden in der Hausbar statt, die neben der Kapelle wohl zu den wichtigsten „Strukturelementen" des Hauses zählte. Man darf auch die Hauszeitung: „Canis-Forum" und ihre Rolle bei der Gestaltung der Atmosphäre des Hauses nicht vergessen. Von den Enthusiasten produziert, lagen die neuesten Nummern der Zeitung in regelmäßigen Abständen vor den Zimmertüren, heizten dann meistens – denn sie kannten keine Tabus – auch die Debatten in der Bar an. Diese war ja Abend für Abend regelrecht voll. Kein Wunder, war doch das Haus „voll ausgebucht".

Nicht zuletzt war es aber der Stil des Regens, der mir zuerst die Sprache verschlagen, mich dann aber nach und nach fasziniert hat. P. Miribung wollte den Konviktoren einen Freiraum schaffen, in dem sie ihre spezifischen Fähigkeiten entfalten sollten. Das betonte er nicht nur in jeder seiner programmatischen Exhorten. Er stand auch den Bischöfen und Ordensoberen, die sich um „ihre Leute" im Haus Sorgen machten, Rede und Antwort. Ich selbst war Zeuge, wie er dies einem polnischen Bischof gegenüber getan hat, indem er betonte, er trage im Haus zuerst für einen jungen Menschen Verantwortung und erst dann für einen Priesteramtskandidaten aus der Diözese des Bischofs. In jedem Gespräch mit dem Regens spürte ich sein Interesse an meiner Person. Dabei war ich nicht der einzige Konviktor, der sich die Aufmerksamkeit der Hausleitung erhoffte.

Zu Beginn meines Aufenthaltes im Haus waren es nämlich 182 Theologen, 12 andere Studenten, 7 Schwestern und 12 Patres. Auch die Zusammensetzung konnte nicht besser sein. Alle fünf Kontinente waren vertreten. 129 Konviktoren aus Europa (Österreich, Deutschland, Jugoslawien, Polen, Schweiz, Luxemburg, Italien, Spanien, England), 29 aus Amerika, 4 aus Afrika, 18 aus Asien, einer aus Australien. Die Konviktoren repräsentierten also verschiedene Kulturen und auch unterschiedliche religiöse Traditionen und Riten. Das hohe Selbstbewusstsein des Collegiums prägte die Überzeugung, ein mit Hilfe der katholischen Brille wahrgenommener Mikrokosmos der damaligen Welt zu sein, einer Welt, in der die – durch das Zweite Vatikanische Konzil erneuerte – Katholische Kirche eine fundamentale Rolle bei der Gestaltung der globalen Kultur spielte.

Die geistige Situation im Haus beherrschte das Zauberwort „kritisch". Kritische Reflexion des Glaubens sollte nicht nur durch die Lehrveranstaltungen der Fakultät gefördert werden, sondern auch das spirituelle Angebot des Hauses prägen. Im deutschen Sprachraum erlebte gerade die erste Welle der Begeisterung über die „Politische Theologie" ihren Höhepunkt; stolz wusste man sich im Haus dem Vater dieser Strömung, dem Altkonviktor Johann Baptist Metz verbunden. Kein Wunder also, dass der Cantus firmus der Gespräche, aber auch der fleißig neu gedichteten Gebetstexte von Imperativen zum Ernstnehmen der Welt, der Gesellschaftsverantwortung, der „Intelektuellen Redlichkeit" und dem „unvoreingenommenen" Neuformulieren von Glaubensaussagen beherrscht war. Es war der Patres Freude und Leid zugleich zu beobachten, dass den meisten Konviktoren, die mit einem enormen Engagement bei der Sache waren, der Unterschied zwischen der theologischen Reflexion, der spirituellen Meditation und dem rituellen Gebet nicht immer ganz bewusst war. Den deutlichsten Kontrapunkt bekam der gesellschaftskritische Grundtenor durch die seit den frühen 70er-Jahren in der Hauskapelle sich wöchentlich treffende Gruppe der Pfingstbewegung. Ihr „Prayermeeting" am Sonntagabend stand den Konviktoren offen. Einige ließen sich auch von der emotional aufgeladenen Atmosphäre dieser Gebetsabende anstecken und wurden mit der Zeit auch selbst zu „leading persons" der Bewegung. Die Fronten zwischen denen, die in ihren Worten nach Engagement „dürsteten", und jenen, die ihre Frömmigkeit affektiv ausleben wollten, waren keineswegs klar und schon gar nicht verhärtet. Man engagierte sich ja an unterschiedlichen Orten außerhalb des Hauses gemeinsam: Bahnhofsmission, Krankenhausdienst, Altenhilfe, Hilfe für Behinderte, Gastarbeiterbetreuung. Das Tüpfelchen auf dem „i" bildete der allabendlich geleistete Dienst bei einem älteren Ehepaar; dabei ging es darum, dem Ehemann zu helfen, seine schwerkranke Frau ins Bett zu bringen.

Verhältnismäßig schnell kristallisierten sich unter den „neuen" Strukturen die Grundpfeiler der spirituellen Angebote für alle im Haus lebenden Konviktoren und Patres heraus: Eucharistiefeier zur Wahl in der Früh oder am Abend, ausgenommen am Donnerstag, wenn am Abend die mehr oder weniger verpflichtende „Gemeinschaftsmesse" gefeiert wurde, und die tägliche „Visitatio" kurz vor dem Mittagessen strukturierten den Alltag. Sonntägliche Laudes und Vesper, ergänzt durch die vormittägliche Eucharistiefeier, standen an Sonn- und Feiertagen auf dem Programm. Die „Punkte" am Vorabend sollten zur Meditation anregen. Monatliche Einkehrtage und jährliche Exerzitien ergänzten das Angebot.

Die starke Präsenz der Konviktoren, die zur ukrainisch-katholischen Kirche gehörten, sowie einzelner (indischer) Priester aus dem syromalabarischen Ritus trug deutlich zur Stärkung des Bewusstseins der katholischen Pluralität auch im rituell-sakramentalen Vollzug bei. Eine Sonderrolle spielte schon immer das Herz-Jesu-Fest. Es war der gesellschaftliche Höhepunkt des Jahres, bei dem die kirchliche, politische und kulturelle Szene der Stadt präsent war. Das vorbereitende Triduum, der prominent besetzte Vortrag und der zum Bersten voll besetzte Speisesaal vermittelten uns den Eindruck, unsere internationale Gemeinschaft wäre fast schon so etwas wie eines der Zentren dieser Welt. Bei diesem Urteil darf allerdings nicht vergessen werden, dass der Einfluss der Medien auf die Prägung des Bewusstseins unvergleichlich kleiner war.

Das ganze liturgische Angebot im Haus wurde durch die im Wochenrhythmus die Verantwortung übernehmenden „Liturgiegruppen" vorbereitet. Dabei wirkte sich der im Haus herrschende Grundtenor von Innovation und kritischer Reflexion mal stärker, mal schwächer auf das Geschehen in der Kapelle aus. Vor allem die Gemeinschaftsmesse am Donnerstag wurde zum beliebten Übungsplatz für liturgische Phantasie. Stundenlang berieten die einzelnen Teams darüber, womit sie die Hausgemeinschaft überraschen und so einen „nachhaltigen Eindruck" spiritueller Art hinterlassen könnten. Da das einzige Element in der durch den Architekten Josef Lackner neu gestalteten Kapelle der festmontierte Liedanzeiger war, „möblierten" die einzelnen Gruppen den Raum permanent um. Unvergesslich bleibt mir eine von einem Liturgieteam verantwortete und von P. Heinz Urban gefeierte Messe in der Fastenzeit. Die in langen Reihen hintereinander gestellten Stühle sollten die Situation der Isolierung des modernen Menschen versinnbildlichen. Noch bevor der Zelebrant einzog, sagte jemand halblaut, „jetzt sitzen wir aller in der Straßenbahn", was natürlich Gelächter hervorrief. Dann wurde die „Matthäuspassion" von Bach halblaut eingeschaltet. Unter ständiger Beschallung sollte die Messe „mitten im störenden Lärm der modernen Kultur" gefeiert werden. Die Sache ging gut bis zur Hälfte der Predigt. Dann schrie P. Urban: „Schaltet das Ding ab, ich kann mich unmöglich konzentrieren!"

Auch zwei „abstruse" Ideen blieben mir in Erinnerung. Aus Protest gegen die liturgischen Geräte wurde einmal eine Flasche Wein auf den Altar gestellt, ein andermal diskutierte man, ob man anlässlich eines Geburtstags eine Torte anstatt von Brot nehmen solle. Der Vorschlag scheiterte bei der Frage, auf welche Weise man purifizieren solle. – Die Beispiele sollen eine Atmosphäre in Erinnerung rufen, die heute fast undenkbar ist. Der geschützte Raum bot uns die Möglichkeit, oft auch „pubertär" aussehende Versuche auszuprobieren und so auch zu reifen. Zumindest zu Beginn der 70er-Jahre dürften die verbissensten Diskussionen im Hausparlament, in der Vollversammlung, aber auch in der Hausbar über die liturgischen Fragen geführt worden sein.

Als inzwischen älter gewordener Priester muss ich sagen, dass ich diesem experimentierfreundlichen Zugang zur Liturgie meine heutige immer noch begeisterte Einstellung zum Wert des Rituals verdanke. Ich durfte selbst entdecken, wie gut es ist, dass man nicht ständig etwas Neues erfinden muss: Den „liturgisch motivierten Stress" dürfte ich damals im Canisianum mit Freude begraben haben.

Durch die Tatsache, dass mehrere Professoren der Fakultät im Haus lebten und mehr oder weniger bewusst auch am Leben im Haus teilnahmen, sowie durch starke Präsenz der Doktoranden wurden wir zur intensiveren theologischen Auseinandersetzung animiert, und zwar bei Tisch, vor allem aber in der Bar. Als ein Neuling im Haus schnappte ich ziemlich schnell die damals oft verwendete Formel: „eschatologischer Vorbehalt" auf und benutzte sie permanent – ohne im Grunde zu wissen, was ich damit eigentlich sagen wollte. Ich wusste mich aber dadurch im Mittelpunkt der Debatten präsent. So wie mir dürfte es vielen Konviktoren im Grundstudium ergangen sein. Mit Bewunderung schauten wir zu den Doktoranden auf, ahmten ihre Ausdrucksweisen nach, was nicht zuletzt im schnelleren Erlernen der Sprache seine Früchte zeigte.

Wenn ich heute daran denke, erscheint es mir fast schon als surreal, dass wir damals alle zwei Wochen „theologische Stammtische" organisieren konnten. In der Normalausführung waren es Gespräche mit Menschen aus der Fakultät, der Innsbrucker Kirchen- und Kulturszene, oder aber mit den im Haus lebenden Doktoranden. Auch die mutigeren „Normalkonviktoren" wagten sich hin und wieder mit einem Referat in die Arena. Ehrgeizig bemühten sich aber die Kulturpräfekten, tatkräftig unterstützt durch die Hausleitung, dazu auch die im deutschen Sprachraum angesehenen „Geister" nach Innsbruck und zwar ins Canisianum einzuladen (die daran gekoppelte Einladung an die Fakultät war damals nur eine sekundäre Zutat; die Logik dieser Reihenfolge erschließt sich, wenn man sich vergegenwärtigt, dass damals im Ausland das Canisianum für die Fakultät stand). Bei den illustren Gästen wanderte der Stammtisch in die Aula. Während meines Aufenthaltes im Haus konnte ich fast alles, das theologisch Rang und Namen hatte, live erleben.

Mit dem Beginn des Wintersemesters 1974/75 wurde das Canisianum in die vermutlich schwerste Krise der Nachkriegszeit gestürzt. Dem im Haus lebenden Dogmatikprofessor P. Franz Schupp wurde durch Bischof Paulus Rusch die Lehrerlaubnis entzogen. Viele Canisianer wie auch große Teile der Fakultät waren erschüttert. Da etliche Canisianer in der Fachschaft der Fakultät (gesetzlich verankerte studentische Vertretung) aktiv waren und auch deren Vorsitzender Günther Klingenbrunner ein Canisianer war, verlagerten sich einige Protestaktionen der Fakultät ins Haus. Die Ereignisse spalteten nicht nur die Hausöffentlichkeit. Wie später bekannt wurde, gingen dem Entzug jahrelange Auseinandersetzungen um den Ansatz des jungen Professors voraus. So wäre schon seine 1971 erfolgte Berufung gescheitert, wenn nicht die dafür erstellten Gutachten die Berufung ausdrücklich befürwortet hätten (eines der Gutachten wurde von Karl Rahner erstellt: veröffentlicht in Concilium 7,1971). Der Stein kam erneut ins Rollen – wie inzwischen bekannt ist – auch aufgrund einer Initiative des damaligen Professors an der Pädagogischen Akademie Reinhold Stecher, der den Bischof auf den „Aufsehen erregenden" Professor aufmerksam machte. (Paradoxerweise wurde Stecher in der Zeit seines Bischofsamtes mutatis mutandis eine ähnliche Opferrolle aufgedrängt.) Im August 1973 wurde der Orden von der Glaubenskongregation aufgefordert, die Theologie des jungen Jesuiten zu überprüfen. Da Schupp sich weigerte zu den ihm vorgelegten zwei „anonym gebliebenen" Gutachten Stellung zu beziehen und für die Transparenz des Verfahrens plädierte, entzog ihm der Bischof aufgrund des Inhalts der Gutachten die Lehrerlaubnis.

Der damalige Rektor des Canisianums und auch professorale Kollege von Schupp, P. Otto Muck, hat in seiner Stellungnahme zu diesen Vorfällen bedauert, dass sich der Betroffene geweigert habe Stellung zu beziehen. Dadurch sei „die Möglichkeit eines weiteren Verbleibens von P. Schupp an der Fakultät ausgeschlossen ... und eine weitere Klärung seines theologischen Ansatzes sowie dessen Weiterführung zumindest stark beeinträchtigt" worden. Muck hielt aber auch klar fest: Das „Fehlen einer Verfahrensweise für den Entzug des bischöflichen Placet enthält die Gefahr, dass unqualifizierte Beschwerden ohne genügende Prüfung zu einer Maßregelung von Theologie führt, gegen die sich der Betroffene nicht wehren kann".

Stundenlange Auseinandersetzungen unter den Konviktoren in der Bar, eine Flugblattaktion der Studenten der Fakultät vor Innsbrucker Kirchen am Vorabend des Festes Mariä Empfängnis und der darauffolgenden stürmischen nächtlichen Diskussion mit dem damaligen Dompropst Heinrich Huber im Canisianum, die durch das spektakuläre Auseinanderreißen seines Kollarhemdes und den „Schrei": „Ich bin der heilige Sebastian – schießt, schießt!" beendet wurde, zeugten von der fast bis zur Unerträglichkeit erhitzten Atmosphäre. Den – wohl nachhaltigsten – Höhepunkt der Aktionen bildete der am 18. Oktober einstimmig verabschiedete Brief des Hausparlaments an den Ordensgeneral. Unterschrieben vom P. Regens Robert Miribung, dem Vorsitzenden der Vollversammlung Józef Niewiadomski, dem Pedell James Sauer und dem Subpedell Georg Geiger unterstrich das Schreiben nicht nur die weltkirchliche Bedeutung des Canisianums für die Ausbildung von Theologen, sondern auch die nun im Haus herrschende Verwirrung und Befremdung darüber, „dass ein Mann, der all seine Arbeit investierte, um die Überwindung der Krise einer Institution zu ermöglichen, nun von eben dieser Institution abgelehnt wird. Wir sind zutiefst betroffen, dass die Kirche einen solchen Mann, der für sie so viel an Hoffnung bedeuten konnte, durch ihre Verfahrensweise dazu bringt, dass er keine Möglichkeit einer weiteren Arbeit in ihr sieht."

Deswegen richteten die Canisianer an den Pater General die Bitte, er möge die bevorstehende Generalkongregation der Gesellschaft Jesu dazu auffordern, mehrere Beschlüsse zu fassen in Sachen Unabhängigkeit theologischer Arbeit und Veränderung der Verfahrensordnungen der Glaubenskongregation. Als der Brief durch die Publikation in der Schweizer Jesuitenzeitschrift „Orientierung" große öffentliche Resonanz erhielt, wurde das Haus schwer in Mitleidenschaft gezogen. Zuerst strich die Ostpriesterhilfe ihre Stipendien, mit denen fast alle aus dem „Ostblock" kommenden Studenten versorgt waren. Einige deutsche Diözesen strichen das Canisianum von den diözesanen Listen der „ordentlichen" Ausbildungsstätten für die Priesteramtskandidaten, was nach und nach zur deutlichen Minimierung der deutschsprachigen Konviktoren führte. Dank unermüdlichem Einsatz des Regens konnten jedoch unter den ehemaligen Konviktoren in der Schweiz, in Deutschland und Österreich mehrere „Patenpfarreien" gefunden und so das finanzielle Desaster für das Haus abgewendet werden. Die „Verwirrung und Befremdung" im Konfliktfeld: Lehramt und Theologie konnte dank

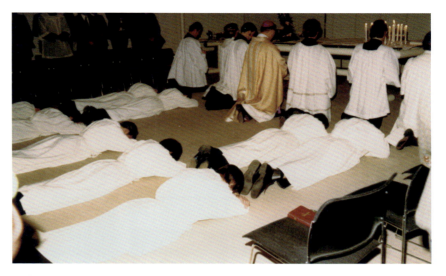

Diakonenweihe in der Hauskapelle des Canisianums.

zahlreicher studentischer Initiativen und Veranstaltungen, die von der gesamten Hausleitung mitgetragen wurden (so auch die Einladung von Franz Schupp, der Innsbruck verlassen hatte, zu einem Seminar im Haus) zumindest teilweise aufgearbeitet werden. Das gesamte WS 74/75 fokussierte nämlich die Problematik, die den Konviktoren unter den Fingernägeln brannte, durch intensive spirituelle und theologische Begleitung. Schon der erste Einkehrtag, zu dem der Altkonviktor und Homiletikprofessor Rolf Zerfaß aus Würzburg kam, widmete sich dem Thema: „Die Angst vor der Freiheit". P. Karl Rahner, der in diesem Semester die Dogmatikvorlesung an der Fakultät „gerettet" hatte, kam zum theologischen Stammtisch ins Haus, um mit uns stundenlang über die Bedeutung des kirchlichen Lehramtes zu streiten. Auch der Altkonviktor Paul M. Zulehner diskutierte mit uns die Fragen des Auseinanderklaffens der Erwartungen der heutigen Menschen und der kirchlichen Doktrin.

Unermüdlich setzten sich auch die „Stockpatres" und Spirituale Elmar Mitterstieler, Stephan Hofer und Heinz Urban mit etlichen Impulsen zum Thema: „Eintritt in den Dienst in dieser Kirche" für die „Entgiftung" der Atmosphäre ein. Das Selbstverständnis des Hauses als Ausbildungsstätte für Priester kam in diesem Semester deutlich durch die unterschiedlichen Weihen der Konviktoren zum Ausdruck (im Haus und außerhalb des Hauses gab es in diesem Semester 31 Weihen; der Verfasser selber empfing in der Hauskapelle zusammen mit acht anderen Kollegen die Diakonen-

Die geweihten Diakone Józef Niewiadomski (links) und Andrzej Krzyzan (rechts) in ihren Dalmatiken mit Zelebrant Bischof Szczepan Wesoły.

weihe); zu einer der Priesterweihen kam sogar der „am Pranger unserer Mentalität" stehende Bischof Rusch, um über „Gehorsam und Demut" zu predigen.

Den Abschluss dieser Erinnerungen soll ein Blick über die Grenze des Todes bilden. Denn die Hauskommunität wurde in den 1970ern mehrmals mit tragischen Todesfällen in ihrer Mitte konfrontiert. Mich persönlich traf wohl am meisten der tragische Unfall meines polnischen Kollegen Jan Kusyk, der mit mir nach Innsbruck zum Studium gekommen war. Beim Sommerjob geriet er am 15. August 1973 in den Starkstromkreis am Verladebahnhof in Innsbruck und war auf der Stelle tot. Das wohl an der Tragik kaum zu übertreffende Ereignis dieser Zeit war der Tod eines der im Konvikt lebenden, mit seiner Erkrankung und Depressionsanfällen ringenden Studenten. Franz Schopper sprang am 3. April 1978 um 12.00 Uhr, kurz vor dem Mittagessen, vom dritten Stock direkt vor den Eingang zum Speisesaal. Petrus Kim, ein Konviktor aus Korea, ist bei der Wanderung zum Brandjoch in der Nordkette, die er zusammen mit dem Spiritual Stefan Hofer machte, auf einem Schneebrett ausgerutscht, abgestürzt und tödlich verunglückt. Er wurde im Grab des Canisianums am Westfriedhof beigesetzt. Auch das im Haus lebende und von den Konviktoren „verehrte" Geschwisterpaar Maurer verabschiedete sich in die Ewigkeit: Sr. Sebaldina, die wir alle als Mutter Oberin angesprochen haben und die unsere Krankenstation betreute, starb am 27. Oktober 1978; ihr Bruder Anton, der den Dienst an der Pforte (bis zum letzten Tag) versehen hatte, war schon am 12. Dezember 1976 gestorben.

Mit dem Regentenwechsel am 1. März 1980 endete die „Miribung-Ära" im Canisianum: Eine sehr schwierige – von vielen Seiten auch kritisch beäugte – Zeit, die aber dank der intensiven Zusammenarbeit zwischen der Hausleitung und den Konviktoren für mich persönlich zu den „goldenen Zeiten" meines Lebens gehört.

Unauslöschliche Erinnerungen an das Canisianum

P. Martin Hasitschka SJ

Bis zur Übersiedlung des Canisianums vom Gebäude in der Tschurtschenthalerstraße ins Jesuitenkolleg in der Sillgasse (Sommer 2013) stand ich fast 40 Jahre im Dienst an den Canisianern. Die meiste Zeit wohnte ich bei ihnen. Mehrere Jahre war meine Wohnadresse das Kolleg in der Sillgasse.

Meine Beziehung zum Canisianum reicht weit zurück. Einem Alt-Canisianer verdanke ich es, dass ich den Weg in den Jesuitenorden gefunden habe. Von 1947 bis 1952 war Franz Attems-Heiligenkreuz Konviktor des Collegium Canisianum. Nach seiner Priesterweihe durch Bischof Rusch (1952) war er in der Steiermark seelsorglich tätig und wurde 1959 Diözesanpräses der Marianischen Kongregation (MK) für Mittelschüler und Studierende. Als Mittelschüler in Graz fand ich Zugang zur Marianischen Kongregation und zu einer von Prof. Attems geleiteten Gruppe, der ich schließlich auch als Sodale angehörte. Durch ihn erfuhr ich viel über den Hl. Ignatius von Loyola und ignatianische Spiritualität. Das trug wesentlich dazu bei, dass ich mich zum Eintritt in den Jesuitenorden entschloss (1963). Dass ich 20 Jahre nach der Priesterweihe von Prof. Attems gleichfalls von Bischof Rusch zum Priester geweiht wurde (1972), ist für mich mehr als nur ein Zufall.

Als ich 1974 ins Canisianum übersiedelte und Mitglied der dortigen Jesuitenkommunität wurde, stand die Fertigstellung meiner Dissertation im Vordergrund. Seit 1975 war ich in verschiedenen Funktionen im Canisianum tätig (Tutor, Spiritual, Begleiter von Exerzitien, Studienbegleiter).

Vom Konzil ausgelöste Erneuerungen

Ich kam in ein Canisianum, das nicht mehr autoritär „von oben" geleitet wurde, sondern demokratische Strukturen der Führung aufwies. Das gewählte und von einem Vorsitzenden geleitete Hausparlament traf bei regelmäßigen Sitzungen in demokratischer Weise Entscheidungen für alle Bereiche des Zusammenlebens im Canisianum. Der Regens, damals P. Robert Miribung, hatte allerdings ein Vetorecht.

Seit 1970 feierten die Canisianer Gottesdienste in der durch den Innsbrucker Architekten Josef

Der Studienjahrgang 2005/06 zeigt P. Martin Hasitschka SJ mit dem Leitungsteam des Canisianums, beginnend sitzende Reihe, zweiter v. l.: P. Friedrich Prassl SJ (Subregens, Minister), P. Hans Tschiggerl SJ (Regens), Dr. Brigitte Proksch (Studienpräfektin), P. Michael Meßner SJ (Superior, Spiritual), P. Martin Hasitschka SJ (Univ.-Prof.)

Lackner (1931–2000) neu und „wertneutral" gestalteten großen Hauskapelle. Der rückseitige Orgelchor wurde entfernt, die langen Seitenwände sind von oben bis unten mit lichtdurchlässigen Jalousien verkleidet, ein breiter Jalousie-Vorhang verhüllt den Blick auf die Chorapsis, den Hochaltar und die Seitenaltäre mit Kunstwerken von Josef Bachlechner. Der Raum hat eine in Parabelform gewölbte weiße Decke. Die Wölbung erstreckt sich jedoch nicht nach oben, sondern nach unten. Der mit Stahlrohren und einer Glasplatte – Sinnbild für Transparenz – gestaltete weiße Altar ist im Raum verschiebbar. Die schwarzen Stühle können beliebig um ihn angeordnet werden.

Durch die Neugestaltung der Kapelle soll die feiernde Gemeinde stärker zur Geltung kommen. Damit verbunden ist ein Wandel im Verständnis der Eucharistiefeier. Der Akzent liegt nicht mehr beim Messopfer, das am Altar dargebracht wird, sondern auf der Mahlgemeinschaft um den Tisch des Herrn.

Für mich wurde die Decke zu einem Sinnbild. Sie erweckt Assoziationen mit der biblischen Wolke. Wie am Berg der Verklärung ist sie Zeichen der Nähe Gottes und zugleich seines Verhüllt-Seins. Auch die Jalousien bekamen für mich tiefere Bedeutung. Ein Teilnehmer an Priesterexerzitien, die ich in einem Sommer begleitete, brachte Gedanken zur Parusie, die mich sehr beschäftigten. Der auferstandene Jesus, der unsichtbar bei uns ist alle Tage (Mt 28,20), wird aus seiner Verborgenheit hervortreten und wir werden ihm begegnen von Angesicht zu Angesicht. Sinnbild dafür wurden für mich die Jalousien in der Hauskapelle. Werden sie hochgezogen, so ist es wie wenn eine Hülle weggenommen wird vor dem, was dahinter bereits da ist.

Ein Hauch von Weltkirche

Zu Beginn meiner Tätigkeit im Canisianum gab es noch eine große Zahl von Konviktoren aus vielen europäischen und außereuropäischen Ländern und auf unterschiedliche Weise Gliederungen in Landsmannschaften und Wohngruppen. Tiefen Eindruck hat für mich das jährliche Weihnachtsliedersingen hinterlassen, bei dem die verschiedenen Sprach- und Kulturgruppen sich auf originelle Weise musikalisch präsentierten.

Weltkirche erlebte ich auch im Bereich der Liturgie. Konviktoren aus der Ukraine feierten in einer eigenen kleinen Kapelle Eucharistie im Ritus der katholischen Ukrainischen Kirche. Einmal konnte ich auch teilnehmen an einer Eucharistiefeier in der Hauskapelle, die im ostsyrischen Ritus der katholischen Thomas-

Christen in Indien gehalten wurde. Eine deutsche Übersetzung dieser als „Qurbana" bezeichneten Liturgie wurde bereits 1963 im Collegium Canisianum erstellt und bei Tyrolia gedruckt.

Wegbegleitung im Theologiestudium

Als Assistent und seit 1993 Professor für Neutestamentliche Bibelwissenschaft an unserer Theologischen Fakultät habe ich viele Studierende bei ihren biblischen Diplomarbeiten und Dissertationen begleitet. Mehr und mehr habe ich dabei erkannt, dass bei der Auslegung der Bibel die jeweilige Perspektive eine wichtige Rolle spielt, z. B. die unterschiedlichen Perspektiven aus indischen oder afrikanischen Kulturen. Ich habe auch entdeckt, dass für die aus anderen Ländern kommenden Konviktoren die Auslegung des Neuen Testaments stark verbunden ist mit dem Bemühen um Inkulturation, der Aktualisierung für die Kirche und Kultur des Heimatlandes.

Ich erinnere mich an einen Studierenden aus Indien, der in seiner Diplomarbeit die Stelle Joh 14,6 behandelt hat, wo Jesus zu Thomas sagt: „Ich bin der Weg und die Wahrheit und das Leben; niemand kommt zum Vater außer durch mich." Der exklusive Anspruch Jesu war für ihn vor dem Hintergrund der hinduistischen Kultur und Religion seines Heimatlandes nur schwer zugänglich. Ich denke auch an zwei Konviktoren aus afrikanischen Ländern, die in Arbeiten zum Johannesevangelium bemüht waren, seine Bedeutung für die Pastoral im eigenen Land zu ermitteln.

Begleitung hat auch stattgefunden bei den von der Fakultät organisierten Exkursionen ins Heilige Land. Canisianer aus verschiedenen Ländern der Welt konnte ich einführen in biblische Topographie und Archäologie. Zugleich waren wir Weggefährten auf einer Pilgerfahrt.

Begleitung war für mich stets auch eine Bereicherung. Ich habe dabei selbst viel gelernt und empfangen.

Auch Canisianer nehmen teil an der Israelexkursion 2011: P. Hasitschka und Emmanuel Maigari vor dem Betesda-Teich in Jerusalem. Die Heilung des Kranken am Betesda-Teich (Joh 5) ist Teil seiner Dissertation (2013).

Namhafte Theologen mit Beziehung zum Canisianum

Unvergesslichen Eindruck haben mir drei Persönlichkeiten hinterlassen. An erster Stelle nenne ich Ernst Käsemann, der im Mai 1974 zu einem achttägigen Seminar im Canisianum eingeladen war. Berühmt wurde er 1953 mit seinem in Marburg gehaltenen Vortrag „Das Problem des historischen Jesus". Er leitete damit eine neue Ära der Leben-Jesu-Forschung ein, von der auch mein Studium der Evangelien geprägt war. Das Seminar war der Ekklesiologie und Christologie des Paulus gewidmet.

Eine Zeit lang war P. Franz Schupp in der Jesuitenkommunität des Canisianums. In seinen Dogmatik-Vorlesungen befasste er sich ausführlich mit modernen philosophischen Fragestellungen und zugleich mit dem historischen Fundament des Christentums. Ein Gedanke, der mich bis heute beschäftigt, ist der vom „Fragment".

Nach dem durch lehramtliche Kritik verursachten plötzlichen Ausscheiden von Schupp aus dem Professorenamt ist Karl Rahner für ihn eingesprungen, um geplante Semestervorlesungen zu halten (1974–1975). So hatte ich das Glück, zwei Semester lang Karl Rahner zu hören. Seiner Vorlesung lag das von ihm gemeinsam mit Wilhelm Thüsing herausgegebene Buch mit dem Titel „Christologie – systematisch und exegetisch" zugrunde, mit dem ich mich schon seit Langem beschäftigt hatte.

Todesfälle, die mich sehr getroffen haben

Ich hatte die Dissertation eines aus Indien stammenden Canisianers begleitet. Er arbeitete zum „Eucharistic Discourse" in Joh 6,52–58. Gegen Ende dieser Forschungsarbeit zum Johannesevangelium (1993) wurde er von einer Nervenkrankheit befallen, an der er nach seiner Rückkehr nach Indien bald verstorben ist. Der Gedanke, dass die in seiner Arbeit behandelte Gabe vom „Brot des Lebens" für ihn nun in besonderer Weise Wirklichkeit geworden ist, hat mich getröstet.

Anfang Juni 1977 ist in einer steilen Schneerinne oberhalb der Innsbrucker Seegrube der aus Südkorea kommende Konviktor Peter Kim tödlich verunglückt. Er starb kurz vor seiner Priesterweihe. Er liebte die Berge. Bilder und Eindrücke von Bergen zusammen mit Meditationen sind später in Buchform erschienen und haben in seiner Heimatdiözese große Beachtung gefunden. Als Leitspruch für seinen priesterlichen Dienst hatte Peter den Psalmvers gewählt: „Was ist der Mensch, dass du seiner gedenkst, des Menschen Kind, dass du dich seiner annimmst?" (Ps 8,5) Bei einer Gedenkfeier im Canisianum haben wir diesen Vers verbunden mit den folgenden: „Herr, was ist der Mensch, dass du ihn wahrnimmst, des Menschen Kind, dass du es beachtest? Der Mensch gleicht einem Hauch, seine Tage sind wie ein flüchtiger Schatten" (Ps 144,3–4). Unweit der Absturzstelle wurde eine Gedenktafel angebracht mit einer Bibelstelle, die Peter viel bedeutet hat: „Gott ist Licht" (1 Joh 1,5).

Ausblick

Mit Erinnerungen an den großen Abschnitt meiner Lebensgeschichte in Verbundenheit mit dem Canisianum verknüpfen sich die Hoffnung und der Wunsch, dass das Studium im Canisianum weiterhin zu einer zeitgemäßen Vertiefung in die Christologie führt, von der auch das mit „Cor unum et anima una" verbundene Gebet der Canisianer getragen ist.

Erfahrungen in einem internationalen Theologenkonvikt[1]

Univ.-Prof. DDr.
Franz Gmainer-Pranzl

Der Versuch, eigene Lebens- und Lernerfahrungen niederzuschreiben, ist nicht ganz unproblematisch. Persönliche Erlebnisse und Eindrücke lassen sich nur zum Teil artikulieren und mitteilen. Dazu kommt, daß sich der Blickwinkel, mit dem eine bestimmte Lebensphase beurteilt wird, im Laufe der Zeit verändert und zu neuen Sichtweisen führen kann. Trotzdem möchte ich versuchen, etwas über meine Erfahrungen im Canisianum mitzuteilen. Ich lege dabei den Schwerpunkt auf die Internationalität dieses Theologenkonvikts und versuche den inneren Prozeß zu beschreiben, den verschiedene Begegnungen mit Kollegen aus aller Welt in mir ausgelöst haben.

Als ich vor mehr als fünf Jahren ins Canisianum kam, fand ich mich in einem Haus vor, in dem ca. 80 Theologiestudierende aus fünf Kontinenten lebten. Die Studenten waren in Landsmannschaften organisiert, die meistens der nationalen Herkunft entsprachen. Sehr schnell wurde mir klar, daß die Gesamtkommunität des Canisianums nicht von einem einzigen Punkt her verstehbar und schon gar nicht formbar war. Während in meinem Heimatseminar viele alltägliche Angelegenheiten, aber auch theologisches Gedankengut relativ einheitlich zu begreifen und zu bewältigen war, merkte ich, daß sich die Gemeinschaft des Canisianums dagegen sperrte, durch einen einzigen Denkraster strukturiert zu werden. Daraus ergaben sich eine Menge Schwierigkeiten hinsichtlich Liturgie, Spiritualität und Theologie, und auch im Alltag und im persönlichen Umgang miteinander waren manche Auswirkungen der tiefgehenden kulturellen Unterschiede deutlich spürbar.

Zur Bewältigung dieser unaufhebbar pluralistischen Lebenswelt im Canisianum hatten sich verschiedene Lebensweisen eingespielt, die sich meiner Auffassung nach in drei Typen unterteilen lassen: Einerseits gab es den „monokulturellen" Rückzug in die eigene Landsmannschaft. Andererseits erlebte ich, wie sich Studenten verschiedener Nationalität in Bezug auf ein bestimmtes Interesse (z. B. Sport, Studium, Theater, Hausdienste usw.) zusammenschlossen und bis zu einer gewissen Grenze „gemeinsame Sache" machten. Schließlich aber machte ich noch eine dritte, ungleich radikalere Erfahrung: Es gab einige Studenten,

In der Chronik der österreichischen Landsmannschaft werden mit Beginn des Studienjahres die beiden Neoingressi Peter Paul Gangl und Franz Gmainer-Pranzl vorgestellt.

die keine Kollegen aus ihrem Kulturkreis bzw. ihrem Land hatten und somit gezwungen waren, aus ihrem eigenen Horizont herauszutreten und über alle (vermeintlichen!) Grenzen hinweg Beziehungen aufzunehmen. Mit großer Bewunderung nahm ich wahr, welch menschliches und geistiges Potential aus einer solchen interkulturellen Zusammenarbeit erwuchs. Allerdings erfordert dieser intensive Austausch auch ein großes Maß an geistiger Investition: Wenn z. B. ein Mexikaner, ein Zairer und ein Deutscher über ein bestimmtes Problem diskutieren, muß eine unwahrscheinlich hohe Sensibilität füreinander entwickelt werden. Es gibt in einem solchen Gespräch keinen gemeinsamen Nenner, keine Sprache, Denkstruktur oder emotionale Verfaßtheit, die einfach als selbstverständliche Gemeinsamkeit vorausgesetzt werden könnte. Aber gerade so kann eine mehrdimensionale Sichtweise entstehen, die einer monokulturellen Betrachtung meistens verschlossen bleibt.

Der Lernprozeß, der sich für mich nach einiger Zeit ergab, könnte so beschrieben werden: Ich merkte, daß meine Sichtweise geschichtlich und kulturell geprägt war. Was ich aus den Vorlesungen über Erkenntnistheorie schon längst „wußte", begann ich existentiell zu realisieren. Immer mehr wurde mir bewußt, daß hinter meinen Argumentationen fixe Vorstellungen, kulturell bedingte – aber unbewußte – Apriorís wirksam waren, die meine Sicht der Wirklichkeit einschränkten und bisweilen verzerrten. Dieser Prozeß der Bewußtseinskritik und Horizonterweiterung erfolgte – das wird mir erst nachträglich deutlicher bewußt – größtenteils im alltäglichen Umgang miteinander: bei Tisch- und Bargesprächen, bei der Liturgievorbereitung und den alltäglichen Begegnungen und „Zufällen" aller Art. Es war zweifellos keine nebensächliche Erkenntnis, als ich zum ersten Mal bewußt wahrnahm, daß der europäische Lebensstil – weltweit gesehen – eigentlich eine Ausnahme darstellt. Weiters war es die Einsicht in die atemberaubende kulturelle und sprachliche Vielfalt Nigerias, Indiens, Indonesiens usw., die meine bisherige „Bildung" als ziemlich oberflächlich entlarvte. Schließlich mußte ich mit wachsender Bestürzung zur Kenntnis nehmen, daß die Welt durch die real existierenden wirtschaftlichen, politischen und militärischen Verhältnisse in einem Zustand radikaler Ungerechtigkeit lebt. Im Canisianum

Die österreichische Landsmannschaft beim Weihnachtssingen am 10. Dezember 1989 (Student Franz Gmainer-Pranzl fungiert als Dirigent).

hatte ich die Gelegenheit, weltpolitische Fragen mit Vertretern der betroffenen Länder zu diskutieren und ihre Sicht mit dem zu vergleichen, was in den Fernsehnachrichten darüber zu erfahren war; die Diskrepanz, die sich dabei fast regelmäßig ergab, bereitete mir einiges Kopfzerbrechen. Auf jeden Fall blieb mir nichts anderes übrig, als so manche eingefahrene Meinung und Denkgewohnheit aufzugeben.

Im Laufe der fünf Jahre, die ich im Canisianum verbrachte, lebte ich mit Studenten aus mehr als 30 Staaten aus allen fünf Kontinenten unter einem Dach. Dazu kamen noch zusätzliche Begegnungen (z. B. an der Fakultät) mit vielen weiteren Menschen aus aller Welt. Jedesmal, wenn ich einen solchen Menschen kennenlernen durfte, blieben in mir Fragen zurück, die manchmal erst nach langer Zeit eine Antwort fanden. Wenn ich diese Erfahrungen auf meinem Weg zusammenfasse, ergibt sich ungefähr folgendes Bild: Ich durfte erfahren, daß echte Gemeinschaft nicht aus dem Versuch entsteht, alle Menschen in ein gemeinsames Schema zu pressen, sondern aus der unverzweckten und offenen Beziehung zueinander und zur gemeinsamen Grundlage. Es kann nicht darum gehen, den unaufhebbaren kulturellen Pluralismus einer Gemeinschaft durch das Antrainieren gemeinsamer Verhaltensweisen beseitigen zu wollen. Vielmehr muß das Gemeinsame gerade in seiner kulturellen und anthropologischen Vielfalt zur Geltung kommen.

Was mit diesem abstrakten Satz gemeint ist, möchte ich anhand des vieldiskutierten Stichworts „Inkulturation" näher ausführen: Die Differenz von kultureller Gestalt und christlicher Botschaft bildet ein theologisches

Problem, dem ich im Canisianum unmöglich ausweichen konnte. Allerdings stellte ich mir die Auflösung dieser Spannung früher als „Angleichung" der Verkündigungsmethoden und kirchlichen Strukturen an die jeweiligen Eigenheiten der Völker vor; die „Weltkirche" verstand ich als abstrakte Größe, auf deren allgemeine Form die einzelnen Teilkirchen sozusagen zugeschnitten werden sollten. Bald genug bekam ich aber zu spüren, daß dieses Konzept bei afrikanischen und asiatischen Kollegen auf wenig Gegenliebe stieß. In unzähligen Diskussionen, Auseinandersetzungen und Konfrontationen wurde mir allmählich klar, daß die verschiedenen Kulturen ihre eigenen Erfahrungen mit dem Evangelium machen müssen; „Inkulturation" besagt keine Strategie der Anpassung, keinen Versuch der Kopie fremder Vorlagen und keinen abgegrenzten Bereich liturgischer Folklore, sondern den mühsamen Prozeß der Herausforderung durch die Botschaft Jesu Christi. Diese Einsicht mag banal klingen, aber für mich stellt sie einen der wichtigsten theologischen Zusammenhänge dar, die ich im Studium entdecken durfte. Die Gemeinsamkeit der Weltkirche liegt meiner Auffassung nach nicht in einer äußeren Vorgabe oder Voraussetzung, sondern in der Verheißung, daß der Glaube an Jesus Christus alle Menschen zu einer tiefen Gemeinschaft verbindet.

Gesellige Zusammenkünfte mit zünftiger Verpflegung lockerten im Mai 1991 den studentischen Alltag auf!

Für mich als Theologiestudenten war es zweifellos eine der größten Herausforderungen, die unterschiedlichen Bedingungen der Verkündigung des Evangeliums kennenzulernen. Manches Problem, das z. B. in Österreich leidenschaftlich diskutiert wurde, erwies sich im Licht größerer Zusammenhänge als peripher. Der Kontext, in dem eine Ortskirche lebt, wurde mir in seiner entscheidenden Relevanz deutlich bewußt, als ich im Juli 1994 zur Priesterweihe von Anthony Englyshe nach Ghana flog. Obwohl ich nur drei Wochen in diesem Land war, konnte ich einen Eindruck davon gewinnen, was es heißen kann, als Priester in Westafrika zu arbeiten. Diese lebendige Erfahrung in einem fremden Kulturkreis, die mich gründlich aus meiner vertrauten Lebenswelt herausriß, hat mich sehr bereichert und ließ mich besser verstehen, was so manche Neoingressi aus Afrika, Asien und Lateinamerika bei ihrer Ankunft in Österreich empfinden mögen.

Entscheidend war im Canisianum letztlich nicht das Anhäufen von Wissen über fremde Kulturen, sondern der Versuch, über bestimmte Probleme einmal von der „anderen" Seite her nachzudenken, also nicht nur fremde Inhalte zu beurteilen, sondern auch eine andere Lebens- und Denkform zu erfassen, was meistens nur in Ansätzen gelingen kann. Ist es z. B. ausgemachte Sache, daß die gesamte Welt in den westlichen Kategorien von „Subjekt/Objekt", „Geist – Seele – Leib", „Person – Ding" usw. denken muß? Ist die mir vertraute aristotelische Logik die einzige Möglichkeit, Erfahrungen zu deuten? Was bedeutet schließlich dieser geistige Pluralismus für die Theologie? Der Durchgang durch solche Fragestellungen war und ist sicherlich nicht immer angenehm, läßt sich aber meiner Meinung nach nicht umgehen, wenn wir der Welt, in der wir leben, gerecht werden wollen.

Der Einblick in verschiedene kulturelle Kontexte bedingt schließlich – bei aller Fragmentarität – auch Einblick in faszinierende Entwürfe und Aufgabenstellungen. Ich hätte mir nie gedacht, daß ich mich einmal mit Theologen wie Bénézet Bujo, John Mbiti, Fabien Eboussi-Bouloga, Peter Sarpong, Aloysius Pieris, Francis D'Sa, Raymond Panikkar, Chang Ch' un-shen, Enrique Dussel, Gustavo Gutierrez, Clodovis Boff usw. auseinandersetzen würde; mit Freude und Interesse durfte ich so viele unterschiedliche Ansätze kennenlernen, die alle dasselbe Ziel verfolgen: das Evangelium Jesu Christi besser zu verstehen. Von daher läßt sich für das Theologietreiben in Europa ein neues – wenn auch gewandeltes – Selbstvertrauen gewinnen.

Was bleibt? Diese Frage stellt sich mir besonders jetzt, ein halbes Jahr nach der Rückkehr in meine Diözese. Manchmal habe ich den Eindruck, daß das Leben im Canisianum mehr Fragen aufbrechen ließ, als ich Antworten darauf finden konnte. Eine gewisse Ambivalenz bleibt bestehen: einerseits die tiefe Erfahrung der Verbundenheit mit so vielen Menschen und Kulturen, woraus eine unendliche Bereicherung erwächst, andererseits eine unaufhebbare Differenz, die ein Freund mir gegenüber einmal so ausdrückte: „Du wirst uns nie ganz verstehen können ..."

Vor dem Hintergrund solcher Erfahrungen zeigt der traditionelle Leitspruch des Canisianums etwas von seiner ständigen Aktualität; ich sehe im „Cor unum et anima una" einen bleibenden Auftrag, der sich – mit Martin Luther King – so formulieren läßt: „Wir können uns nicht länger den Luxus erlauben, aneinander vorüberzugehen."

Anmerkung

1   Erstmals veröffentlicht in: KBC, Heft 1, Studienjahrgang 1994/95, Jg. 128, S. 18–22. Nun vom Autor an einigen wenigen Stellen sprachlich leicht überarbeitet.

Erlebnisse eines Ukrainers:
Die Erfahrung mit dem Römischen Ritus

Pfarrer Mag.
Volodymyr Voloshyn

Meine Studienjahre im Collegium Canisianum habe ich zwischen 1995 und 2000 verbracht. Gerne erinnere ich mich an diese schöne Zeit, in der die Theologiestudenten aus verschiedenen Ländern studiert haben. Wir, die ukrainischen Studenten, waren uns bewusst, dass wir im internationalen Collegium waren, in dem viele bedeutende Persönlichkeiten unserer ukrainischen griechisch-katholischen Kirche ihr Theologiestudium absolviert haben. Das hat uns stolz gemacht und zugleich uns eine Verantwortung mit aller Ernsthaftigkeit für unsere Aufgabe gegenüber der Kirche auferlegt. Neben dem Studium – zuerst Deutsch und dann Theologie auf der Uni – und Verpflichtungen im Canisianum haben wir auch viele Erfahrungen gemacht. So hat es auch an lustigen und eindrucksvollen Erlebnissen nicht gefehlt, die bis heute gut in Erinnerung geblieben sind.

In den ersten Tagen nach unserer Ankunft im Canisianum haben wir uns mit dem römisch-lateinischen Ritus auseinandersetzen müssen. Wir sind ja in unserer byzantinischen liturgischen Tradition aufgewachsen und haben den römisch-lateinischen Messritus nicht gekannt. Außerdem kannten wir nur einige wenige Wörter auf Deutsch. Jeden Tag in der Früh gab es eine Gemeinschaftsmesse in der großen Hauskapelle. Beim Kapelleneingang standen zwei unterschiedliche Schalen mit Hostien nebeneinander auf einem kleinen Tischlein. Jeder, der bei der Messe zur Kommunion gehen wollte, nahm eine nicht konsekrierte Hostie und legte diese in eine andere Hostienschale, die dann bei der Gabenbereitung zum Altar gebracht wurde. Wir hatten keine Ahnung von diesen Abläufen und reihten uns vor diesem Tischlein ein. Als dann einer unserer ukrainischen Mitbrüder an der Reihe war, nahm er eine Hostie von einer Schale und eine zweite von der anderen Schale, legte beide auf seinen Händen zusammen und dann waren sie in seinem Mund schnell verschwunden. Alle Canisianer, die das bemerkten, waren blitzartig wach und beim Lachen voll dabei. Nach diesem Erlebnis haben wir uns die notwendigen Kenntnisse vom römisch-lateinischen Messritus durch die freundschaftliche Mithilfe der Studienkollegen sehr schnell angeeignet.

In Anerkennung der langjährigen Verdienste der Jesuiten um den positiven Fortgang der ukrainischen Studenten am Canisianum überreichte Großerzbischof Sviatoslav von Kyiv-Halych dem aktuell amtierenden Rektor P. Andreas Schermann SJ diese am 25. Oktober 2019 in Kyiv (Kiew) begebene Urkunde.

Im November 2019 wurde das Jubiläum „120 Jahre Ukrainische Theologie-Studenten und Ukrainische Gemeinde in Innsbruck" am Canisianum mit einem Festreigen begangen. Das Oberhaupt der Ukrainischen griechisch-katholischen Kirche – Großerzbischof Sviatoslav von Kyiv-Halych – stand diesen Feierlichkeiten vor. Im Bild ist er in der Mitte – umgeben von den ukrainischen Studenten des Canisianums – zu sehen.

Ein anderes lustiges Erlebnis spielte sich in den späteren Jahren unseres Alltags im Canisianum auf den Hausgängen des Collegiums ab, die ja sehr hoch und breit waren. Wenn jemand sein Theologiestudium aus fernen Ländern wie Indien, Korea, in Afrika usw. in der nächsten Zeit beenden sollte, dann wurde ihm ein bis zwei Monate davor eine große Transportkiste aus Holz für seine Privatsachen auf dem Gang vor seinem Zimmer zur Verfügung gestellt. Nach einem Mittagessen gingen wir zwei Ukrainer durch so einen großen Gang des Kollegiums auf unsere Zimmer. Von weitem sahen wir eine solche Holzkiste, die einem Mitbruder zur baldigen Abreise bereitgestellt worden war. Auf demselben Gang ging uns ein indischer Studienkollege entgegen. Dieser Canisianer aus Indien war sehr fröhlich und lebhaft. Ihm war sofort klar, dass er zwei kräftige Ukrainer nebeneinander auf sich zukommen sieht. So hat er versucht, schon aus der Entfernung uns ein wenig aufzuziehen und sich über uns lustig zu machen. Wir gingen unsererseits, wohl gestärkt nach dem Essen, sehr gelassen und fast schweigend auf ihn zu. Und als wir ziemlich nahe bei ihm waren, nutzten wir die Gelegenheit, stürzten uns auf ihn, nahmen den schweren Deckel von der Holzkiste nebenan weg und packten den Kollegen schnell hinein. Dann setzten wir uns auf den Deckel und haben ihm gesagt, dass wir Hammer und Nägel holen werden, um diese Kiste zu verschließen. So hatten wir unseren Spaß und der „arme Inder" war ganz still in einer noch leeren Holzkiste. Nach einer Weile ließen wir ihn natürlich wohlbehalten herauskommen. Lieber indischer Mitbruder und Altcanisianer! Wir erwähnen hier

Rosmarie Gasse – zuständig für Pforte und Gästebereich – blieb den Studenten in nachhaltiger Erinnerung.

deinen Namen nicht, aber wenn du diese Zeilen liest und dich daran erinnerst, sei uns nicht böse; denn wir waren in einer guten Freundschaft nach dem Motto des Canisianums „Cor unum et anima una" verbunden.

Von vielen guten Erinnerungen möchte ich abschließend gerne noch ein Erlebnis aufgreifen, das mich sehr beeindruckt hat. Selbstverständlich haben wir damals an der Universität und im Collegium Canisianum in Bezug auf Theologie und Spiritualität vieles gelernt. Dafür möchte ich allen Jesuitenpatres im 500. Jubiläumsjahr des Hl. Petrus Canisius einen großen herzlichen Dank und Vergelt's Gott sagen! Ich persönlich durfte auch von vielen MitarbeiterInnen des Collegium Canisianum für die ganz menschliche Formung lernen. Sei es im Bereich der Küche, Haus-Meisterei, Pflege, Wäscherei, Verwaltung, Krankenstation u. v. a.

Vor allem die Menschlichkeit und Hilfsbereitschaft zeichnete viele guten MitarbeiterInnen im Canisianum aus. Die langjährige Mitarbeiterin des Collegium Canisianum Frau Rosmarie Gasse war in der Pforte und im Gästebereich tätig. Sie stand dem Canisianum herzlich, treu und professionell bei. Frau Gasse war für ein Gespräch immer offen und nahm gerne am gemeinschaftlichen Essen im Speisesaal teil. Ab und zu hatte ich die Gelegenheit mit ihr am selben Tisch zu sitzen. Während unseres Gesprächs bei einer Mahlzeit blickte sie sehr überzeugend und mit einer inneren Ruhe auf das große Kruzifix an der Speisesaalwand und sagte: „Dieses Kreuz hat in diesem Haus schon sehr vieles gehört und gesehen!" Diese einfache und kluge Aussage hat mich mit einer wunderbaren Erkenntnis beschenkt, dass die langjährige Geschichte des Collegium Canisianum mit sehr vielen Erfahrungen und Erlebnissen von Menschen aus vielen unterschiedlichen Ländern von unserem Herrn gehört und gesehen worden ist. Möge Christus uns alle durch unsere Erfahrungen und Erlebnisse weiterhin auf unserem Weg stärken und mit seinem reichen Segen begleiten.

Dem Jubiläums-Festgottesdienst anlässlich „120 Jahre Ukrainisch-katholische Gemeinde in Innsbruck" stand Großerzbischof Sviatoslav Shevchuk vor (im Bild rechts).

Die Helvetia Oenipontana im Canisianum

PFARRER JOSEF MANSER

In der Geschichte der Helvetia Oenipontana, gegründet 1860, älteste katholische Studentenverbindung auf dem Platz Innsbruck und in Österreich, spielt das Canisianum eine wichtige Rolle. Der Leitspruch der Oenipontana lautet «Viribus unitis pro Deo et patria».

Als das Theologen-Konvikt Canisianum 1910/11 an der Tschurtschenhtalerstraße 7 neu gebaut und nach dem heiligen Petrus Canisius benannt wurde, hatte die Helvetia in Innsbruck bereits ihr 50. Stiftungsfest gefeiert und ihre zweite Verbindungsfahne geweiht. Mit der Gründung des Canisianums wurde dieses rechtlicher Sitz der Helvetia bis 1938; die äußeren Aktivitäten des Verbindungslebens wurden mit dem Canisianum aber auf ein Minimum reduziert, und die Anzahl der Mitglieder nahm ab. Für die Helvetia waren die frühen Jahre des 20. Jahrhunderts dann eher schwierig. Gleichzeitig war das Canisianum am grünen Inn für Schweizer ein Anziehungspunkt: Die Internationalität, die Theologie und die hohen Berge brachten Freude und Abwechslung. Es gab zusammen mit dem Canisianum Studienreisen z. B. nach Rom, Wien, Budapest, München.

Exil in Sitten

In der kurzen Zeit zwischen dem Anschluss Österreichs (12. März 1938) und der Auflösung (Requirierung) des Canisianums im November 1938 blühte die Helvetia noch einmal kurz und kräftig auf; und das trotz dem «Gesetz vom 17. Mai 1938 über die Überleitung und Eingliederung von Vereinen, Organisationen und Verbänden», das für die österreichischen Verbindungen die Auflösung bedeutete, von dem die Helvetia Oenipontana aber ausgenommen wurde. So dürfte diese die einzige bis zum Schluss aktive und nicht aufgelöste Verbindung im Gebiet des Großdeutschen Reiches gewesen sein. Am 11. März 1938 saßen die Priesteramtskandidaten auf Geheiß von P. Regens Michael Hofmann um 20.00 Uhr am Radio, um eine gewichtige Ansprache des österreichischen Bundeskanzlers Dr. Kurt Schuschnigg mitanzuhören; auch waren sie angehalten, ihre Koffer reisebereit zu halten. Schon um 22 Uhr marschierten deutsche Truppen der nationalsozialistischen Ära in Innsbruck ein und besetzten neben dem Canisianum das Haus der höheren Mädchenschule. Rund 80

Mann umkreisten singend und schreiend das Konvikt Canisianum, und im Sprechchor tönte es: «Nieder mit den schwarzen Schweinen». Selbst die grünen Wellen des Inn schienen bei einer solch schwarzen Begrüssung vor Scham zu erröten.

Im November 1938 wurde das Canisianum beschlagnahmt: Die Canisianer wie die Helveter zogen nach Sitten ins Exil. Die Reise ging in drei Etappen über den Brenner ins Wallis. Nach Exerzitien im St. Jodernheim folgte der Einzug im «Alten Spital» in Sitten. Rein studentisch lief in der Helvetia Oenipontana nicht mehr viel, weil es von der Hausleitung des Canisianums nicht gern gesehen war. Die Mitglieder haben sich als Farbenbrüder im kleinen Kreis getroffen, um die Zeit der Bedrängnis zu meistern. Die Helvetia Oenipontana ist gern in Farben aufgetreten und hat auch an der jährlichen Generalversammlung des Schweizerischen Studentenvereins mit der Fahne teilgenommen.

Nach dem Krieg neuer Kampf

Im Herbst 1945 wurden die theologische Fakultät und das Collegium Canisianum von Sitten wieder nach Innsbruck transferiert. Für die Einreise wurde von Schweizern ein Visum verlangt. Österreicher, Deutsche, Ungarn, Tschechen, Amerikaner, Engländer, Spanier, Ukrainer, Japaner, Schweizer bildeten neuerlich eine Gemeinschaft.

Am 25. November 1945 nahm die Helvetia mit sieben Mitgliedern als erste Verbindung in Österreich nach dem Krieg den Couleurbetrieb wieder auf. Verbindung und Canisianum wollten erneut aufgebaut werden. Unter den Theologen waren einige Schweizer, z. B. der spätere Bischof von St. Gallen, Dr. Otmar Mäder. Der Anfang war schwierig, musste doch das Canisianum in seinen eigenen Gebäuden dem dort untergebrachten Finanzamt Zimmer abringen. Am 20. Oktober 1946 hielt die Helvetia in einer Versammlung fest, der Verbindungsbetrieb sei im Einvernehmen mit der Schweizer Landsmannschaft und im Rahmen der Hausordnung zu führen, um das gute Einvernehmen mit den Oberen zu wahren. Diese Selbstbeschränkung hat der Verbindung nicht viel gebracht, denn von 1947 bis 1952 führte diese aufgrund des Beschlusses der Regenten-Konferenz, in den Seminarien keine Verbindungen mehr zu dulden, nur noch ein beschränktes öffentliches Leben. Zu Beginn des Wintersemesters 1949/50 verbot die Hausleitung noch einmal die Mitgliedschaft von Konviktoren in Studentenverbindungen.

Die Verbindung beschloss den Vorgaben loyal, wenn auch schweren Herzens, zu folgen. «So fiel der kalte Schnee auf die lebenswarme HOe», vermerkt ein HOe-Protokoll. Es fanden in der Folge meist inoffiziell Kneipen mit anderen Verbindungen statt, auch Ausflüge.

Im Jahr 1950 waren im Canisianum 20 Schweizer; sie waren mehrheitlich Mitglieder der Helvetia Oenipontana; es kamen einige Liechtensteiner aus anderen Fakultäten als der Theologie hinzu. Das Studium und strenge Hausregeln des Canisianums liessen wenig Zeit für Verbindungsanlässe übrig. Zudem baute der damalige Bischof die neu erstehenden Studentengemeinden auf und hatte wenig Verständnis für eine Wiederbelebung von Studentenverbindungen. Auf der anderen Seite förderten einige Jesuiten das Leben der Helvetia, z. B. P. Paul Gächter, P. Richard Gutzwiller und P. Hugo Rahner, der Rektor des Canisianums. Als dieser im Herbst 1950 sein Amt antrat, entstand eine vergebliche Hoffnung auf ein Auferstehen der Verbindung: Ein juridisches Bestehen wurde genehmigt, von praktischer Betätigung sei abzusehen. Die von diktatorischen Windstössen aufgewühlte Luft im Canisianum beruhigte sich allmählich. Die Verbindung der Helvetia wuchs stetig, was die anderen Innsbrucker Studentenverbindungen gerne sahen. Das Verbindungsleben wurde bunter, und die Helvetia erlebte eine weitere Blüte. Im Herbst 1956 hat die Verbindung

Seit ihrer Reaktivierung im Studienjahr 1986/87 begeht die Helvetia Oenipontana wieder ihr jährliches Stiftungsfest, stets begleitet von einem Ausflugsprogramm. 2017 stand eine Sonderfahrt mit der Stubaitalbahn auf dem Programm.

beschlossen, das Tragen der Farben nur noch an hochoffiziellen Anlässen zu pflegen, dann aber mit besonderer Freude.

Am 18. Februar 1952 konnte nach längerer Zeit wieder eine Helveter Versammlung in der Schweizer Landsmannschaft im Canisianum abgehalten werden. Am 8. Mai 1952 fand wieder ein offizieller Maibummel der Landsmannschaft und der Helvetia nach dem Volderwaldhof bei Solbad Hall statt, an dem auch die beiden Jesuiten-Professoren Gutzwiller und Gächter teilnahmen. Die Theologen des Seminars mussten allerdings abends um sechs Uhr zurück im Canisianum sein.

Als spielende Menschen und mit wehender Fahne Freundschaften stärken

In den kommenden Jahren gab es positive Entwicklungen. Das Verbindungsleben konnte im Canisianum selber und in der Stadt Innsbruck gepflegt werden. Die Freundschaft zur Stadt am grünen Inn und zum Land Tirol wickelte sich in studentischen Formen und Ritualen ab als ernstes heiteres Spiel nach Hugo Rahner «Der spielende Mensch». Die Leitung Canisianum und Professoren unterstützten die Helvetia. P. Hugo Rahner erhielt das Ehrenband der Helvetia. Am 29. Mai 1958 nahm die Helvetia Oenipontana in corpore am Festkommers zum 100-jährigen Bestehen der Fakultät teil. Es begannen nun die Vorbereitungen für das eigene 100. Stiftungsfest, welches an Pfingsten vom 5. bis 7. Juni 1960 gefeiert wurde. Franziskus von Streng, Bischof der Diözese Basel, weihte in Wilten

West die von Rudl Gruber gestaltete Fahne, die Predigt im Festgottesdienst hielt Pater Hugo Rahner. Ein Satz von großer Nachhaltigkeit: «Die neue Fahne muss die alte bleiben. Die alte Fahne muss immer wieder neu werden». Als Patristiker, Poet und Inbild des «spielenden Menschen» war Rahner den Schweizern stets herzlich zugetan, da er als Professor auch in Sitten war. Um 1960 war die Helvetia fast ausschließlich im Canisianum beheimatet. Sie passte mit ihrem zwar bescheidenen, aber doch studentischen Gebaren nicht so ganz in den Seminarbetrieb.

Als Pater Gutwenger zur 100-Jahr-Feier als Dekan der theologischen Fakultät das Angebot erhielt, das Ehrenband zu bekommen, sagte er etwas beschämt: «Ich habe zwar in der Geschichte der Helvetia kein Ruhmesblatt geschrieben. Ich habe sie damals als Rektor im Canisianum verboten.» Trotzdem nahm er die Ehre an. Damals hatten die Konviktoren noch keinen Hausschlüssel. Wenn eine Delegation zum Festkommers der Austria abgeordnet wurde, musste sie bei Heimkehr ins Haus den großen Schlüssel in den Briefkasten vor dem Zimmer des Regens einwerfen. Dieser Kasten war aus Holz und so tief, dass es tönte wie beim Zupfen einer Bassgeige, wenn das Metallstück auf dem Boden des Kastens aufschlug. Dadurch sollte der Wächter der Ordnung aus dem Schlaf des Gerechten geweckt werden. Doch die Schweizer hatten den Trick, den Schlüssel mittels eines Fadens fast lautlos in den Kasten einsinken zu lassen.

Konzil, Studentenunruhen, Sistierung Aktivitas und Reaktivierung

Im Zuge des Zweiten Vatikanischen Konzils veränderte sich auch das Leben im Canisianum. Nach den 1968er-Bewegungen und durch Studentenunruhen nahm der Sinn für das studentische Brauchtum in den Verbindungen ab. Im Sommer 1975 musste die Helvetia infolge Mitgliedermangels suspendiert werden. Die Altherren, die Ehemaligen pflegten ihre Freundschaften weiter, sie trafen sich weiter zu Zusammenkünften in der Schweiz und zum jährlichen Stiftungsfest in Innsbruck unter der Leitung von Anton Moser.

1986 waren Urban Aepli, Dominik Bolt, Wendelin Fleischli, Josef Manser unter anderen als Schweizer im Canisianum, auch Bruno Schmid studierte Theologie an der Universität. Am Mittwochabend, 17. Dezember 1986, wurde in der Schweizer Landsmannschaft mit 5 gegen 2 Stimmen der Beschluss gefasst, die Verbindung Helvetia Oenipontana zu reaktivieren. Als Senior wurde Josef Manser gewählt. Er war Aktiver in der akademischen Verbindung Leonina zu Freiburg i.Ue. und kam für zwei Semester ins Canisianum nach Innsbruck. In der Schweizer Landsmannschaft war das Archiv der Helvetia noch anzutreffen, und es wurde wieder mit einem aktiven Verbindungsleben begonnen. Die Unterstützung der Altherren war spürbar. Gemütliche und harmonische Treffen bei einem Frühstück am Samstagmorgen, bei Fondue, Wein und Bier, Besuchen bei anderen Verbindungen, Ausflüge ließen das Verbindungsleben neu aufblühen. P. Theo Beirle sowie die ortsansässigen Altherren freuten sich am neuen Leben. Die Verbindungsfahne, die Fläuse[1] und Rapiere wurden in St. Margrethen, Schweiz, bei Anton Moser abgeholt und wieder nach Innsbruck gebracht. Zur Aufbewahrung des studentischen Materials stellte das Canisianum im Raum der Schweizer Landsmannschaft einen Schrank zur Verfügung.

Beim Semestereröffnungsgottesdienst zum Sommersemester am 8. März 1987 hatte die neue Aktivitas der HOe in der Jesuitenkirche ihren ersten öffentlichen Auftritt, indem sie mit der Fahne chargierte. Die Pfingstreise führte nach Verona.

Als P. Gerwin Komma Rektor des Canisianums war, durfte ein «Festl» der Helveter zum Schluss des Sommersemesters gar im Turm des Canisianums stattfinden.

Helvetisches «Cor unum et anima una»

Die Helvetia pflegte fortan zu jedem Rektor des Canisianums persönliche Kontakte und ehrte ihn zu gegebener Zeit mit dem Freundschaftsband.

Das Festprogramm 150 Jahre Helvetia Oenipontana begann am Donnerstag, 13. Mai 2010, 18.30 Uhr mit der Vesper in der Hauskapelle mit der Hausgemeinschaft Canisianum.

Um 20.00 Uhr war Begrüßungsabend im Canisianum mit Abendessen, Tafelmusik und Zusammenkunft.

Die Treue zum Studienort Innsbruck, zu seiner Universität und zum Canisianum sowie die Freude, einstige Weggefährten aus der goldnen Zeit des Studiums regelmäßig in Freundschaft zu treffen, ist der bleibende Kern der Helvetia Oenipontana.

Donnerstag, 13. Mai 2010
Begrüssungsabend im Collegium Canisianum

Auch wenn das Canisianum nach seinem Wegzug von der Tschurtschenthalerstraße an die Sillgasse heute nicht mehr Verbindungssitz ist, fühlt sich eine Mehrheit der Mitglieder der Helvetia mit dem Canisianum verbunden «Cor unum et anima una».

Anmerkung

1   Studentische Uniform, welche die Aktivitas zu offiziellen Anlässen trägt.

Quelle

150 Jahre AV Helvetia Oenipontana. Jubiläumsschrift 2010, Herausgeber AV Helvetia Oenipontana, Druckerei Oberholzer AG, Uznach.

Frauen im Canisianum

MAG. WILHELM REMES

Schwesterngemeinschaft

Auch wenn man es auf den ersten Blick nicht vermuten würde, im Canisianum hatten auch Frauen ihre bestimmten Funktionen und Aufgaben. Jedoch muss man die Korrespondenzblätter der älteren Jahre schon sehr genau studieren, um entsprechende Erwähnungen vorzufinden. Diese betreffen die Gemeinschaft der Barmherzigen Schwestern vom heiligen Vinzenz von Paul (Innsbruck-Kettenbrücke), die im Canisianum beispielsweise 1972/73 sieben Schwestern umfasste.[1] Ältere Fotografien zeigen die Schwestern bei der Arbeit in der Küche; ein weiteres Arbeitsfeld war aber die Betreuung der Krankenabteilung, die in Grippezeiten von den Konviktoren sehr frequentiert war.

Legendären Ruf genießt Sr. Sebaldine Maurer, auch Sr. Oberin bzw. „Canis-Mama" genannt,[2] die von 1965 bis hin zu ihrem plötzlichen Tod im Jahre 1978 im Canisianum wirkte: „In dieser langen Zeit hat sie trotz ihrer nicht allzu starken Konstitution, mit großer Verlässlichkeit und Umsicht die Krankenabteilung geführt. Vom heilsamen Tee bei

Die Küche des Canisianums, vermutlich Nachkriegszeit (ab 1945), zeigt zwei geistliche Schwestern sowie das Hilfspersonal.

Sr. Isidora trifft Vorbereitungen für den sanitären Dienst in der Krankenabteilung.

Sr. M. Stefanie Fink wirkte von 1978 bis 1999 am Canisianum.

Köchin Maria Sottara mit einem typisch österreichischen Gericht.

Verkühlungen bis zu monatelanger Betreuung: auf verschiedenste Weise haben Studenten, Angestellte und Patres ihre Fürsorge erfahren und haben sie in dankbarer Erinnerung. Ihr leiblicher Bruder Anton, den sie hier in den letzten Jahren bis zu seinem Tod betreute, zählte in ganz besonderer Weise zu ihren Patienten. Außer der Sorge um die Kranken hatte sie vielfache andere Arbeiten im Haus zu tun und zu leiten und war so in Verbindung mit vielen Angestellten. Sie sorgte für die Sauberkeit von Gängen und Zimmern. Sie sprang ein, wenn etwas zu waschen, zu putzen oder zu flicken war. Immer wieder suchte sie Studenten zu helfen, die ihr besonders bedürftig schienen."[3]

Ihr folgte 1978 die aus dem Bregenzer Wald gebürtige diplomierte Krankenschwester Sr. M. Stefanie Fink, seit 1951 dem oben genannten Schwesternorden zugehörig. Aus einer zunächst nur aushilfsweisen Tätigkeit sollte eine lange Ära werden: „Neben ihrer Hauptaufgabe als Krankenschwester versah sie noch eine Reihe anderer Arbeiten. Sie besorgte den Kapellenschmuck, pflegte die Paramente, produzierte für das ganze Haus Kombucha, verwaltete einen ganzen Schatz verschiedenster Heilkräuter und Tees. Unter den Konviktoren geht das Gerücht um, dass man bei einem Beinbruch nur zur Schwester gehen muss. Sie verabreicht einem einen guten Tee und die Knochen sind geheilt ..."[4] 1999 wurde sie im Alter von 70 Jahren feierlich verabschiedet; nun setzte sie ihr soziales Engagement für das Mostar-Kosovo-Projekt ein; sie verstarb am 18. November 2018.

Mitarbeiterinnen

In den 1970er-Jahren rückten für die bisher von geistlichen Schwestern ausgeübten Funktionen allmählich weltliche Kräfte nach, allen voran Maria Sottara, die ab 1972 über 40 Jahre lang bis März 2014 im Canisianum als Köchin agierte; tausende Absolventen des Canisianums sind in diesem Zeitraum leiblich gestärkt worden. Die immer größer werdenden Herausforderungen und Ansprüche hinsichtlich Führung von Buchhaltung und Verwaltung einer nicht zu unterschätzenden Betriebsgröße – wie es das Canisianum in

2014 wurde Maria Sottara nach über 40-jährigem Dienst feierlich verabschiedet. P. Rektor Friedrich Prassl SJ überreichte ihr aus diesem Anlass ein „Ehrendoktorat" des Canisianums.

Der langjährige Verwalter Alfred Moser an seinem 60. Geburtstag im Jahr 2003.

Rektor P. Friedrich Prassl SJ verabschiedet Monika Lackner.

Verabschiedung von Mag.ª Angela Baur, der langjährigen Sekretärin im Rektorat.

der Tschurtschenthalerstraße erforderte – führten dazu, dass diese Aufgaben von den Ordenspatres in spezifizierte Hände gelegt wurden.

So im Falle von Monika Lackner, die ab dem Studienjahr 1978/79 in der Buchhaltung wirkte und seit 2004 in Nachfolge des langjährigen Verwalters Alfred Moser als Leiterin der Verwaltung des Canisianums fungierte: „Frau Lackner war besonders für die Mitarbeiterinnen und Mitarbeiter verantwortlich. Sie hat die ganzen

Sekretärin Mag.ᵃ Julia Klingler betreut auch Agenden des Korrespondenzblattes.

Klara Santeler, Pforte und Schneiderei

baulichen und finanziellen Angelegenheiten des Canisianums betreut, die Vermietungen, den Studententrakt, die Buchhaltung – damit wir alle als Kollegsgemeinschaft des Canisianums hier in Innsbruck leben können."⁵

Der Rektor des Canisianums bedarf auch einer Sekretärin als „rechter Hand" – hier sind Martha Hirschmann (seit dem Rektorat Braunshofer) und Mag.ᵃ Angela Baur zu nennen; Letztere agierte mehr als 20 Jahre in dieser Funktion und bekam anlässlich ihrer Pensionierung Ende Dezember 2014 gar ein „Ehrendoktorat des Canisianums" überreicht. Ihr folgte Mag.ᵃ Julia Klingler, die bis in die Gegenwart das Sekretariat führt. Bemerkenswert erscheint der Umstand, dass in den Jahren 2004 bis 2006 die Funktion des Studienpräfekten mit Dr. Brigitte Proksch von einer Frau versehen wurde.

Welch bleibenden Eindruck die Mitarbeiterinnen bei den Konviktoren hinterlassen haben, beschreibt Pfarrer Volodymyr Voloshyn in seinen Erinnerungen am Beispiel von Rosmarie Gasse (Vgl. S. 123!)

Studentinnen am Canisianum

Das Canisianum hatte jedoch nicht nur Mitarbeiterinnen in seinen Diensten, sondern führt in seinem Konviktoren-Verzeichnis neben Studenten auch zwei Studentinnen, die im Canisianum lebten und das Theologiestudium absolvierten. So Maria Chang aus China, die 1983 vor P. Regens Gerwin Komma SJ und P. Michael Chiu SJ als Mitglied der „Kleinen geistlichen Gemeinschaft chinesischer Christen" das Gelübde der Jungfräulichkeit ablegte, und 1985 bei Prof. Raymund Schwager SJ im Fach der Theologie promovierte. Rund ein Jahrzehnt vor ihr studierte bzw. lebte Sr. Mag.ᵃ Pallotti Findenig im Canisianum – diese berichtet im folgenden Kapitel selbst von ihrer Studienzeit.

Anmerkungen

1. KBC, Heft 1, Studienjahrgang 1972/73, 106. Jg., S. 23.
2. KBC, Heft 1, Studienjahrgang 1974/75, 109. Jg., S. 26.
3. KBC, Heft 1, Studienjahrgang 1978/79, 112. Jg., S. 13.
4. KBC, Heft 2, Studienjahrgang 1998/99, 132. Jg., S. 29.
5. Rektor P. Friedrich Prassl SJ, in: KBC, Heft 1, Sommersemester 2014, S. 43.

Konviktorin im Canis 1971–1975

SR. MAG.ᴬ PALLOTTI FINDENIG CPS

Ein Theologiestudium in Innsbruck wurde mir erlaubt. So fuhr ich hin und suchte einen Platz zum Wohnen. Ich dachte an die Ursulinen oder an die Barmherzigen Schwestern. P. Josef Müllner SJ, mein langjähriger geistlicher Begleiter und damals Spiritual im Canis, sagte unvermittelt: „Warum kommst du nicht zu uns?" Das war das Letzte, woran ich gedacht hätte … Ja, im Haus waren Barmherzige Schwestern, denen konnte ich mich anschließen. Den nächsten Anstoß gab Regens P. Miribung mit der Idee, ich solle doch mehr in die Gemeinschaft der Konviktoren kommen. Von denen kam bei der Exhorte kein Gegenwind. Also ging ich nach der Mittagsbesinnung mit mulmigem Gefühl in den Speisesaal. 180 Theologen waren damals im Haus. Wenn ich die Gruppe in Tische mit sechs Personen einteilte, war es für mich zu schaffen. P. Braunshofer, der frühere Regens, traute seinen Ohren nicht, als er erfuhr, dass eine Frau im Canis wohnt, und er konnte mir nur verzeihen, weil er meinen Vater sehr schätzte.

Das Canis war für mich ein großer Gewinn. Obwohl ich Mitglied einer internationalen Kongregation (Missionsschwestern vom Kostbaren Blut (congregatio pretiosi sanguinis, CPS) bin, hatte ich damals keine Möglichkeit, meinen Horizont dahingehend zu weiten. Studenten von allen Kontinenten traf ich täglich, nicht nur römisch-katholische sondern auch aus der Ukrainischen griechisch-katholischen Kirche. Ich wurde von der Gruppe der Mariannhiller Missionare, die damals dort studierten, mitschwesterlich aufgenommen – wir haben schließlich denselben Gründer, Abt Franz Pfanner.

Manchmal erlebte ich eine „heiß-kalt-Dusche": Freundschaft und Nähe wurden mir von einem Teil angeboten, andererseits kam es vor, dass Konviktoren in der Kapelle den Platz wechselten, wenn ich mich zu ihnen setzte.

Eine, ich möchte sagen: „Lebensgruppe" wurden für mich Studenten und Priester aus Deutschland und Österreich, von P. Schupp „g7" genannt, weil wir einander 7x in der Woche zum Kaffee nach dem Mittagessen trafen. Daraus entstanden Freundschaften, die bis heute halten. Dazu gehören Dr. Gerhard Förch, pensionierter Dompfarrer von Bamberg, DDr. Walter Raberger, emeritierter Dogmatikprofessor von Linz, Dr. Hubert Puchberger, gewesener Re-

Treffen im jugendlichen Format g7: v.l.: Sr. Pallotti Findenig CPS, Gerhard Förch, Hubert Puchberger, Walter Raberger, Franz Strasser

gens des Linzer Priesterseminars und jetzt Pfarrer, Dr. Maximilian Strasser, Dompfarrer in Linz, und sein Bruder Franz, Schauspieler. Manchmal kam auch Dr. Hanjo Sauer dazu. Zu den Freunden fürs Leben zählt auch Dr. Franz Gundacker. Meinen damaligen Spiritual P. Elmar Mitterstieler darf ich auch heute noch um Rat fragen.

Bei einer der jährlichen Wallfahrten nach Absam geschah es, dass Puchberger, Strasser Max und ich den Höhenweg nahmen und uns verirrten. Wir kamen zu spät zur Eucharistie nach Absam. Weil über unsere enge Freundschaft manche Bemerkungen gemacht wurden, nahmen wir diese Begebenheit zum Anlass, beim „Floh", dem jährlichen Kabarett, uns selber aufs Tapet zu bringen. Auf der Bühne wurde eine Telefonzelle aufgebaut, die ich für einen Anruf bei Pater Regens benutzte. Zerknirscht „beichtete" ich ihm: „Pater Regens, wir haben uns vergangen und ein Priester war auch dabei." Dass diese Szene großes Gelächter hervorrief, lag auf der Hand ...

Gerne denke ich an Primizen, ob in Banja Luka, Würzburg oder Wels. Die wenigen Gartenfeste boten spannende Begegnungen. Als ich dann wieder in meine Heimat Kärnten zurückkam, bereicherten mich die Altkonviktorentreffen mit Univ. Prof. Dr. Woschitz und den beiden, leider zu früh verstorbenen Dr. Markus Mairitsch und MMag. Christoph Messner.

Mit der Gruppe g7 (g, denn G stand bei P. Schupp für „Gott"), trafen wir einander nicht nur zum Kaffee, sondern auch zur „Nachbesprechung" von Vorlesungen oder zu Semesterschluss zur Feuerzangenbowle. Und 2019 kam die Gruppe zu mir ins Kloster Wernberg, auf ein weiteres Treffen – nach Corona – freuen wir uns.

Alt-Canisianer-Treffen im Kloster Wernberg, Juli 2019, v.l.: Hubert Puchberger, Franz Strasser, Walter Raberger, Gerhard Förch, Sr. Pallotti Findenig, Max Strasser

Umwandlung und Übersiedelung

P. Friedrich Prassl SJ

Vorwort

Das Collegium Canisianum war mir schon während meines Noviziats im Peter-Faber-Haus, das auf dem Gelände des Canisianums stand, nicht nur räumlich, sondern auch emotional sehr nahe. Die lange Wirkungsgeschichte des Canisianums als internationales Priesterseminar hat mich früh beeindruckt. Ich möchte in diesem Beitrag den Zeitraum von 2001 bis 2013 in den Blick nehmen und über die Umwandlung des Canisianums von einem Priesterseminar zu einem Theologischen Kolleg sowie über die Übersiedelung des Canisianums in neue Räumlichkeiten im Jesuitenkolleg berichten.

Notwendige Veränderungen

Im Laufe der Geschichte des Canisianums gab es immer wieder Veränderungen und Modernisierungen in der grundsätzlichen Ausrichtung und baulichen Gestaltung des Hauses. Das Leitungsteam hat 2001 erkannt, dass dringende weitere Maßnahmen zur finanziellen, strukturellen und baulichen Sicherung des Canisianums nötig waren. Es wurde immer schwieriger die 60 Studienplätze für Seminaristen und Priester an der Theologischen Fakultät der Universität Innsbruck zu finanzieren. Die Anzahl der Studenten aus Diözesen von Übersee nahm besonders seit Beginn der 60er-Jahre ständig zu. Das Canisianum wollte durch die Finanzierung der Ausbildung von Priestern aus Missionsländern eine besondere Entwicklungszusammenarbeit und Hilfe zum Aufbau der Ortskirchen anbieten. Die Finanzierung der Studienplätze erfolgte hauptsächlich durch Patenschaften, Spenden und die Vermietung von einzelnen Bereichen des Hauses. Förderungen und Unterstützung durch die Kirche, durch Pfarrgemeinden und die öffentliche Hand nahmen eher ab. Für eine verantwortungsvolle finanzielle Absicherung mussten weitere regelmäßige Einkünfte für das Canisianum gesucht werden.

Baurechtsprojekt Canisianum

Ab 2002 gab es erste Überlegungen und konkrete Gespräche mit der Firma Oberhofer & Partner

Zum Baubestand auf dem Gelände des Canisianums in Innsbruck-Saggen zählten um die Jahrtausendwende neben dem Konviktsgebäude im Vordergrund auch drei Villen, die während der Herrschaft des Nationalsozialismus als Wohnungen für Finanzbeamte errichtet wurden. Die mittlere Villa diente u. a. von 1981 bis 2003 als Noviziat der österreichischen Provinz SJ. Ganz rechts die Villa in der Tschurtschenthalerstraße Nr.5, die stets an Private vermietet ist.

über ein größeres Baurechtsprojekt auf dem Gelände des Canisianums, um die wirtschaftliche Situation zu stabilisieren. Nach vielen intensiven Gesprächen wurde 2004 ein Architektenwettbewerb durchgeführt. Das Siegerprojekt der Architekten Brenner-Schranz-Kritzinger wurde bis 2006 erfolgreich umgesetzt. Auf Basis eines Baurechtvertrags auf 99 Jahre entstanden Wohnungen, Büroräume, ein Hotel und Geschäftsräumlichkeiten. Das Canisianum erhält dafür seit 2005 regelmäßige Einnahmen, um den Dienst der Priesterausbildung und Weiterbildung für die Weltkirche besser zu finanzieren und damit zur Internationalität des Studienortes Innsbruck beizutragen.

Collegium Canisianum Neu

Neben der gelungenen wirtschaftlichen Stabilisierung der Arbeit des Collegiums Canisianum wurde ab Herbst 2004 die Frage nach einer passenden strukturellen Form des Canisianums drängender. Zum Haus zählten im Studienjahr 2004/2005 31 Seminaristen im Grundstudium und 22 Priester im Doktoratsstudium. Zusätzlich lebten fünf „Studenten im Konvikt" aus Österreich und Südtirol im Priesterseminar. Weitere 58 Studenten hatten Zimmer in einem gesonderten Studenten-Wohntrakt.

Im Zuge der Evaluierung der Ratio Localis des Priesterseminarnars im Studienjahr 2004/2005 beschäftigte das Leitungsteam unter anderem die Frage, ob das Priesterseminar Canisianum weiterhin Seminaristen aus deutschsprachigen europäischen Diözesen und Ordensgemeinschaften bekommen werde, um einen sinnvollen, interkulturellen Seminarbetrieb in deutscher Sprache aufrechtzuerhalten. Zur selben Zeit wurde die Gruppe der Priester im Collegium Canisianum immer größer. Das Zusammenleben von Seminaristen und Priestern führte zu Herausforderungen und Spannungen hinsichtlich der unterschiedlichen Ausbildungssituationen unter einem Dach. Ein Reflexions- und Planungsprozess, wie die Gruppe der Priester in das bestehende Collegium Canisianum besser integriert werden könnte, oder ob ein eigenes „Theologisches Kolleg für Priester" notwendig und sinnvoll wäre, schien in dieser Situation nötig zu sein. Bei allen Überlegungen zur Ausbildung von Seminaristen und Priestern war die Ausrichtung auf die Bedürfnisse der Heimatdiözesen zentral. Das Canisianum wollte Priester für die jeweiligen Heimatdiözesen ausbilden und nicht für den Dienst in Europa. In den deutschsprachigen Diözesen der Schweiz, Deutschlands und Österreichs entstanden in dieser Zeit mehr und mehr Programme und Kooperationen, die nicht nur Studienmöglichkeiten für Seminaristen und Priester aus aller Welt anboten, sondern aus diesem Kreis auch Priester für die eigenen Diözesen rekrutierten.

Eine eigene Arbeitsgruppe zur „Zukunft des Canisianums" beschäftigte sich besonders seit 2004/2005 mit anstehenden Fragen der zukünftigen Form des Hauses. Das Leitungsteam des Canisianums, mit Regens P. Hans Tschiggerl SJ, Subregens P. Friedrich Prassl SJ, P. Michael Messner SJ und der Studienpräfektin Dr. Brigitte Proksch, begann unter Mitwirkung von P. Gerwin Komma SJ, P. Hans Goller SJ und P. Edmund Runggaldier SJ für die neue „Identität" des Canisianums mehrere Varianten als Grundlagen einer Entscheidung auszuarbeiten. Von der Fortsetzung des bisherigen Seminarbetriebs mit einer erweiterten Priesterfortbildung, von einem überdiözesanen Seminarbetrieb bis hin zur Schließung des Canisianums war alles denkbar. Bei allen Varianten waren sehr gute akademische Studienmöglichkeiten in Innsbruck, eine Fortsetzung der Multiplikatoren- und Formatorenausbildung, eine geistliche Formung durch ignatianische Spiritualität, die bestehende Internationalität sowie die Vermittlung weiterer Kompetenzen für eine Leitungstätigkeit, für Exerzitienbegleitung etc. wichtig. Weiters war eine Tendenz spürbar, dass viele Bischöfe in Missionsländern es vorzogen, ihre Seminaristen im eigenen Land auszubilden und nur Priester für ein Aufbaustudium nach Europa zu schicken. Der Bedarf an Studienplätzen für Spezialausbildungen von Priestern aus Afrika, Asien (bes. Indien) und Lateinamerika wurde immer größer.

Der Arbeitsgruppe war auch bewusst, dass in der Leitung eines neuen Hauses von den anderen deutschsprachigen Jesuitenprovinzen kaum personelle Hilfe zu erwarten war. Auf längere Sicht war ein von der österreichischen Provinz geführtes Canisianum nur mit einem weniger personalintensiven und weniger aufwendigen Formationsprogramm vorstellbar. Ein reiner Seminarbetrieb schien nur in Zusammenarbeit mit anderen Diözesanseminaren möglich. Die ersten Überlegungen einer möglichen Umwandlung des Canisianums in diese Richtung wurden sowohl in der österreichischen Regentenkonferenz wie auch von den Diözesanbischöfen abgelehnt. Es war auch nicht zu erwarten, dass aus den Diözesen Deutschlands und der Schweiz sowie aus Ordensgemeinschaften mehr Studenten für die Priesterausbildung nach Innsbruck kommen würden. Die „Fremdsprachen" Deutsch, Latein und Griechisch wurden im Grundstudium als immer stärker spürbare Hürden erlebt. Im Canisianum fehlte zunehmend das deutschsprachige Element in der Priestergrundausbildung eines Seminars.

Überlegungen zum Neubeginn

Die Arbeitsgruppe „Zukunft des Canisianums" sprach sich unter diesen Voraussetzungen gegen die Fortführung des Priesterseminars in der bestehenden Form aus. Die Zukunft des Canisianums wurde mehr in einem „Internationalen Theologischen Kolleg" für Aufbaustudenten gesehen, d. h. für Priester, Angehörige von Orden und Säkularinstituten sowie diözesane Laien, die von einer kirchlichen Institution zu einer solchen Ausbildung gesendet werden. Angesichts der steigenden Nachfrage aus Übersee und Osteuropa für postgraduale Studien in Europa wollte das Canisianum ein Programm anbieten, das dem späteren Einsatz der Absolventen in Lehr- und Leitungsfunktionen der Heimatdiözesen dienen sollte. Das Aufbaustudienprogramm sollte geprägt sein durch Multikulturalität mit Integration verschiedener Kulturen, inklusive persönlicher und akademischer Aufarbeitung von Differenzen mithilfe einer achtsamen Studienbegleitung durch das Canisianum und die Theologische Fakultät. Das Aufbaustudium sollte auch durch Ignatianische Spiritualität mit Exerzitien und geistlicher Begleitung, durch regelmäßige gemeinsame Liturgie und klar begrenzte pastorale Tätigkeiten ergänzt werden. Als Vorbedingung für eine Aufnahme wurde eine klare apostolische Zukunftsperspektive und Sendung jedes Studenten durch den Heimatbischof bzw. den Höheren Oberen eines Ordens bezüglich des Aufbaustudiums angedacht. Ihrer je eigenen Berufung und Sendung entsprechend sollte die akademische Ausbildung für einen qualifizierten Dienst in ihren Heimatkirchen oder Ordensgemeinschaften erfolgen und nicht der pastorale Einsatz in Europa Ziel der Formation sein. Im Heimatland müssten bereits vor der Aufnahme erste Deutschkenntnisse erworben werden. Die Finanzierung müsste durch Patengemeinden, Diözesen, andere kirchliche, private und öffentliche Sponsoren sowie eigene Einnahmen aus dem Baurecht und aus Vermietungen gesichert sein.

Die Kandidaten für das Theologische Kolleg sollten nach Vorschlag und Ansuchen der jeweiligen Heimatbischöfe vom Canisianum nach bestimmten Kriterien gezielt ausgewählt werden. Dort sollte es neben dem akademischen Studium, in Zusammenarbeit mit der Theologischen Fakultät, um „qualifizierte Weltkirchlichkeit", z. B. Bewältigung von Nationalismus und Rassismus, interkulturelle Kommunikationsübungen, positiven Umgang mit Pluralität, mit anderen Religionen, mit der Säkularisierung, genauso wie um Kenntnisse über die Kirchen anderer Länder, die Nord-Süd-Thematik, Migrations- und Integrationsthemen etc. gehen. Ein eigenständiges und spezifisches Profil des Canisianums würde auch der Fakultät helfen besser qualifizierte Studenten anzuziehen. Die Beziehung zwischen Canisianum und Fakultät müsste stärker auf Gegenseitigkeit beruhen. Die Zusammenarbeit müsste schon im Vorfeld der Aufnahme von Studenten für Doktoratsstudien durch einen guten Informationsfluss bezüglich der konkreten Auswahl jener Professoren, welche die Begleitung wissenschaftlicher Arbeiten übernehmen würden, gepflegt werden. Begrenzte pastorale Einsätze der Priester des Canisianums, besonders in Patenpfarren, könnten in Absprache mit dem Kolleg geregelt werden. Ein Studienbegleitprogramm sollte das theologische bzw. philosophische Lizenziats- bzw. Doktoratsstudium im internationalen Kontext reflektieren und unterstützen. Das neue „Theologische Kolleg" sollte zu einer Verbesserung der theologischen und weltkirchlichen Fähigkeiten von Priestern und Laien für eine stärker vernetzte Weltkirche beitragen.

Die Arbeitsgruppe sprach sich für die Errichtung eines solchen „Theologischen Kollegs" mit einer Größe von bis zu 40 Aufbaustudenten aus. Als Zeitpunkt für den Start wurde Oktober 2007 als realistisches Datum in den Blick genommen. Die Bewerbung des neuen internationalen Kollegs für Priester sollte ab September 2006 beginnen.

Die Arbeitsgruppe sprach sich weiters für die Beibehaltung und die Ausweitung des Studentenheims Canisianum aus. Angedacht wurde zu diesem Zeitpunkt auch schon die Frage des Standortes des neuen „Internationalen Theologischen Kollegs". Aufgrund der personellen Entwicklungen und Zukunftsperspektiven wurden auch schon die Möglichkeiten einer gemeinsamen Verwaltung von Canisianum und Jesuitenkolleg in Betracht gezogen und besprochen.

Internationales Theologisches Kolleg

Auf Basis der genannten Vorüberlegungen wurde im Sommer 2006 die Entscheidung getroffen, ein neues „Internationales Theologisches Kolleg – Collegium Canisianum" zu gründen. Der designierte Rektor P. Gerwin Komma SJ wurde mit der Ausarbeitung eines ersten Statuts und einer entsprechenden Ratio Localis auf Basis der kirchlichen Rahmenordnung für die Aus- und Fortbildung von Priestern beauftragt. In diesen neuen Dokumenten wurden die bisherigen Erfahrungen des Canisianums sowie die praxiserprobten Erfahrungen mehrerer römischer Priesterkollegien eingearbeitet.

Die neue Ratio Localis, bestehend aus Präambel, Leitbild und Lebensordnung, trat 2007 mit dem Statut ad experimentum in Kraft. Sie wurde mehrmals überarbeitet und 2016/2017 vom Provinzial bestätigt. Die Lebensordnung im Canisianum hat zum Ziel, eine ganzheitlich-menschliche Formung anzubieten. Ein klares Leitbild, ein abwechslungsreiches Jahresprogramm sowie eine verbindliche Wochen- und Liturgieordnung helfen dabei, dieses Ziel zu erreichen. Jeder Student ist eingeladen, sich mit seinen Begabungen und Kräften in die Gemeinschaft einzubringen und so deren Leben zu bereichern und Verantwortung dafür mitzutragen. Der persönliche Austausch von Glaubenserfahrungen, das Gespräch über geistliche Themen und theologische Fragestellungen in Kulturgruppen, wie auch die Feier der Eucharistie, helfen auf diesem Weg. In diesen Gruppen können die Studenten den lebendigen Kontakt unter Mitbrüdern aus dem eigenen oder aus einem erweiterten Kulturkreis pflegen und den ihnen eigenen Reichtum auch in die Kollegsgemeinschaft einbringen.

Im Wintersemester 2007/2008 eröffnete das Collegium Canisianum schließlich seine Pforten mit der Neubestimmung als „Internationales Theologisches Kolleg" für postgraduierte akademische Spezialisierung und Fortbildung von Priestern und Studierenden aus Diözesen, Orden und apostolischen Gemeinschaften der ganzen Welt. Neun Lizentianden

Für die Erstellung der Ratio Localis des Canisianums orientierte man sich an Vorbildern Päpstlicher Kollegien und Seminare in Rom, so beispielsweise an den Statuten und Richtlinien des Päpstlich-Lombardischen Kollegs.

und Doktoranden wurden neu aufgenommen. In dem Jahr setzten noch 14 Seminaristen in Gemeinschaft mit 20 Priestern aus verschiedenen Ländern Afrikas, Asiens, Lateinamerikas, besonders aus Mexiko, und nur wenige aus Europa ihre Ausbildung fort. Es waren Studenten aus 15 Nationalitäten, 30 Diözesen und zwei Ordensgemeinschaften im Haus vertreten. Damit entsprach das Canisianum einem wachsenden internationalen Bedürfnis nach qualifizierten theologischen Fortbildungsmöglichkeiten.

Der Studienjahrgang 2008/09 des Canisianums mit dem Leitungsteam, beginnend sitzend 4. v. l.: P. Martin Hasitschka SJ (Univ. Prof.), P. Michael Meßner SJ (Spiritual), P. Gerwin Komma SJ (Rektor), P. Erich Drögsler (Vize-Rektor).

Die Österreichische Ordensprovinz der Gesellschaft Jesu gab dem Canisianum auf diese Weise eine den neuen Zeiterfordernissen angepasste klare Zielsetzung und machte im 150. Jahr der Wiedererrichtung der Katholisch-Theologischen Fakultät deutlich, dass sie deren Wirken weiterhin durch ein spezifisches akademisches Ausbildungsangebot unterstützt.

Angepasste Neuorientierung

Als Internationales Theologisches Kolleg betrachtet es das Canisianum als seine Aufgabe, in Zusammenarbeit mit der Katholisch Theologischen Fakultät eine für die Anliegen der Weltkirche sensible Ausbildung seiner Studierenden zu fördern. Dadurch dient es nicht mehr vorwiegend europäischen Diözesen, sondern vermehrt den jungen und lebendigen Kirchen der Missionsländer. Gut ausgebildete und geistlich gefestigte Priester haben in ihren Heimatländern in Übersee nicht nur rein kirchliche Bedeutung, sondern ebenso gesellschaftliches und politisches Gewicht. Eine gründliche theologische Ausbildung, moderne pastorale, politische und gesellschaftliche Erfahrungen dienen diesem Zweck. Das Zusammenleben von Studierenden aus der ganzen Welt ermöglicht es, das reiche Erbe der verschiedenen Kulturen und Völker wertschätzen zu lernen und in lebendigem Austausch zum Wachsen der Gerechtigkeit und des Friedens unter uns beizutragen. Seit den sechziger Jahren kamen verstärkt Seminaristen und Priester aus ehemaligen Missionsländern zur Ausbildung ins Canisianum. Damit wurde die Zielsetzung des Hauses noch deutlicher in eine weltkirchliche Perspektive gerückt.

AltCanisianer erfüllen seither in vielen wichtigen und verantwortungsvollen Posten der Kirche

P. Rektor Gerwin Komma SJ mit Konviktoren.

nicht nur Nordamerikas und Europas, sondern auch Afrikas, Lateinamerikas und Asiens ihren Dienst. Unter ihnen wirken weltweit nicht weniger als zwanzig Bischöfe und Weihbischöfe. Damals wie heute verfolgt das Canisianum das Ziel, für die Kirche geistlich geprägte und fachlich kompetente Absolventen im Hinblick auf die verschiedenen Aufgaben in ihren Heimatdiözesen, Orden und Apostolischen Gemeinschaften auszubilden. Unter dem Wahlspruch „Cor unum et anima una" hat es seit seiner Gründung Menschen für die spezielle Nachfolge im priesterlichen Dienst geformt, die einander weit über den Studienaufenthalt hinaus als Canisianer im Geist der Ignatianischen Spiritualität und der Herz-Jesu-Verehrung verbunden blieben.

Übersiedelung des Canisianums im Juli 2013

„Das Internationale Theologische Kolleg Canisianum wird im Sommer 2013 in neu adaptierte Räumlichkeiten im Gebäudekomplex des Jesuitenkollegs, Sillgasse 6, 6020 Innsbruck, umziehen." So lautete am 8. Juni 2011 die offizielle Ankündigung eines lang und gut vorbereiteten Projekts, um die Fortsetzung der Bildungsarbeit des Canisianums zu sichern. Im Juni 2013 feierten wir unser Herz-Jesu-Fest in Verbindung mit der Abschiedsfeier aus dem „Gebäude Canisianum". Provinzial P. Gernot Wisser SJ forderte im Rahmen der Feier dazu auf, nicht allzu nostalgisch zu werden, sondern nüchtern zu bleiben und nach vorne zu blicken. Die Zeit bis zum Umzug verging sehr schnell, die Übersiedelung in die renovierten Räumlichkeiten in der Sillgasse wurde am 29./30. Juli 2013 durchgeführt. Das Ignatiusfest haben wir am 31. Juli 2013 bereits in der Sillgasse gefeiert.

Obwohl die Bauarbeiten noch nicht vollständig abgeschlossen waren, konnte ein Großteil der neuen Zimmer bezogen werden. Während der Sommermonate herrschte noch ein emsiger Baubetrieb: Installateure, Maler, Umzugsarbeiter und Canisianer liefen durcheinander und arbeiteten daran, das neue Haus so schnell wie möglich ganz bewohnbar zu machen. Die letzten Bauarbeiten wurden im Herbst abgeschlossen. Im Rahmen der Umbauarbeiten für das neue Canisianum im Jesuitenkolleg, die knapp ein Jahr dauerten, waren über 60 Firmen im Haus tätig. Die Architekten Clemens Widmann und Günther Ramminger haben die kreative Planung des neuen Canisianums übernommen und die Durchführung der Bauarbeiten kompetent koordiniert und überwacht. Insgesamt haben mehr als 250 Arbeiter auf der Baustelle mitgewirkt und für die Canisianer 42 Studentenzimmer in 6 Wohngruppen fertiggestellt. In den Gruppenbereichen sind auf drei Stockwerken jeweils sechs Wohnzimmer mit Gruppenküchen und gemeinsame moderne Sanitärbereiche eingerichtet worden. Im Erdgeschoß entstand ein neuer Speisesaal und Mehrzweckraum mit einem Rekreations- und Barbereich für die Canisianer. Im 1. Stock wurden neben dem Wohnbereich ein Seminarraum und eine kleine Handbibliothek eingerichtet. Im 2. Stock wurden zusammen mit dem Jesuitenkolleg zehn Gästezimmer und die gesamte Verwaltung des Canisianums untergebraht. Eine neue Sakristei dient dort den liturgischen Anforderungen der umgestalteten Bellarminkapelle und der Hauskapelle des Jesuitenkollegs. Diese Gebetsräume stehen sowohl den Jesuiten als auch den Canisianern zur Verfügung. Ebenso werden vom Canisianum die Pforte, die Küche und die wirtschaftliche Verwaltung gemeinsam mit

Rektor P. Friedrich Prassl SJ organisiert den Umzug.

Die wuchtigen und eindrucksvollen Ankündigungstafeln haben die Übersiedelung in die Sillgasse mitgemacht!

Die neuen Räumlichkeiten in der Sillgasse: Lesezimmer und Bibliothek.

dem Jesuitenkolleg genutzt. Die Zusammenarbeit auf diesen Gebieten bringt große personelle und wirtschaftliche Vorteile, die letztlich allen Canisianern zugutekommen.

Das Studienjahr 2013/2014 konnte Ende September mit 39 Studenten aus 16 Ländern der Welt, aus 31 Diözesen und 4 Ordensgemeinschaften aus mehreren afrikanischen Ländern, Indien, Korea, China, Ukraine, Indonesien, Myanmar und einigen europäischen Staaten mit großer Kontinuität im neuen Haus begonnen werden. Die Zufriedenheit der Studenten und dank-

Wohn- und Schlafraum eines Doktoranden.

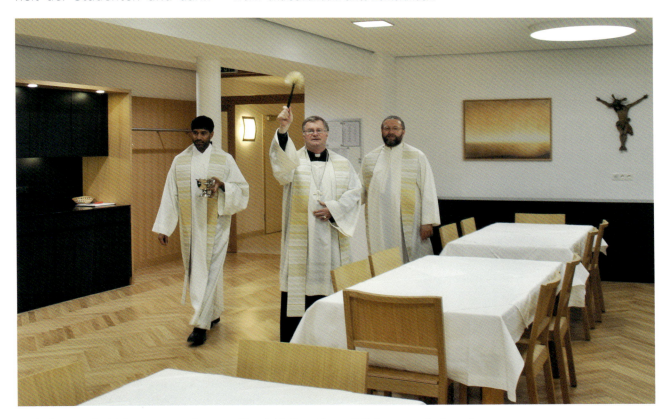

Bischof Dr. Manfred Scheuer segnet die neuen Räumlichkeiten, hier explizit den neuen Speisesaal.

Der Studienjahrgang 2017/18 des Canisianums: In der Mitte sitzend P. Andreas Schermann SJ (Rektor), links davon P. Josef Thorer SJ (Spiritual), rechts P. Edmund Runggaldier SJ (Studienpräfekt).

bare Rückmeldungen bezüglich der Qualität der neuen Lebenssituation zeugten vom gelungenen Werk. Am 8. November 2013 führte Bischof Manfred Scheuer bei einem „Tag der offenen Tür" die Haussegnung durch und übergab das Canisianum offiziell seiner neuen Bestimmung.

Das Collegium Canisianum besteht auch nach dem Umzug in die neu adaptierten Räumlichkeiten des Jesuitenkollegs als eigenständiges Ausbildungshaus des Jesuitenordens weiter. Mit Nachdruck hat der Orden bekräftigt, dass es das Canisianum noch viele Jahre geben und es der Förderung akademischer Spezialisierung und Fortbildung von Priestern und Studierenden aus der ganzen Welt dienen wird. Mit der räumlichen Konzentration im neuen Haus bekräftigte der Jesuitenorden sein bleibendes Engagement in Innsbruck.

2012 hat die Hausleitung des Canisianums beschlossen, nach dem Umzug des Internationalen Theologischen Kollegs in die Sillgasse ein Studentenheim im Gebäude des Canisianums weiterhin zu führen. Die Leitung und Verwaltung des „Studentenheimes Canisianum" wurde der Akademikerhilfe anvertraut. Ab dem Studienjahr 2013/2014 konnten 160 Studentinnen und Studenten in diesem Heim aufgenommen werden. So dient das Gebäude Canisianum weiterhin jungen Menschen und bildet zugleich eine Finanzierungsbasis für die Ausbildung der Canisianer.

Ausblick

Die Umwandlung vom Priesterseminar zu einem Internationalen Theologischen Kolleg für postgraduale Studien von Priestern wurde 2004 eingeleitet. Mit der Restrukturierung des Canisianums und der Übersiedelung in neue Räume wurde ein weiterer großer Schritt zur mittelfristigen Sicherstellung unseres Dienstes für die Weltkirche gemacht. Das neue, inzwischen reichlich erprobte Angebot für Lizenziats- bzw. Doktoratsstudien in Innsbruck wurde bereits von vielen Diözesen und Ordensgemeinschaften weltweit gut angenommen. Dutzende Interessenten jährlich, die positiven, dankbaren Rückmeldungen aus verschiedenen Diözesen in aller Welt sowie die erfolgreichen Studienabschlüsse der vergangenen Jahre bestätigen die Richtigkeit der getroffenen Entscheidungen. Das Internationale Theologische Kolleg Canisianum wird auch weiterhin der Weltkirche einen hilfreichen Dienst leisten.

III. CANISIANUM HEUTE

CANISIANUM
Internationales Theologisches Kolleg

Das aktuelle Eingangsportal des Kollegium Canisianum in der Sillgasse 6, Innsbruck.

Weltkirche – von Nord-West nach Süd und Ost

Eine unvollständige Statistik zur Bedeutung des Canisianums für die Theologische Fakultät in Innsbruck

Assoz.-Prof. Dr.
Nikolaus Wandinger

P. Rektor hat mich gebeten, etwas über die Bedeutung des Canisianums für die theologische Fakultät in Innsbruck zu schreiben. Er ging davon aus, dass ich als Altcanisianer (1985–87; 88–92) und ehemaliger Studiendekan der Fakultät (März 2017 bis Februar 2021) dafür geeignet sei. Mir schien es sinnvoll, dies unter das Thema Weltkirche zu stellen.

Ich habe mich also einige Vormittage in der Bibliothek des Canisianums eingenistet, wo mir Fr. Pillat freundlicherweise die Korrespondenzblätter der letzten 60 Jahre und noch einiges andere Datenmaterial zur Verfügung gestellt hat. Ich hatte leider nicht die Möglichkeit für eine vollständige Auswertung, dennoch fand ich das Material recht aufschlussreich. Daher hoffe ich, Sie, liebe Leser und Leserinnen, nicht zu sehr zu langweilen, wenn ich hier zunächst einige Zahlen wiedergebe und kommentiere.

Auf gesonderten Blättern waren mir Zahlen aus der Frühzeit des Canisianums zugänglich: Von 1858 bis 1900 befanden sich im Nikolaihaus insgesamt 5.515 Konviktoren, die überwiegende Mehrzahl kam aus Europa und Nordamerika, dazu ein paar Australier und Südamerikaner, u. a.: 2.132 Deutsche, 936 Österreicher, 846 Schweizer, 455 Slowaken, 148 Polen, 274 Ungarn, 167 „Südslawen" (Jugoslawien gab es ja damals wie heute nicht), 2 Norweger, 1 Schwede, 4 Rumänen und 5 „Russen" (hier ist davon auszugehen, dass es sich um Ukrainer handelt, die ja seit 1899 im Canisianum studiert haben), dazu 5 Australier, 2 Kanadier und 459 US-Amerikaner. Ich habe hier nicht alle Länder aufgezählt, sondern nur die wichtigsten und die auffälligsten, daher ergibt sich nicht die oben genannte Summe. Im Zeitraum 1900–1942 betrug die Gesamtzahl der Konviktoren 10.049, davon u. a. 6 aus Japan (davor und danach niemand mehr), 2 Australier, 89 Albaner (ein Land, das auch vorher und nachher nie wieder aufscheint), 3.250 Deutsche, 80 Engländer, 1 Este, 11 Letten, 47 Litauer, 14 Holländer, 16 Franzosen, 9 Iren, 81 Italiener, 1.675 Österreicher, 575 Polen, 888 Schweizer, 757 Slowaken, 275 „Südslawen", 826 Ungarn, 67 „Russen" (d. h. Ukrainer), 5 Kanadier, 1.258 US-Amerikaner und 6 Brasilianer (auch hier sind nicht alle aufgezählt).

Das Canisianum war also von Anfang an ein höchst internatio-

Die Chronik der süddeutschen Landsmannschaft präsentiert die ersten „Missionstheologen" in ihren Reihen. Beginnend mit dem kleinen Bild im Uhrzeigersinn ist je ein Student von den Philippinen, Indien und Nigeria zu erkennen.

nales Haus. Dennoch konzentrierte sich diese Internationalität auf den europäisch-nordamerikanischen Raum, also auf das, was – in einer nicht geographisch, sondern ideengeschichtlich gemeinten Sprechweise – „der Westen" genannt wird.

Gerade das begann sich in den frühen 1960er-Jahren zu ändern, vermutlich nicht zufällig zur Zeit des Zweiten Vaticanums. Im KBC 95 (1/2) vom Oktober/Jänner 1960/61 werden erstmals und als große Sensation „Missionstheologen" vorgestellt: ein Inder, ein Nigerianer, ein Ghanaer und ein Philippino, die – man höre und staune – der süddeutschen Landsmannschaft zugeordnet wurden und mit dieser auch einen sehr abenteuerlichen Herbstausflug nach Südtirol erlebten (vgl. ebd. S. 33–37 von Rupprecht v. Bechtolsheim). Neben diesen vier Genannten kamen 1960 ein zweiter Inder, ein zweiter Nigerianer und ein Koreaner ins Haus. Diese Neoingressi „wollten […] keine eigene Landsmannschaft bilden, – sind doch ihre völkischen Unterschiede oft größer als die der übrigen Nationen im Hause, – sondern sie verteilten sich auf die anderen Landsmannschaften, so daß nun eine Reihe von ihnen [d. h. den Landsmannschaften] ‚ihre' Missionstheologen haben, auf die sie mächtig stolz sind. Diese ‚leibhaftige' Begegnung mit der Weltmission empfinden wir als eine große Gnade, die in unserem späteren priesterlichen Leben sicherlich ihre Früchte tragen wird. Ebenso werden unsere Missionstheologen einmal unentbehrliche Bindeglieder zwischen der ‚Alten' und der ‚Jungen' Kirche sein." (Ebd. S. 38 ohne Autorenangabe; auch die Sprache hat sich seither deutlich gewandelt, aber man versteht, was gemeint ist.)

Für die nächsten Wochen und das Frühjahr 1961 werden noch angekündigt: 2 Konviktoren aus Vietnam, 3 aus Korea, 1 aus China (Macao), 1 aus Pakistan (!), 2 aus Uganda, 1 aus Angola und 2 aus „Nordtaganjika" (S. 40); (für alle, die – wie ich, bevor ich das Internet durchsuchte – nicht wissen, wo Taganjika liegt: es ist Teil von Tansania, allerdings gibt es auch im Kongo eine gleichnamige Provinz). Diese Pläne konnten aber nicht ganz verwirklicht werden, denn die Gesamtliste der Canisianer von 1961 weist aus: 2 aus Ghana, 1 aus Kamerun, 3 aus Nigeria, 2 aus Tansania (also vermutlich jene aus Nordtaganjika), 1 Ugander, 1 Chinese, 2 Inder, 4 Koreaner, 2 Philippinos und 2 Vietnamesen. Ein Pakistaner taucht in den Zahlen, die mir zugänglich waren, zu keiner Zeit auf. Die große Mehrheit der insgesamt 182 Konviktoren stellten nach wie vor Europäer und Nordamerikaner: u. a. 56 Deutsche, 29 Österreicher, 11 Schweizer, 5 Spanier, 2 Mexikaner und 47 US-Amerikaner. Dennoch: Eine neue Zeit war angebrochen, in der das Canisianum nicht mehr vor allem eine Gemeinschaft der Kirche des Nord-Westens bleiben sollte.

Nach vier Jahren am Canisianum promovierten 2019 Domèbèimwin Vivien Somda zum Doktor der Philosophie und der Theologie sowie Isidore Isidore zum Doktor der Pastoraltheologie.

Ich möchte diese Entwicklung nun ein wenig im Zeitraffer verfolgen. Die Zahl der US-amerikanischen Studenten blieb bis Ende der 60er-Jahre hoch, ging aber ab 1963 zurück von 57 auf 42 (1965), 27 (1967) und 19 (1969). 1963 ist übrigens auch jenes Jahr im beschriebenen Zeitraum, in dem die meisten Konviktoren im Haus sind, nämlich 197. Im WS 1964/65 waren fast ein Drittel der Studierenden der Fakultät aus dem Canisianum, nämlich 149 von insgesamt 482 Studenten und 5 (!) Studentinnen, vom Innsbrucker Diözesanseminar kamen 85, 144 gehörten einem Ordenshaus in Innsbruck an, es gab 30 Professoren und Dozenten (vgl. KBC 99/3, April 1965, S. 27, Autor „kp"). Zwischen 1969 und 1978 fehlen mir leider die Daten, da das KBC in diesem Zeitraum keine Konviktorenlisten veröffentlichte. Die Gesamtzahl der Konviktoren fiel in diesen Jahren von 144 auf 83. 1978 gab es nur noch 3 US-Amerikaner, seit 1990 keinen mehr. Auch die Zahl der Europäer reduzierte sich in diesem Zeitraum von 116 (1963) auf 41 (1978), bewegte sich in den frühen 80er-Jahren zwischen 20 und 30; in der zweiten Hälfte der 80er- und den beginnenden 90er-Jahren wuchs ihre Zahl noch einmal auf zwischen 30 und 40 (die Auflösung des „Ostblocks" zeigt sich deutlich), um 1995 mit 45 den letzten Höchststand zu erreichen und dann wieder abzunehmen. Von 1963 bis 1991 finden sich auch viele Jugoslawen, im Jahr 1969 immerhin 20, dann ab 1992 Studenten aus Bosnien-Herzegowina und ab 1994 aus Kroatien. Die Gesamtzahl der Konviktoren 1995 war 89, was die höchste Zahl seit 1978 ist.

Der deutlichste Rückgang geschah vor dem Übergang ins neue

Jahrtausend, von 81 (1999) auf 60 (2000), dann 50 im Jahr darauf. Der letzte Student mit deutscher Muttersprache war 1 Deutscher 2013, nachdem im Jahr zuvor die letzten 3 Österreicher das Haus verlassen hatten. Im Jahr 2014 war kein Europäer im Canisianum, seither sind zwischen 2 und 4 Ukrainer die einzigen Europäer im Haus. Die Zahl der Konviktoren hat sich nach einem Tiefststand von 32 (2008) auf etwas über 40 eingependelt. 2020 scheinen zwar nur 29 auf, aber das ist wohl den Reisebeschränkungen der Corona-Pandemie geschuldet. Im WS 2019/20 hatte die Fakultät insgesamt 567 belegte Studien, davon 305 von Männern und 284 von Frauen, Doktorate waren 91 von Männern und 18 von Frauen belegt (Quelle: https://lfuonline.uibk.ac.at/public/stv01_pub.liste), 40 Studenten waren Canisianer.

1983 war die Gesamtzahl der Konviktoren aus Afrika und Asien erstmals größer als jene der Europäer und Amerikaner, nämlich 32 zu 26 (im Jahr davor waren es noch 27 zu 33). Seither sind die „Westler" in der Minderheit. In den letzten Jahren wechseln sich Afrika und Asien als jene Kontinente ab, welche die meisten Studenten im Haus haben, und zwar jeweils in den höheren 10er- oder niederen 20er-Werten. Dabei führt Indien bei den asiatischen Ländern (Inder sind auch durchgehend seit 1960 im Canisianum), neu hinzugekommen sind Indonesien und China; Korea, das lange Zeit gut vertreten war, ist es seit 2018 nicht mehr. Aus dem momentan gebeutelten Myanmar war bis vor wenigen Jahren ein Student im Haus. Bei den afrikanischen Ländern ist Nigeria jenes, das in den meisten Jahren vertreten war, in den 80er- und 90er-Jahren auch mit einer großen Zahl von Studenten (Höchstzahl 17, 1988, nunmehr 3). Heute ist kein einzelnes afrikanisches Land über-

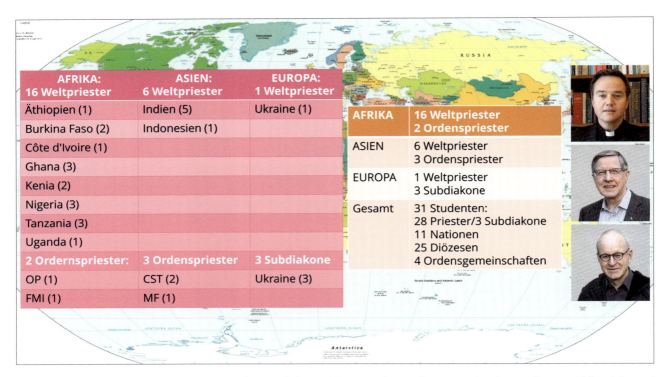

Folie aus der aktuellen Powerpoint-Präsentation (2020/21) des Canisianums: Die Konviktoren werden den Kontinenten Afrika, Asien und Europa zugeordnet bzw. in Welt- und Ordenspriester unterschieden.

Das Foto zeigt den Studienjahrgang 2019/20 in Corona-gerechter Aufstellung und lässt neben Rektor P. Andreas Schermann SJ und Spiritual P. Josef Thorer 39 Konviktoren mit überwiegend außereuropäischer Herkunft erkennen.

proportional vertreten, sondern die Afrikaner verteilen sich auf acht Länder (Äthiopien, Burkina Faso, Elfenbeinküste, Ghana, Kenia, Nigeria, Tansania, Uganda).

Ein eigenes Wort sei noch über die Ukrainer gesagt: Sie haben eine lange Tradition im Haus, und im Laufe der Jahre sind auch immer wieder Studenten aus anderen Ländern mit dem Zusatz ukrainischer Ritus vermerkt: so einzelne aus Australien, der CSSR, 1969 2 von 27 Deutschen, alle 3 im Haus befindlichen Kanadier, 1979 1 von 7 Jugoslawen, 1967–69 2 Brasilianer. Aus der Ukraine selbst waren 1967–69, 1979 und dann wieder ab 1994 Studenten im Haus. Durch ihre Zugehörigkeit zur katholischen Kirche mit eigenem Ritus, eigenem Kirchenrecht und der Möglichkeit der Priesterweihe für verheiratete Männer stellen sie eine wertvolle besondere Form katholischer Kirchlichkeit dar.

So, damit genug der Zahlen. Was aber hat dies nun alles mit der theologischen Fakultät zu tun? Ich denke, die Antwort ist einfach: Diese Canisianer bringen uns die Vielfalt ihrer Kulturen und ihrer Gestalten von Kirche mit. Gäbe es das Canisianum nicht, unsere Studierenden kämen fast ausschließlich aus Österreich (vor allem Tirol und Vorarlberg) und Südtirol mit einigen Gästen aus Deutschland und der Schweiz. Wir wären provinzieller ohne das Canisianum, gar keine Frage. Umgekehrt sind es die Canisianer, die als Multiplikatoren das in Innsbruck Studierte in alle Welt tragen. Und sie tun dies ja, indem sie spezifische Innsbrucker Ansätze (hier seien die Stichworte „dramatisch", „kommunikativ", „analytisch" nur kurz genannt) mit ihren eigenen Erfahrungen in ihrer Kultur und ihrer Ortskirche konfrontieren.

Innsbrucker Theologie wird dadurch einem Tauglichkeitstest für die Weltkirche unterzogen. Sie bleibt ganz sicher nicht unverändert dieselbe, wenn sie in Afrika oder Asien ankommt und dann dort weitergetrieben wird. Sie bleibt nicht einmal hier in Innsbruck unverändert, wenn wir mit unseren Doktoranden aus dem Canisianum diskutieren und forschen. Der Weg ist dabei nicht immer leicht: angefangen von Sprachproblemen bis hin zu kulturellen Differenzen. Doch nicht nur die Canisianer lernen dabei etwas, auch wir Lehrenden an der Fakultät befinden uns dabei in einem Lernprozess, der uns bereichert. Und die einheimischen Studierenden erweitern ihren Horizont durch die Begegnung mit den Studierenden aus aller Welt.

Schön ist, dass der Jesuitenorden in letzter Zeit auch eigene Doktoranden aus verschiedensten Weltgegenden wieder zum Doktorat nach Innsbruck holt. Dies ist eine sehr erfreuliche Entwicklung. Die Fakultät hofft auch sehr, dass der Plan ein Doktorandinnenkolleg zu gründen bald realisiert werden kann. Die Einrichtung dieses geplanten Studienhauses für Frauen aus aller Welt, die ein Doktorat in Theologie erwerben wollen, hat sich aufgrund der Pandemie etwas verzögert; wir hoffen aber, es wird nicht mehr lange dauern. Die obigen Zahlen zeigen, dass es notwendig ist.

Doch problematische Seiten sollen nicht verschwiegen werden: War das Canis früher westlich dominiert, so ist nun der Westen darin kaum mehr vertreten, vor allem fehlen Personen deutscher Muttersprache. Der Erwerb von Deutschkenntnissen und das Kennenlernen der westlichen Kultur sind dadurch schwieriger für die Canisianer. Seit das Canisianum im Herbst 2007 als Theologisches Kolleg geführt wird, in das nur mehr Doktorats- und Lizentiatsstudenten aufgenommen werden, hat deren Präsenz in den Lehrveranstaltungen der Fakultät auch abgenommen, das ergibt sich aus der Natur der Sache. Es bedeutet aber auch, dass die hiesigen Studierenden im Grundstudium weniger von der Weltkirchlichkeit der Canisianer mitbekommen und Letztere weniger vom normalen Studentenleben in Österreich. Der Gefahr, dass aus dem Canisianum dadurch eine Insel wird, sollten wir entgegenwirken. Umgekehrt müssen wir Lehrenden an der Fakultät uns fragen, ob unsere theologischen Ansätze, die wir ja in Auseinandersetzung mit unserer Situation in Mitteleuropa entwickeln, wirklich den Studenten aus anderen Erdteilen hilfreich sein werden oder ob wir sie zu etwas verpflichten, das für ihre weiteren Aufgaben irrelevant ist. Auch hier sind Gefahren zu vermeiden. Umso wichtiger ist es, dass wir uns bemühen, echten Dialog zu leben: zwischen einheimischen und weitgereisten Studierenden, den Lehrenden und den Studierenden, den Lehrenden und der Leitung des Canisianums. Hier ist es angebracht, Dank zu sagen, denn meiner Erfahrung nach gelingt das nicht schlecht und alle Beteiligten sind darum bemüht. Dennoch ist es immer wieder eine Herausforderung, der wir alle uns stellen sollten.

Zum Schluss noch eine heitere Anekdote aus den 60er-Jahren: Dass es bei Sprachproblemen auch zu lustigen Missverständnissen kommt, wissen alle Canisianer. So berichtet das KBC 98/4 vom Juli 1964, dass ein Student in der schriftlichen AT-Prüfung etwas über die „Verhärtung des Pharao" schreiben sollte. Stattdessen schrieb er „eine längere Abhandlung über die ‚Verheiratung des Pharao'" (S. 36, Autor: Leo Zirker). Bemerkenswert dürfte sein, dass ihm dazu so viel eingefallen ist ...

Das Canisianum und die Weltmission

Mag. Basil Iruthayasamy
Dr. Désiré Sawadogo
Mag. Roman Ptasiuk
Dr. Xu Feiyan
Lic. Dominikus Sukristiono

2018 und 2019 gestaltete anlässlich des Weltmissionssonntages im Oktober die Gemeinschaft des Canisianums den Gottesdienst in der Jesuitenkirche zu Innsbruck. Darin wurde die Vielfalt der am Canisianum bestehenden Kulturgruppen verschiedener Kontinente offensichtlich. Jede Kulturgruppe gab in diesem feierlichen Rahmen Zeugnis über ihr Verständnis des weltmissionarischen Wirkens in ihren Heimatländern.

Mission in Indien

Basil Iruthayasamy

Ich heiße Basil. Ich komme aus Indien bzw. aus dem Bundesstaat Tamilnadu von der Südost-Küste des Landes. Meine Muttersprache heißt Tamil. Indien ist ein Land mit vielen Kulturen und Religionen und von dichter Bevölkerung geprägt. Das Land ist be-

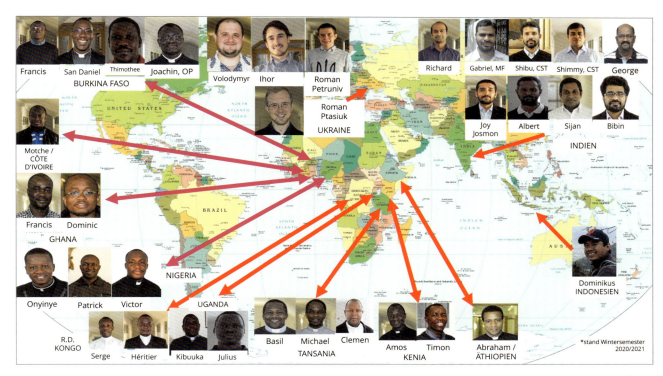

Folie aus der aktuellen Powerpoint-Präsentation (2020/21) des Canisianums: Die Konviktoren werden den einzelnen Ländern von Äthiopien bis zur Ukraine zugeordnet und namentlich vorgestellt.

Mag. Basil Iruthayasamy

kannt für seine religiöse Toleranz und Gewaltlosigkeit. In Indien kann man sechs bedeutenden Religionen kennenlernen: nämlich Hinduismus, Islam, Christentum, Sikhismus, Buddhismus und Jainismus. Da das Land wesentlich säkular bleibt, würde es die eine Religion ebenso wie die andere respektieren und tolerieren. In dieser pluralistischen kulturellen und religiösen Atmosphäre schafft die normale Bevölkerung die Toleranz zwischen Menschen. Aber die Politiker und die Mächtigen wollen eine ernsthafte Trennung zwischen Menschen im Namen der Religionen eindringlich veranlassen. Und deshalb ist das Land öfters von unangenehmen, unruhigen Situationen betroffen.

Die Religionen der Stammesvölker haben ihre eigenen Götter, Rituale und Bräuche, die in ihrer Welt sehr vielfältig sind. Die Stammesangehörigen sind arm und wenig gebildet aufgrund von etlichen Einschränkungen. In diesem Kontext beschränkte sich die christliche Mission darauf, Jesus zu verkörpern und Mittel zu finden, um die Wahrheit des Evangeliums, zu verkünden.

Verkündigung geschieht nicht nur durch Worte, sondern auch durch Taten. Bis heute besteht unsere Mission darin, die Stämme, die Dalits, die Armen und die Unterdrückten zu erheben, indem man ihnen Gerechtigkeit verschafft und ihnen ihre Würde zurückgibt.

Die Bemühungen um die Mission und die Missionare selbst werden oft von einer Hindu-Gruppe namens RSS bedroht. Trotz dieser Faktoren sind die Missionare bereit, ihr Leben für die Schwächeren zu geben, Christus zu bezeugen und sein Königreich zu errichten, in dem alle gleich sind und in einer harmonisierten Situation von Liebe, Frieden und Gerechtigkeit leben.

Es gilt die Menschen dazu zu bringen, ihre Unterschiede zu akzeptieren, sie nicht zum Christentum zu zwingen, sondern ihnen den Glauben anzubieten. Dies tun wir, indem wir uns für die Armen einsetzen, die Menschen aufblühen lassen, anderen Gutes tun und uns solidarisch zu zeigen.

Mission heißt, allen Menschen das Evangelium zu bringen, all jenen Menschen zu dienen, die sich nach etwas Bleibendem sehnen. Und deshalb beginnt Mission nicht erst hinterm Äquator. Mission beginnt, sobald wir die Kirche verlassen und Menschen draußen begegnen. Dort beginnt das Missionsgebiet: Weil dort die Menschen einen Halt brauchen.

Tamil ist eine Sprache und meine Muttersprache, die von etwa 78 Millionen Menschen gesprochen wird und als Amtssprache in Sri Lanka, Singapur, Kanada und in Australien anerkannt ist. Tamil ist die einzige klassische Sprache, die bis in die moderne Welt überlebt hat. Die Tradition sagt, dass Tamil die älteste Sprache der Welt ist, die seit circa fünfzigtausend Jahren gesprochen wird. Die Forscher haben Inschriften aus dem 3. Jahrhundert v. Chr. in Tamil gefunden, und seitdem ist es ununter-

Dr. Désiré Sawadogo

brochen in Gebrauch. Ja liebe Freunde, dies ist eine kurze Erzählung von Indien. Aber schließlich möchte ich ein Wort in meiner Muttersprache Tamil sagen, das auf Deutsch eigentlich „Danke" bedeutet. Das Wort ist „Nandri" நன்றி. 🙏

Mission in Afrika

Désiré Sawadogo

Was verbinde ich persönlich mit dem Begriff Mission? Mit Mission verbinde ich meinen Kontinent: Afrika, bestehend aus 54 verschiedenen Ländern und Staaten, gekennzeichnet durch eine große Vielfalt an Sprachen und Kulturen, in denen das Evangelium Wurzeln geschlagen hat, durch das Wirken vieler Missionarinnen und Missionare.

Mit Mission verbinde ich auch mein Heimatland: Burkina Faso, wörtlich übersetzt: die Heimat der aufrechten Menschen. Burkina Faso, das frühere Obervolta, wurde von den Afrikamissionaren evangelisiert. Die ersten sind im Januar 1900 eingetroffen.

Mit Mission verbinde ich weiter meine Taufe, die ich 1974 empfangen habe. Ich wurde eben von einem Missionar getauft, wie einige andere Canisianer aus Afrika. Ich weiß, dass vieles von dem, was ich heute bin, mit meiner Taufe begonnen hat. Die Taufe gilt zugleich als Gabe und Aufgabe. Und ich erinnere mich immer wieder voller Dankbarkeit an meinen Tauftag.

Mit Mission verbinde ich weiter meinen eigenen Namen, meinen Taufnamen: Désiré, der Erwünschte! Das ist unser aller Na-

Die Alt-Canisianer aus Nigeria trafen sich am 10. Oktober 2018. Unter ihnen Dr. Ernest Obodo (4. v. l.), der am 31. August 2018 zum Weihbischof der Diözese Enugu geweiht wurde.

Mag. Roman Ptasiuk

men. Wir wurden nicht nur von unseren Eltern, sondern vor allem von Gott erwünscht und in die Welt gestellt, als Missionarinnen und Missionare seiner Zuwendung zu den Menschen.

Mit dem Begriff Mission verbinde ich schließlich den Dialog mit anderen Religionen und Glaubensgemeinschaften in vielen Ländern Afrikas. Das „Anders-Sein" ist eine Herausforderung, aber auch eine Bereicherung. Das „Anders-Sein" vor allem in Religion zu akzeptieren trägt zum Frieden bei, und unsere Mission in der Welt besteht darin, den Frieden zu stiften. Deshalb mache ich mir die Antwort der Brüder Jakobus und Johannes im heutigen Evangelium zu eigen, als sie dem Herrn versicherten: „Wir können es"; yes, we can! Wir können Frieden stiften, auch wenn es manchmal schwer ist.

Ich wünsche uns allen diesen Frieden, den wir auch beim Friedensgruß miteinander teilen. Ich beende meinen Text mit dem Friedensgruß, wie man es in meiner Muttersprache (Moo-re) sagt: der Friede des Herrn sei mit euch! Soaala laafi zînd ne yâmba.

Mission in der Ukraine

Roman Ptasiuk

In der Ukraine gab es Christen schon seit dem fünften Jahrhundert. Jedoch waren es sehr wenige, weil noch das Heidentum herrschte. Seit dem Ende des 10. Jahrhunderts wurde das Christentum zur Staatsreligion der Kiewer Rus anerkannt. Eine entscheidende Rolle im Christianisierungsprozess der heutigen Ukraine und damaligen Kiewer Rus spielte unser heiliger Fürst Wolodymyr der Große.

Es gibt eine Legende, dass der Großfürst eine Religion wählen wollte. Er interessierte sich für verschiedene Religionen und wollte ihre Lehren und Traditionen kennenlernen. Deshalb kamen verschiedene religiöse Vertreter zu ihm und erzählten ihm von ihrem Glauben. Die Lehre des Evangeliums berührte das Herz des Fürsten. Wolodymyr der Große war fasziniert von der Predigt eines byzantinischen Priesters und schickte seine Gesandten zum Gottesdienst in der Hagia Sophia in Konstantinopel.

Als sie zurückkamen, erzählten sie ihm: „Griechen führten uns dorthin, wo sie ihrem Gott dienen; und wir wissen nicht, ob wir im Himmel waren oder auf Erde: denn auf Erde gibt es solche Schönheit sonst nicht. Und wir sind nicht im Stande, davon zu berichten. Nur das wissen wir, dass dort Gott mit den Menschen ist, und ihr Gottesdienst ist besser als in allen anderen Ländern. Wir aber können diese Schönheit nicht vergessen; denn kein Mensch, der Süßes gekostet, nimmt hernach Bitteres zu sich." Hier ist es wichtig, nicht nur die Schönheit des Ritus hervorzuheben, sondern auch die Wirkung und die Kraft des liturgischen Gebets der Kirche zu betonen.

Dr. Xu Feiyan

Dann entschied der Fürst, die Taufe im byzantinischen Ritus zu bekommen und das Christentum zur Staatsreligion zu machen. Er baute auch Hagia Sophia – den Tempel der Göttlichen Weisheit – in der Hauptstadt und viele andere Kirchen. Seit dieser Zeit ist christliche Moral zur Grundlage der Staatsgesetze geworden.

Die Ukrainische Unierte Kirche ist Erbin dieser alten byzantinischen Tradition. Es ist wichtig zu betonen, dass die Geschichte unserer Kirche an die Zeiten des noch nicht getrennten Christentums erinnert. In der sowjetischen Zeit hat die Unierte Kirche 40 Jahre in den Katakomben existiert, weil es für uns wichtig war, die Einheit mit dem Papst zu erhalten, die für uns ein Zeichen und eine Bestätigung der Einheit der Kirche ist.

Unsere Kirche ist eine Kirche der Märtyrer, die sich mit neuer Kraft entwickelt und erfolgreich Gott und den Menschen dient. Wir haben unsere Diözesen sowohl in der Ukraine als auch in der ganzen Welt: in Argentinien, Brasilien, Kanada, USA, Australien, etlichen Ländern Europas, Russland, und Kasachstan.

Mission in China

Xu Feiyan

Wenn wir heute gemeinsam die Weltmission feiern, erinnere ich euch an die ersten Chinamissionare.

P. Matteo Ricci gründete 1583 die erste Jesuitenniederlassung in China. Einmal angekommen blieb er bis zu seinem Tod am 11. Mai 1610 in Peking. Er war der Begründer der Chinamission und brachte zum ersten Mal die Erkenntnisse der chinesischen Geschichte und Kultur der Ming-Dynastie in Verbindung mit dem Christentum. Er hat mit seiner Methode: „Anpassung an die Kultur" erfolgreich das Evangelium verkündet. Die Chinesen würdigen noch heute P. Matteo Ricci als einen Botschafter Europas und ersten Weltbürger Chinas.

P. Josef Freinademetz war ein Steyler Missionar aus Südtirol. Im Jahr 1881, im Alter von 30 Jahren, reiste er nach China in die Provinz „Shan Dong" um dort zu missionieren. Er schrieb einen Brief an seine Verwandten: „Ich liebe China und die Chinesen, hier möchte ich sterben und bei ihnen begraben werden." Insgesamt 29 Jahre lebte er in der Diözese Yan Zhou. Er teilte sein ganzes Leben mit den armen Menschen. Am 28. Januar 1908 ist er dann in China verstorben. Am 5. Oktober 2003 wurde er heiliggesprochen.

P. Luis Gutheinz ist ein Jesuit aus Tirol und lebt seit 1961 in Taiwan. Er fühlt sich wie zu Hause. Mit seinen Mitarbeitern hat er zahlreiche theologische Nachschlagewerke übersetzt und kompiliert. Diese sind wichtig für eine inkulturierte Theologie in China. Er ist nicht nur Theoretiker, sondern setzt sich auch für die Leprakranken ein. Mit seinem Le-

Lic. Dominikus Sukristiono

ben im Dienst an der Leprakranken zeigt er uns Theorie, aber außerdem gelebte Praxis.

Ich bedanke mich bei den Chinamissionaren für das Zeugnis des Glaubens. Sie hatten oder haben leidenschaftliches Interesse am Menschen. Sie schauen den Menschen in ihre Augen und entwickeln mit der Zeit auch wunderbare Freundschaften. Josef Freinademetz hatte einen bekannten Wahlspruch: „Die einzige Sprache, die jeder versteht, ist die Liebe."

Jesus sagt einmal zu seinen Jüngern: „Das ist mein Gebot, dass ihr einander liebt, weil ich euch geliebt habe. Eine größere Liebe hat niemand als die, dass er sein Leben für seine Freunde hingibt" (Joh 15, 12–13). Amen.

Mission in Indonesien

Dominikus Sukristiono

Ich heiße Dominikus Sukristiono. Ich komme aus dem Land der fernen Inseln, Indonesien, wo der heilige Franz Xavier vor ca. 500 Jahre gelandet ist. Indonesien ist kein christliches Land. Die Mehrheit sind Muslime. Es ist aber auch kein muslimisches Land. In meinem Heimatdorf ist unsere Familie die einzige katholische Familie. Wir hatten aber nie Probleme im Zusammenleben mit den anderen Gläubigen. Wir haben uns sogar gegenseitig viel geholfen, auch im Glauben. Ich kann mich daran sehr gut erinnern. Eines Tages gab es eine Dorfarbeit. Alle Bewohner und Bewohnerinnen des Dorfes sollten bei der Bewässerungsinstallation des Reisfeldes zusammenarbeiten. Ich und mein Vater waren dabei. Aber einer unserer Nachbarn hat uns gesagt: „Es ist Sonntag. Warum geht ihr nicht in die Kirche? Lasst uns das machen. Geht ihr ruhig in die Kirche." Das war eine eindrückliche Erfahrung. Sie haben uns in unserem Glauben geholfen. Nicht nur das. Unser Haus ist ziemlich groß. Weil das Dorf keinen Saal hat, treffen sich die Leute bei verschiedenen Veranstaltungen in unserem Haus, auch bei religiösen Veranstaltungen unserer muslimischen Nachbarn und Nachbarinnen, z. B. bei der Koranrezitation. Ja, wir helfen einander, auch im Glauben. Das ist unsere Mission. Religion und Mission soll die Welt nicht spalten, sondern vereinen. Ich habe erlebt, dass dies möglich ist.

Das Collegium Canisianum im Laufe eines Studienjahres

MAG. WILHELM REMES

Wer die Chroniken der Canisianum-Korrespondenzblätter Revue passieren lässt, kann im Canisianum einen geregelten Jahresablauf erkennen, der von bestimmten jährlichen Fixpunkten geprägt wird. Vergleicht man diese über die Jahrzehnte hinweg, so ergeben sich infolge der Überarbeitungen von Kollegsordnungen und Leitbildern (Ratio Localis) oder im Falle der aktuellen Corona-Pandemie auch größere Modifizierungen im Jahreslauf. Wir wollen hier jedoch die letzte Dekade ins Auge fassen und das Leben am Canisianum im Laufe eines Studienjahres betrachten.

Eine Woche vor Beginn des Wintersemesters (Anfang Oktober) der Theologischen Fakultät Innsbruck regt sich auch das Leben am Canisianum wieder. In der letzten Septemberwoche feiert der Rektor mit der Gemeinschaft des Canisianums eine Vesper, danach begrüßt er im Zuge eines Eröffnungsabends die Neoingressi, fasst die Ereignisse des Sommersemesters zusammen und informiert über die wichtigen Termine im kommenden Semester. Am Tag darauf folgen Kollegskonsult und „dies officialis". Bei Letzterem werden die Dienste und Ämter im Canisianum untereinander aufgeteilt sowie die Moderatoren für vier Aufgabenbereiche (Gemeinschaft / Dienste, Liturgie; Spiritualität; Kultur) gewählt. Darüber hinaus werden die Kulturgruppen für das neue Studienjahr zusammengestellt, die von Jahr zu Jahr variieren können; 2018 bildeten sich drei afrikanische, eine indische sowie eine internationale Kulturgruppe.

Noch in derselben Woche findet die Wallfahrt zu Studienbeginn statt. War es früher über Jahrzehnte hinweg Tradition – sei es im November oder auch einige Zeit lang im Mai – zum Gnadenbild von Maria Absam zu pilgern, so wird nun jedes Jahr ein anderer Wallfahrtsort

Dies officialis: Rektor P. Andreas Schermann SJ delegiert die Aufgabenbereiche.

2019 führte die jährliche Wallfahrt zur Schwarzen Madonna von Altötting.

Alle fünf Jahre führt die Wallfahrt nach Rom: Treffen (2012) mit P. General Adolfo Nicolás SJ (stehend, im kurzärmeligen Collarhemd) auf der Dachterrasse der Generalskurie. Darunter kniend P. Severin Leitner SJ, Assistent des P. General SJ und einst Regens und Rektor des Canisianums (1997–2001).

2017 konnte in Rom eine Begegnung mit Papst Franciscus im Rahmen der wöchentlichen Generalaudienz arrangiert werden.

Die Kollegsgemeinschaft bei der Segnung des Canisianum-Grabes im Innsbrucker Westfriedhof.

Die Canisianer geben ihr Bestes, um den Adventabend besinnlich zu gestalten!

Geselliges Beisammensein bei Glühwein, Punsch und Weihnachtskeksen.

ausgewählt. Zuletzt waren dies Heiligwasser bei Igls (2018), Altötting (2019) und Maria Plain (2020). Alle fünf Jahre jedoch führt die Wallfahrt im September nach Rom, so zuletzt 2012 und 2017.

Anfang Oktober bzw. Anfang März zu Beginn des Semesters nimmt die Gemeinschaft des Canisianums am Eröffnungsgottesdienst der Theologischen Fakultät in der Jesuitenkirche teil, wenige Tage darauf beginnen die Kommunitätsgottesdienste im Canisianum. Im Oktober beteiligen sich die neuen Doktoranden des Canisianum an der Ausstellung der Wissenschaftsposter an der Theologischen Fakultät die im Zuge der Lehrveranstaltung „Wissenschaftsdidaktik" an der Universität Innsbruck erstellt werden. Neben „Lehren und Lernen" an der Hochschule wird hier auf Erlernung bzw. Einübung der Präsentationsmöglichkeiten von Wissenschaft in der Öffentlichkeit Wert gelegt. In den letzten Jahren gestalteten die Canisianer zudem den Weltmissionssonntag, der jeweils im Oktober gefeiert wird. Zu Allerseelen gedenkt man der verstorbenen Alt-Canisianer, Lehrer, Erzieher, Mitarbeiter und Wohltäter: Zunächst wird eine hl. Messe für die Seelen der Toten abgehalten; am Nachmittag begibt sich die Gemeinschaft zum Westfriedhof, um das Canisianum-Grab zu segnen. Im November beginnt der Reigen der fünf Einkehrtage, die

Object-Oriented Ontology:
Closing The Gap Between Knowledge And Reality?

Background and Outline
Immanuel Kant had famously distinguished the noumenon (the thing-in-itself) from the phenomenon (what humans know or perceive). Humans have no direct access to the noumenon; epistemic access is only to the phenomenon. Harman's Object-Oriented Ontology (OOO) returns autonomy to the noumenon. Harman prefers the word object, which is to be understood in a wide sense, that is anything that cannot be reduced to constituent parts or to effects on other things.

OOO finds that the best access to objects, while allowing objects to be themselves, is through an aesthetic approach. He argues that all objects must be given equal attention, whether they be human, non-human, natural, cultural, real or fictional. This philosophy poses the problem of detecting the gap between knowledge and reality. Modern epistemological theories have mostly concerned what appears directly to the human mind than what exists independent of our mind. In contrast to this, Harman presents a new way of understanding reality.

Objectives
The research seeks to engage critically with OOO. Thereby it hopes to identify and close the gap between the knower and the known; between the knowledge and reality. This will be contrasted with the materialistic school of Indian Philosophy (Charvaka).

Research Questions
- What is reality, really?
- How does the view that humans are no more special or important than the non-human objects we perceive change the way we understand the world?
- What are the philosophical underpinnings if objects function independently of human subjectivity?

Method
- Metaphysical Speculation, Speculative Ontology, Analytical Ontology, Transcendental Metaphysics.
- Analysis of Positions, Theories, from various philosophers.

Literature
- Harman, Graham. Object-oriented Ontology: A New Theory of Everything. Pelican Books. London 2018.
- Gabriel, Markus. Fields of Sense: A New Realist Ontology. Edinburgh University Press. 2015.

https://images.app.goo.gl/Sbpk3YrnRrdvaSGw8
https://images.app.goo.gl/PG75z6CEgUDWTKFT7

Supervisor:
Ao. Univ.-Prof. Dr. Christian Kanzian
Institut für Christliche Philosophie

Shimmy Joseph Vayalil,
shimmy.vayalil@student.uibk.ac.at

Mag. Shimmy Joseph Vayalil widmet sich in der Metaphysik der Frage, ob die objektorientierte Ontologie die Lücke zwischen Wissen und Realität schließen kann.

Conflicts and Conquests
Israel's challenges in Numbers 20 and 21

Overview
Numbers 20 and 21 relate the march of the people of Israel out of the wilderness. The journey is characterized by peculiar conflicts involving different characters, but one is outstanding – Yhwh, the holy one of Israel. Yhwh embodies the spirit and the consciousness of Israel as a nation. In him he is, with him he moves and only through him he can prosper.
The adversity in the wilderness serves to instill this consciousness whereby Israel has not only to endure deaths but also to undergo a paradigm shift in lifestyle and leadership. Thus, the definitive events between Kadesh in Zin and Moab reveal that the fractured Israel must coalesce not even around Moses but around Yhwh.

Research Questions
- What does the conflict between Moses and Yhwh mean to Israel?
- What is the meaning of the death of elites and dissidents in Num 20 and 21?
- What is the meaning of Israel's conflict with other nations and Yhwh's involvement?

Research Objectives
- Exegetical and hermeneutical analysis of the text.
- Examination of aspects of its theology.
- Demonstration of the relevance of the text to a fractured society like Kenya.

Research Method
- Synchronic exegesis through narrative analysis.
- Textual criticism and intertextual analysis.

Mag. theol. Baraza Amos Odhiambo
Amos.Baraza@student.uibk.ac.at

Betreuer: o. Univ.- Prof. Dr. Georg Fischer SJ
Institut für Bibelwissenschaften und Historische Theologie

universität innsbruck

Mag. theol. Baraza Amos Odhiambo widmet seine Dissertation dem Buch Numeri Kapitel 20 und 21, die vom Auszug der Söhne Israels aus der Wüste erzählen, und beleuchtet darin Rolle und Funktion JHWHs.
Mag. theol. Roman Petruniv stellt die Methodik seines Dissertationsprojekt „Die Jugendarbeit in der Erzdiözese Lemberg" vor.

Die Einkehrtage am 5. und 6. Mai 2018 wurden mit Impulsen von Bischof Hermann Glettler gestaltet: Er referierte über die Tugenden „Gerechtigkeit" und „Tapferkeit".

sich bis in den Mai des Studienjahres verteilen, zumeist gestaltet von auswärtigen Gästen. Der zweite Einkehrtag im Dezember wird jedoch von den Priestern des Canisianum selbst gestaltet. Mitte Dezember kehrt der besinnliche Adventabend für Alt-Canisianer, Wohltäter und Freunde des Canisianums wieder, der aus zwei Teilen besteht: Er beginnt mit einer Andacht und mit weihnachtlichen Gesangsdarbietungen der verschiedenen Kulturgruppen in der Hauskapelle, danach treffen sich alle im Speisesaal der Jesuiten bei Glühwein, Punsch und Keksen. In gemütlicher Atmosphäre können sich Patres und Studenten mit Vertretern ihrer Patenpfarren, Wohltätern und Freunden des Canisianums austauschen.[1] Hernach beginnen die Weihnachtsferien, die bis nach Dreikönig andauern.

Das neue Kalenderjahr beginnt mit der traditionellen Haussegnung – der Jänner ist dann die Zeit der Prüfungen an der Universität. In den Semesterferien im Februar werden auswärts ein bis zwei Exerzitienkurse für Canisianer geboten. Im März besucht der Provinzial der österreichischen Jesuitenprovinz das Canisianum, um die jährliche Visite vorzunehmen. Dabei werden Gespräche mit der Leitung des Kollegs, mit den Koordinatoren sowie mit den Studierenden geführt. Kar- und Osterwoche ist die Zeit der pastoralen Aushilfe der Canisianer in den (Paten-) Pfarreien in Tirol und ganz Österreich. Zum Sommersemester zählen zwei weitere Traditionen: Es sind demokratische Elemente vorgesehen in Form von ein bis zwei Vollversammlungen, in denen sich Rektor, Spiritual, Studienpräfekt sowie alle Studenten des Canisianums versammeln, um über eingebrachte Vorschläge zu dis-

Die Kollegsgemeinschaft im Speisesaal.

Fußballmannschaften verschiedener theologischer Fakultäten in Europa nahmen teil: Die Canisianer freuten sich über den zweiten Platz in der zweiten Endgruppe.

Bei der früher dreistelligen Konviktorenzahl fanden jährlich Canisianum-interne Fußballturniere statt; heutzutage wird eine Canisianum-Auswahl gebildet, wenn es gilt, beispielsweise beim Theo-Fußball-Cup 2019 in Innsbruck anzutreten.

kutieren und diese gegebenenfalls zu verabschieden. Ein Fixpunkt darin ist die Wahl der Koordinatoren für das folgende Studienjahr. Die zweite Tradition bildet der gemeinsame Kulturgruppenabend: „Dabei bereiten alle [fünf] Kulturgruppen des Kollegs Gerichte aus ihrer nationalen Küche zu. Diese Speisen werden dann von allen gemeinsam im Speisesaal verkostet."[2]

Das Herz-Jesu-Fest im Juni als spiritueller Höhepunkt des Studienjahres versinnbildlicht mit der Verehrung des Herzens Jesu das Motto des Canisianums „Cor unum et anima una" und versteht sich gleichsam als festlicher Ausklang eines Studienjahres: „Ein dreitägiges geistliches Programm mit Gebeten und Impulsen führt unsere Kommunität auf das Hochfest hin. Zum Herz-Jesu-Fest, das [2019] am Nachmittag und Abend des 28. Juni stattfand, kamen zahlreiche Freundinnen und Freunde unseres Kollegs. Vortragender war diesmal Dr. Franz Küberl, der ehemalige Präsident der Caritas Öster-

Die afrikanische Kulturgruppe präsentiert ihre heimatlichen Gerichte.

reich. Er sprach über das Thema ‚Anmerkungen zum Christsein heute'. Entsprechend der Tradition folgte auf den Festvortrag die Eucharistiefeier in der Kapelle des ‚alten Canisianums', Rektor P. Andreas Schermann hielt die Predigt. Abschließend ließen die Feiernden den Tag in angenehmer Atmosphäre beim Abendessen im Jesuitenkolleg ausklingen."[3]

Mit Beginn der Sommerferien sind die Mühen für die Neoingressi des abgelaufenen Studienjahres noch nicht zu Ende, denn als Sprachschüler besuchen sie bis in den August hinein noch ihre Deutschkurse, die sie dann mit der Prüfung ÖSD Zertifikat Deutsch B2 abschließen.

Anmerkungen

1 Vgl. KBC, Heft 2, Jahrgang 152 (= Wintersemester 2019/20), S. 55.
2 KBC, Heft 1, Jahrgang 153 (= Sommersemester 2020), S. 36.
3 KBC, Heft 1, Jahrgang 152 (= Sommersemester 2019), S. 27.

Oben: Festvortrag im Rahmen des Herz-Jesu-Festes in der Propter-Homines-Aula im alten Canisianum, die 1999/2000 mit Unterstützung von DDr. Herbert Batliner gründlich renoviert wurde.

Mitte: Anlässlich des Herz-Jesu-Festes sucht man die Hauskapelle im „alten" Canisianum in Innsbruck-Saggen auf, um die Eucharistiefeier zu zelebrieren.

Unten: Musikalische Gestaltung mit individueller Note bei der Herz-Jesu-Eucharistiefeier.

Das Canisianum-Lied

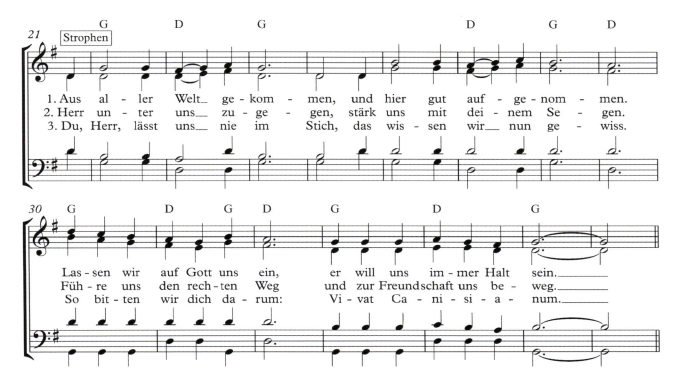

Anlässlich des 350-jährigen Bestandsjubiläum der Leopold-Franzens-Universität Innsbruck komponierte der Canisianer Jean Désiré Sawadogo aus Burkina Faso 2019 ein eigenes „Canisianum-Lied", das die Gemeinschaft der Canisianer in der Folge bei mehreren Gelegenheiten darbrachte. Der Komponist-Dirigent sowie der Chor erntete großen Applaus.

Cor unum et anima una
Gebet der Canisianer

Barmherziger Gott,
du hast uns deine Liebe
in der Hingabe deines Sohnes geoffenbart.
Du schenkst uns durch ihn
die Fülle des Lebens und machst uns fähig,
ihm nachzufolgen und den Menschen zu dienen.

Vater, im Vertrauen auf dich beten wir
für die Gemeinschaft des Canisianums:
gib den Verkündern der Frohbotschaft deine Kraft;
den Studierenden deinen verwandelnden Geist;
den Freunden und Mitarbeitern deinen Beistand.
Gib uns die Gnade,
ein Herz und eine Seele zu werden.
Schenke den Verstorbenen deinen Frieden.

Darum bitten wir durch Christus,
unseren Herrn. Amen.
Heilige Maria, heiliger Petrus Canisius,
bittet für uns.

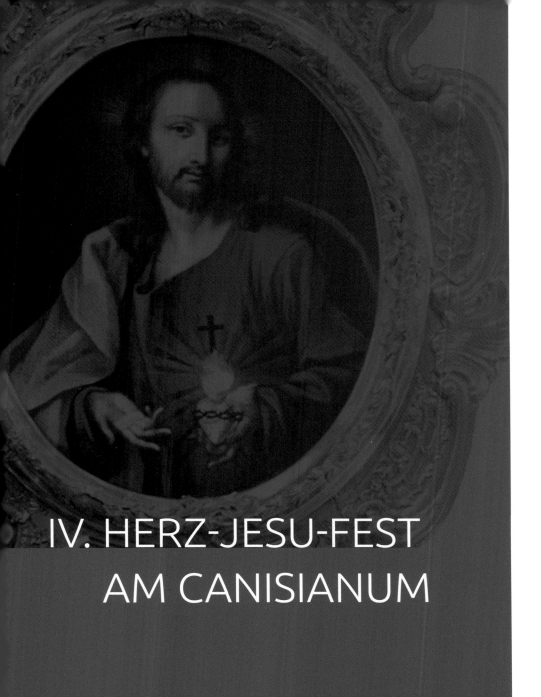

IV. HERZ-JESU-FEST AM CANISIANUM

CANISIANUM
Internationales Theologisches Kolleg

Herz-Jesu-Bild, 1767 in Rom nach dem Werk des Malers Pompeo Girolamo Battoni für die Innsbrucker Jesuitenkirche geschaffen (Mensabild des Judas Thaddäus Altars).

Zur Geschichte der frühen Herz-Jesu-Verehrung[1]

P. Anton Witwer SJ

Die Anfänge

In den ersten zehn Jahrhunderten ist von einer Herz-Jesu-Verehrung noch fast nichts zu finden. Es gibt zwar in dieser Zeit einzelne Leute, die zu einer persönlichen Herz-Jesu-Frömmigkeit finden; sie stehen aber nicht in Kontakt miteinander. So ist auch kein gegenseitiger Austausch und keine Entwicklung der Herz-Jesu-Spiritualität möglich. Deren Anfänge liegen vielmehr im Hoch- bzw. Spätmittelalter und haben ihre Wurzel in der Betrachtung der Leidensgeschichte. Menschen wie Anselm von Canterbury oder Bernhard von Clairvaux kommen durch ihre Betrachtung des Lebens Jesu und der Passion zu einer Herz-Jesu-Frömmigkeit, die uns hier allerdings noch nicht als Kult begegnet, sondern einfach als das persönliche Erfaßtsein vom Leiden Christi und seiner Liebe zu uns.

Was Anselm und Bernhard auf dem Wege ihrer Meditation finden, wird einigen Heiligen des 13. Jahrhunderts in Offenbarungen deutlich. So zeigt Jesus der hl. Luitgard die blutende Wunde seiner Seite und vereint ihr Herz mit dem seinen. Die beiden Schwestern Gertrud und Mechtild von Helfta sehen das Herz aus Fleisch als das Symbol der Liebe des inkarnierten Wortes Gottes – als die Liebe Christi zu den Menschen wie auch zu seinem Vater. Interessant ist, daß diese Offenbarungen – obwohl sie von franziskanischen und dominikanischen Gelehrten gutgeheißen wurden – schon bald vergessen sind und erst im 16. Jahrhundert wieder neu gelesen werden.

Auch in der benediktinischen Spiritualität dieser Zeit merkt man, wie die geistliche Lesung und darin die Betrachtung der Passion immer wieder zu einer Herz-Jesu-Spiritualität hinführt. Noch stärker wird dies bei den Franziskanern deutlich – gerade bei Franz von Assisi und dann vor allem bei Antonius von Padua –, daß ihre Herz-Jesu-Frömmigkeit ganz von der Betrachtung der Leidensgeschichte ausgeht. So ist der Einsatz für die Armut bei Franz von Assisi nicht der Ausdruck einer Rebellion gegen den Reichtum, sondern vielmehr das Bemühen um ein Ähnlichwerden mit dem gekreuzigten und armen Christus; und gerade auch durch die Wundmale, die er empfängt, wird er zu einem Abbild des Gekreuzigten. In der Stunde seines Todes legt er sich

Gebetszettel „Gewissenserforschung des sel. Petrus Canisius", um 1900, Chur, mit Morgengebet des (damals) Seligen.

nackt auf den Boden, um dem entblößten Gekreuzigten ähnlich zu sein.

Diese Spiritualität der Franziskaner wird auch in verschiedenen Texten wie etwa dem folgenden von Bonaventura deutlich: „Wir sind zum überaus milden Herzen Jesu gekommen, und es ist gut, dort zu wohnen und uns nicht leichtfertig zu entfernen ... Wir nähern uns Dir, o Jesus, und die Erinnerung an Dein Herz erfüllt uns mit Freude und Glück.

Wie gut und angenehm ist es, in diesem Herzen zu wohnen. Der wertvolle Schatz, die kostbare Perle, die Dein Herz ist, o guter Jesus, haben wir im Aufgraben des Feldes Deines Leibes gefunden ... O Jesus, sie haben Deine Seite durchbohrt, um uns einen Eingang zu öffnen ... Der wahre und große Grund der Verwundung Deines Herzens war es, uns durch diese sichtbare Wunde den unsichtbaren Ort Deiner Liebe begreifbar zu machen."

Hier wird ein Bild deutlich, das in den Anfängen der Herz-Jesu-Verehrung immer wiederkehrt: Das Betrachten der Leidensgeschichte ist das Graben nach dem Schatz im Acker. Der Schatz – die Perle – ist die Liebe Gottes, die darin deutlich und sichtbar wird. Ähnliche Aussagen finden sich auch bei Bernhardin von Siena.

Im 14. Jahrhundert sind es vor allem die deutschen Dominikaner, bei denen die Herz-Jesu-Verehrung sehr stark ausgeprägt ist. Johannes Tauler und Heinrich Seuse sind hier sicher die bedeutendsten Vertreter, die es zu nennen gilt und deren Herz-Jesu-Verehrung auch aus der Betrachtung der Leidensgeschichte erwächst.

Zusammenfassend können wir sagen, daß in dieser Zeit des Hoch- und Spätmittelalters die Herz-Jesu-Verehrung immer wieder aus der Betrachtung der Leidensgeschichte in Menschen lebendig wird, die das fleischliche Herz als Symbol der Liebe und göttlichen Zuneigung erkennen. Diese Verehrung ist jedoch immer ein persönliches Erfaßtsein von dieser im verwundeten Herzen Jesu sichtbaren Liebe, weniger aber ein Kult mit besonderen Riten und Gebeten. Sie kennt auch noch keine äußeren Zeichen als das Kruzifix; das Bild des fleischlichen Herzens kommt erst später.

Die Verbreitung der Herz-Jesu-Verehrung im 16. Jahrhundert

Aus diesen Anfängen kommt die Herz-Jesu-Verehrung im 16. Jahrhundert dann zu einer immer größeren Einheitlichkeit. Diese Entwicklung nimmt aber doch bei einem Werk ihren Ausgang, das schon im 14. Jahrhundert entstanden ist: die „Vita Christi" des Kartäusers Ludolf von Sachsen. Seine „Vita Christi" wurde durch viele Jahre in den etwa 200 über ganz Europa verstreuten Kartäuserklostern betrachtet und meditiert, ehe sie dann Ende des 15. Jahrhunderts gedruckt wurde und so eine noch weitere Verbreitung fand. Aus dieser lebendigen Tradition schreibt der Kartäuser Johannes von Landsberg ein erstes Handbuch der Herz-Jesu-Verehrung: „Pharetra divini amoris".

Warum ich gerade diese Herz-Jesu-Verehrung bei den Kartäusern so hervorhebe, hat noch

Petrus Canisius wurde in der Studienzeit in Köln mit den Frömmigkeitsformen der Kartäuser vertraut. Das Bild zeigt ihn in einer Gruppe von verdienten Männern der Stadt Köln ganz rechts mit dem Kartäuser Laurentius Surius.

er nach Deutschland gesandt noch vor dem Sakramentsaltar in Sankt Peter betet, Folgendes: „Meine Seele lag gewissermaßen vor mir am Boden in ihrer ganzen Häßlichkeit ... Darauf hast Du mir, o Herr, sozusagen in Deiner heiligsten Brust Dein Herz geöffnet. Es war mir, als sähe ich es unmittelbar vor mir. Und Du befahlst mir, aus diesem Born zu trinken, indem Du mich einludest, aus Deinen Quellen, o mein Erlöser, die Wasser meines Heiles zu schöpfen. Darauf empfand ich ein heißes Verlangen, es möchten Ströme von Glauben, Hoffnung und Liebe von Dir in mich überfließen ... Ich wagte es, Dein süßestes Herz mit den Lippen zu berühren und meinen Durst aus ihm zu stillen."

Die Herz-Jesu-Verehrung ist im 16. Jahrhundert in allen Kreisen vertreten – ganz gleich, ob wir nun auf die Benediktiner, Dominikaner, Kartäuser, Jesuiten, Weltpriester oder Laien schauen. Und durch die Missionare – vor allem die Jesuiten – verbreitet sie sich über die ganze Welt. Das fleischliche Herz Jesu ist das Symbol seiner Liebe: ihm hat unsere ganze Liebe zu gelten.

einen besonderen Grund. Das Zentrum dieser Frömmigkeit war sicher das Kartäuserkloster in Köln, in das auch Petrus Canisius kam und dessen Freunde Nikolaus von Esch und Surius im geistlichen Milieu dieser Kartause standen. Hier hat Petrus Canisius sicher die Fundamente seiner Herz-Jesu-Frömmigkeit empfangen, die sich dann in seinem Leben und in der Auseinandersetzung mit der Exerzitienspiritualität weiter entwickelt hat. In seinem Lebensbericht schreibt Canisius über das Jahr 1549, als

Anmerkung

1 Der Text ist Teil des umfassenden Beitrages „Geschichte der Herz-Jesu-Verehrung" – als Vortrag gehalten am 19. Juni 1982 und veröffentlicht in: KBC, Heft 1, Studienjahrgang 1982/83, S. 11–14 – und wird hier unter dem angepassten Titel „Zur Geschichte der frühen Herz-Jesu-Verehrung" wiedergegeben.

200 Jahre Herz-Jesu-Gelöbnis

Kurze Geschichte der Herz-Jesu-Verehrung in Tirol[1]

Pfarrer Mag. Roland Mair

In Tirol erhielt die Herz-Jesu-Verehrung besonders durch den damaligen Hofprediger Petrus Canisius neuen Auftrieb. Neben Petrus Canisius verbreiteten der Kapuzinerbruder Thomas von Bergamo und auch Frauen, vor allem Bernardina Johanna Floriani – mit dem Klosternamen Johanna vom Kreuz – die Herz-Jesu-Verehrung. Doch den stärksten Auftrieb erhielt diese Form der Spiritualität in Tirol durch die Volksmissionen der Jesuiten im 18. Jahrhundert. Im Jahr 1719 stifteten nämlich der Brixner Fürstbischof Kaspar Ignaz von Künigl, der Haller Salinendirektor Johann Penner von Fennberg sowie die kaiserliche Regierung einen Fonds für die Durchführung der Volksmissionen.

Bis zur Aufhebung des Ordens 1773 bzw. deren Verbot durch Joseph II. 1784 fanden diese Missionen statt. Vom Frühjahr bis zum Winter, Jahr für Jahr zogen vier Söhne des Hl. Ignatius predigend und Sakramente spendend von Ort zu Ort. In dieser Zeit wurden auch viele Herz-Jesu-Bilder in den Kirchen aufgestellt. So ließ auch der damalige Rektor des Innsbrucker Kollegs, P. Eggs, 1767 in Rom eine getreue Kopie des Herz-Jesu-Bildes von Battoni in der Jesuitenkirche von Rom für die Jesuitenkirche in Innsbruck anfertigen.

Durch den Josephinismus in Österreich wurde die Herz-Jesu-Verehrung in den Hintergrund gedrückt und verboten. Dies reizte die Tiroler Bevölkerung so sehr, daß es beinahe zu einem Aufstand gekommen wäre. Doch kurz vor seinem Tod schickte Joseph II. einen Erlaß nach Tirol, der den Herz-Jesu-Kult wieder erlaubte, soweit die Oberhirten sie mit der Religion vereinbarlich fänden.

Der Fürstbischof von Brixen, Karl Franz von Lodron, richtete 1794 an den Heiligen Stuhl ein Bittgesuch um die Bestätigung und die Erneuerung jener Ablässe, die früher die Volksmissionen erwirkt hatten. Gleichzeitig bat er auch um die Erlaubnis, das Herz-Jesu-Fest alljährlich am Freitag nach der Fronleichnamsoktav mit einer Messe feiern zu dürfen. 1795 gestattete dies Papst Pius VI., und der Herz-Jesu-Kult war offiziell in der Diözese Brixen eingeführt.

Nachdem der Kult nun offiziell bestätigt und erstmals begangen worden war, erreichte Tirol die Schreckensnachricht, daß französische Truppen sich dem Land näherten. Um sich über die verzweifelte Lage zu beraten, wurde am 30. Mai 1796 der engere Ausschuß der Tiroler Landstände in den Ansitz des Landeshauptmanns nach Bozen einberufen. Dieser beschloß am 1. Juni 1796 auf Vorschlag des Abtes von Stams, Sebastian Stöckl, das Gelübde abzulegen, fortan im ganzen Land das Fest des heiligsten Herzens Jesu mit feierlichem Gottesdienst zu begehen und das Gelöbnis schon am kommenden 3. Juni (am Freitag nach der Fronleichnamsoktav) in der Pfarrkirche zu Bozen zu erfüllen. Das Gelöbnis wurde ohne Bedingungen gemacht, d. h. das Hochamt würde auch dann gehalten, wenn der Feind ins Land einfallen würde.

Am 3. Juni 1796 wurde in der Bozner Pfarrkirche in Gegenwart des ganzen Ausschusses erstmals das Herz-Jesu-Fest feierlich begangen. Da es sich um die Einführung eines neuen Feiertages handelte, mußte in Wien um Erlaubnis angefragt werden. Kaiser Franz II. schlug vor, das Fest auf den Sonntag zu verlegen. Am 23. November 1796 segnete dies auch Papst Pius VI. ab.

Die Franzosen drangen nach der gewonnenen Schlacht von Rivoli im Jänner 1797 nach Norden vor, dem österreichischen Heer nach, das sich nach Kärnten zurückzog.

Am 2. April 1797 kam es zur Schlacht bei Spinges, in der Nähe der Bischofsstadt Brixen, in der sich die Magd Katharina Lanz besonders hervortat, indem sie mit einer Heugabel die anstürmenden Feinde von der Friedhofsmauer hinunterstieß. Die Franzosen konnten die Friedhofsmauern nicht überwinden und verließen das Land. Das Herz-Jesu-Fest wurde auf dieses Ereignis hin in vielen Gemeinden festlich begangen.

Schon 1809 erneuerte der Freiheitskämpfer Andreas Hofer vor der Bergiselschlacht am 24. Mai das Gelübde für die festliche Feier des Herz-Jesu-Festes, das durch die 1805 begonnene Bayernherrschaft in Tirol untersagt worden war. Am 9. Juni, dem Freitag nach der Fronleichnamsoktav, wurde in Innsbruck das Herz-Jesu-Fest feierlich begangen.

1814 kam Tirol wieder zu Österreich, und am 18. Juni 1816 wurde das Gelübde von 1796 erneuert. Wenn von nun an die Heimat gefährdet war oder ein Jubiläum anstand, sprach man von Bund und Bundeserneuerung. Zu solchen kam es 1848, 1859, 1861, 1866, 1870, 1876, 1896, 1909, 1914, 1946. Daß dabei manche Feiern auch für eine politische Mobilisierung gegen einen äußeren Feind stattfanden, kann nicht geleugnet werden, doch betete man andererseits auch für besondere Anliegen der Kirche und des Papstes. Die im Jahre 1858 wiedererrichtete Theologische Fakultät der Universität Innsbruck und das im selben Jahr entstandene theologische Konvikt, dessen Fortsetzer das Canisianum ist, haben ganze Priestergenerationen in der Herz-Jesu-Verehrung erzogen.

Am 1. Juni 1896 wurde die Bundeserneuerung besonders feierlich gestaltet, und das Herz-Jesu-Bild der Pfarrkirche von Bozen, gemalt von Karl Henrici um 1770, stand dabei im Mittelpunkt. Diese Jubelfeier stellte den Höhepunkt der Herz-Jesu-Verehrung in Tirol dar. Der Enthusiasmus für den Kult ließ dann nach. Beim Ausbruch des 1. Weltkrieges erneuerte die Tiroler Landesregierung in Innsbruck das Gelübde von 1796, doch waren die Meinungen darüber gespalten.

Titelbild eines Herz-Jesu-Ablass-Gebetsheftchens, verlegt von der lithographischen Anstalt Kravogl in der Universitätsstraße zu Innsbruck, nach 1862; das Titelblatt zeigt das dornenumfasste, durchstochene und von der Lilie bekränzte Herz-Jesu

Am 6. Februar 1944, als der Glaube durch den Nationalsozialismus besonders gefährdet war, erneuerte eine kleine Schar von Getreuen im Luftschutzkeller des Marieninternates in Bozen vor dem historischen Herz-Jesu-Bild das Gelübde von 1796.

Nach dem 2. Weltkrieg, in der Zeit der Friedensverhandlungen, wurden in Nordtirol Massenwallfahrten gehalten, um für die Rückkehr Südtirols zu Österreich zu beten. Auch in Südtirol setzten solche Massenwallfahrten ein, vor allem in der Diözese Brixen. Aus der Trienter Kurie (ein großer Teil Südtirols gehörte bis 1964 zur Diözese Trient) wurden Bedenken angesichts solcher Massenbewegungen angemeldet, die kaum etwas bewirken und eher als Provokation aufgefaßt werden könnten.

Am 29. Juni 1946 wurde in Innsbruck in Anwesenheit von Bischof Paulus Rusch das Gelöbnis feierlich erneuert, in Bozen am 30. Juni. Der Erzbischof von Trient, Karl von Ferrari, und der Bischof von Brixen, Johannes Geisler, nahmen an der Bundeserneuerung nicht teil.

Während in Nord- und Osttirol das Herz-Jesu-Fest nicht verpolitisiert war, war dies in Südtirol anders. In der sogenannten Feuernacht zum Herz-Jesu-Sonntag, dem 11. Juni 1961, wurden in Südtirol an die vierzig Hochspannungsmasten gesprengt, um auf die nichtverwirklichte Autonomie Südtirols aufmerksam zu machen. So wurde das Herz-Jesu-Fest für politische Zwecke verwendet.

Am 1. Juni 1996 jährte sich die Wiederkehr des Gelöbnisses zum 200. Mal. Verschiedenste Veranstaltungen in Nord-, Ost- und Südtirol begleiteten das Jubiläumsjahr mit Versuchen, die Herz-Jesu-Verehrung in der heutigen Zeit verständlich näherzubringen. Vor allem in Südtirol wurde versucht, die Herz-Jesu-Feierlichkeiten aus der Politik loszulösen.

Am 1. Juni 1996 wurde im ehemaligen Ansitz des Landeshauptmanns, wo vor 200 Jahren der Entschluß für das Gelübde gefaßt worden war, ein Festakt veranstaltet mit anschließender feierlicher Vesper in der Pfarrkirche von Bozen.

Doch die eigentliche Erfüllung des Gelöbnisses fand in den Pfarrgemeinden statt, am Herz-Jesu-Sonntag, dem 16. Juni 1996.[2]

Anmerkungen

1 Erstmals veröffentlicht in: KBC, Heft 1, Studienjahrgang 1997, 130. Jg., S. 2 f.
2 Infolgedessen jährt sich in diesem Jahr 2021 das Herz-Jesu-Gelöbnis zum 225. Mal.

Quellen

Josef Gelmi, Das Herz Jesu zwischen Religion und Politik. Die Herz-Jesu-Verehrung in der Kirchengeschichte und in der Geschichte Tirols. In: Das durchbohrte Herz. Gedanken aus Theologie. Geschichte und Kunst zur 200-Jahr-Feier des Herz-Jesu-Gelöbnisses. Hg. Katholisches Bildungswerk der Diözese Bozen-Brixen. Bozen 1996. Josef Gelmi, Kirchengeschichte Tirols. Innsbruck 1986.

„Ein Herz und eine Seele"

Ein Beitrag zur Geschichte der Herz-Jesu-Verehrung im theologischen Konvikt Innsbruck*

P. Peter Gangl SJ

Als im November 1857 die theologische Fakultät an der Universität Innsbruck wiedererrichtet wurde[1], benötigte man auch ein Haus, in dem die von auswärts kommenden Studenten untergebracht werden konnten. Eröffnet wurde das theologische Konvikt mit dem Namen Nikolaihaus im Jahre 1858[2]. In den darauffolgenden Jahren nahm das Konvikt eine erfolgreiche Entwicklung[3]. Das geographische Einzugsgebiet der Studierenden beschränkte sich nach dem ersten Dezennium nicht mehr nur auf Österreich, Süddeutschland oder die Schweiz, sondern man findet unter den Bewohnern auch Ungarn, Tschechen, Polen, Italiener und Nordamerikaner.

Dass in einer so unterschiedlich zusammengesetzten Gemeinschaft ein einigendes Band nötig war, um nationale Gegensätze hintanzuhalten bzw. überbrücken zu können, ist verstehbar. Hilfreich war eine gemeinsame spirituelle Ausrichtung, die noch im ersten Jahrzehnt nach der Eröffnung des Nikolaihauses zum Tragen kam. Eine besondere Förderung erfuhren nämlich seit 1866 die Herz-Jesu-Verehrung und der Priestergebetsverein[4]. Beabsichtigt war „ein Zusammenschluss, der nicht nur auf menschlichen Beziehungen aufgebaut sein sollte, sondern noch mehr vom Übernatürlichen her gewonnen werden musste"[5]. „In sanctissimo Corde Jesu dulciter sociati, Cor unum et anima una"[6] – unter diesem Leitspruch wollten sich ehemalige und aktuelle Bewohner des Nikolaihauses zu einer besonderen Gebetsgemeinschaft verbunden wissen. Ins Leben gerufen wurde ein eigenes Kommunikationsorgan, das seit 1866 herausgegebene Korrespondenzblatt. Darin wird die jährliche Feier des Herz-Jesu-Festes dokumentiert, bei dem eine Festakademie stattfindet. Von einer eigens gehaltenen Festrede wird erstmals 1869 berichtet. In den darauffolgenden Jahren scheinen die Vorträge beim Herz-Jesu-Fest zu einer festen Gewohnheit geworden zu sein.[7]

Nachdem im Studienjahr 1909/10 die Zahl der Bewohner im Nikolaihaus auf 275 anstieg, wurde ein Neubau geplant, das Collegium Canisianum, das in den Jahren 1910/11 errichtet worden ist. Auch in diesem Haus wurde das Herz-Jesu-Fest mit den Festvorträgen weiterhin gepflegt.

Die Zeit nach dem Zweiten Weltkrieg und vor dem Konzil

war im Canisianum geprägt von dem Bemühen, zur theologischen Tiefe der Herz-Jesu-Verehrung vorzudringen. Das stand im Zusammenhang mit den Entwicklungen dieser Jahre, als Neuansätze in Theologie und Kirche auch Erwartungen hinsichtlich einer Erneuerung traditioneller Frömmigkeitsformen weckten.

Vortragender beim Herz-Jesu-Fest des Jahres 1960 war Heinrich Kahlefeld[8], der bei diesem Anlass über „die menschliche Gestalt des Herrn"[9] spricht. Er tut dies an Hand von Szenen aus dem Leben Jesu und einzelnen Aussprüchen, die den Evangelien entnommen sind. Der Referent des Jahres 1965, Alfons Deissler[10], geht von einer „Krise" des Festes aus, die er in seinem Vortrag über „das ‚Herz Gottes' im Alten Testament"[11] konstatiert. Beim Erinnern an vergangene Zeiten fehle heute der „Glanz und das tiefe Angerührtsein, das mit dem Herz Jesu Kult vormals verbunden war". Um zu einer Neuentdeckung dieses spirituellen Erbes zu kommen, könne der Blick auf alttestamentliche Aussagen über das „Herz Gottes", helfen.

1966 stehen die Gedanken von Karl Rahner[12] unter der Überschrift „Der Mensch mit dem durchbohrten Herzen"[13]. Antwortend auf die Frage, ob die Herz-Jesu-Verehrung noch zeitgemäß sei, sieht der Vortragende in ihr eine Möglichkeit priesterlicher Frömmigkeit. – Genauso am Herz-Jesu-Motiv orientiert ist der Vortrag des Jahres 1967. Rudolf Schnackenburg[14] spricht über „die Durchbohrung der Seite Jesu nach Joh 19,34–37 und ihre theologische Bedeutung"[15].

1969 war Joseph Ratzinger[16] zum Festvortrag ins Canisianum eingeladen. Bei diesem Anlass äußert er „Bemerkungen zur Frage der Charismen in der Kirche"[17]. Ratzinger ist davon überzeugt, dass sich im Blick auf die biblische Charismenlehre charismatische Verfassung und hierarchische Ordnung in der Kirche nicht als Gegensatzpaar begreifen lassen. Wahre charismatische Figuren in der Geschichte der Kirche zeigen, dass charismatische Begabung und der „entschiedene Wille zum gehorsamen Stehen in der konkreten Kirche" zusammen gehen.

Priestersein, priesterliche Lebensform, Amtsverständnis, Identität des Priesters, das sind Themen, die in die Vorträge beim Herz-Jesu-Fest Eingang fanden. Beispielsweise im Jahr 1970, als der Jesuit Piet Fransen[18] über „das prophetische Amt des Priesters: Sinn oder Unsinn?"[19] nachdenkt.

1972 referiert Karl Lehmann[20] bei der Herz-Jesu-Akademie. Er befasst sich mit dem „Mann mit dem zerschlagenen Herzen"[21]. Lehmann meint, dass eine Charakterisierung des Menschen von heute einerseits seine ungeahnten Möglichkeiten, andererseits aber auch seine Angst vor der Zukunft erkennen lassen und fragt, ob das alles sei, was den

Detail des Korpus des gekreuzigten Jesus, geschaffen von Josef Bachlechner d. Ä. für die Hauskapelle des 1910/11 errichteten Kollegiums Canisianum in Innsbruck-Saggen. Es zeigt eindrucksvoll das dornenumkränzte Herz-Jesu.

Menschen ausmacht. Bei der Suche nach dem wahren Menschsein, die sich mit einem „dünnen Humanismus" nicht zufrieden gibt, führe die Menschlichkeit Jesu ein Beispiel vor Augen und gebe Hoffnung für ein gelingendes Menschsein.

1974 befasst sich Walter Kasper[22] in seinem Vortrag mit „Christologie und Pneumatologie"[23] und teilt zunächst Geschichtliches mit. Während bei den frühen Kirchenvätern eine Pneuma-Christologie zu finden sei, werde diese später von der Logos-Christologie ersetzt. Ost- und Westkirche entwickelten verschiedene Zuwege zum Verständnis vom Geist, wofür die Auseinandersetzung um das „filioque" nur ein Abbild sei. Auf der Basis der Heiligen Schrift formuliert Kasper dann Aspekte einer Geist-Christologie, womit das Zueinander von Pneuma und Kirche neu erhellt werden soll.

1976 spricht Johann Baptist Metz[24] über die „Vergebung der Sünden. Theologische Überlegungen zu einem Abschnitt aus dem Bekenntnistext der Deutschen Synode ‚Unsere Hoffnung'"[25]. Der Vortragende interpretiert einen Synodentext zu einem Artikel des Glaubensbekenntnisses, wo von der Vergebung der Sünden gesprochen wird. Diesem Bekenntnis stehe der „Unschuldswahn des heutigen Menschen" entgegen, der „die Kunst ..., es nicht gewesen zu sein" ausgiebig praktiziere. Schuld werde gerne anderswo gesucht. Dabei entziehe sich der Mensch aber einer Gotteserfahrung, die gerade in der Schuld möglich wäre. – Ein Jahr später, 1977, ist in der Geschichte des Canisianums erstmals ein evangelischer Theologe zum Vortrag beim Herz-Jesu-Fest eingeladen. Wolfhart Pannenberg[26] denkt über „die Auferstehung Jesu und die Zukunft des Menschen"[27] nach. Er beschreibt den Menschen als das Wesen, „das von Zukunft weiß" und versucht, diese aktiv zu gestalten. Bis ins Letzte hinein

1965 gelangte eine neue von Josef Bachlechner d. J. gefertigte überlebensgroße Herz-Jesu-Skulptur aus Bronze im Treppenhaus des Canisianums zur Aufstellung: Sie zeigt Christus, an dessen Seite sich Johannes lehnt. Der Herr drückt eine Hand auf sein Herz und legt die andere segnend auf das Haupt seines Jüngers.

gelinge das freilich nicht. „Die Unsicherheit der Zukunft ist geblieben." Auch könne der Mensch sich und seine Zukunft nicht selbst vollenden. Christus sei die einzige Heilszukunft des Menschen.

In den folgenden Jahren sieht man vorwiegend Jesuiten, die zum Festvortrag ins Canisianum kommen. 1978 spricht Peter Knauer[28] zum Thema „Eucharistie – Sakrament der Einheit"[29], 1980 erörtert Oswald von Nell-Breuning[30] „die ‚politische Theologie' von Papst Johannes Paul II"[31], 1981 beschäftigt sich Hans Zwiefelhofer[32] mit „Glaube und Gerechtigkeit – Kirche als Dienerin der Völker", bevor 1982 Karl Rahner auf die „Herz-Jesu-Verehrung heute"[33] zu sprechen kommt.

Von der „Aktualität der Botschaft vom Herzen Jesu"[34] ist 1983 Reinhold Stecher[35] überzeugt. Ausgangspunkt ist für ihn die Situation des heutigen Menschen, der sich als unbehaust erfährt. Dem gegenüber stehe der tiefe Wunsch des Menschen nach Geborgensein. Als Antwort auf diese Sehnsucht weist der Redner auf das bergende Herz Jesu hin.

1984 wünscht sich Paul Zulehner[36] „die Praxis der Kirche als Auferweckungspraxis"[37] und stellt die provokante Frage, ob Seelsorgerinnen und Seelsorger heute noch wissen „worum es geht?", worauf ihr bisweilen hektisches Tun abzielt? Als Sinnkriterium, an dem sich kirchliche Praxis messen könne, nennt der Vortragende das „Schlüsselwort der Auferweckung". Weiter gefasst sei darunter nicht nur ein einmaliges Ereignis zu verstehen, sondern alle Situationen, wo der Mensch vom Tod zum Leben befreit werde.

War das Zweite Vatikanische Konzil zum Zeitpunkt seiner Versammlung noch kein Thema für das Herz-Jesu-Fest, so blickt man gut zwei Jahrzehnte später darauf zurück. Franz Kardinal König[38] erzählt 1987 von seinen „Erinnerungen an das II. Vaticanum"[39]. Als dessen Teilnehmer erwähnt er Unterschiede zu früheren Konzilien und betont, dass der „pastorale Gesichtspunkt" im Vordergrund stand. – Nochmals zur Sprache kommt das Konzil im darauffolgenden Jahr. 1988 hält der Liturgiker Balthasar Fischer[40] einen Festvortrag über „die Grundaussagen der Liturgiekonstitution und ihre Rezeption in fünfundzwanzig Jahren"[41]. Aus dem Fach der Liturgie stammt auch der Vortragende des Jahres 1989. Hans Bernhard Meyer[42] befasst sich mit dem „theologische(n) Profil von Josef Andreas Jungmann SJ"[43], einem der bedeutendsten Theologen der Innsbrucker Theologischen Fakultät.

Das Zeitgeschehen betrachtet der Festvortrag im Jahr 1992. Eduard Huber[44] nimmt unter dem Titel: „Im Osten nichts Neues"[45] auf die geänderte Situation in den ehemals kommunistischen Ländern Bezug und weist darauf hin, dass die mit dem Zerfall des Kommunismus einhergehende Freiheit für die Religionsgemeinschaften nicht nur euphorisch zu werten ist. Zu befürchten sei, dass die europäische Christenheit der Gefahr erliege, „auf den Lorbeeren des Sieges über den militanten Atheismus eine ihrer großen Sternstunden zu verschlafen". – Nochmals dem spirituellen Erbe der Canisianergemeinschaft zugewandt sind die Referenten der Jahre 1996 und 1998. Für Josef Sudbrack[46] ist die Herz-Jesu-Verehrung „der moderne Auftrag einer klassischen Frömmigkeit"[47]. 1998 beschäftigt sich Norbert Lohfink[48] mit den „Wurzeln der Herz-Jesu-Verehrung im Alten Testament"[49].

Ein Schwerpunkt der Vorträge der 90er-Jahre und um die Jahrtausendwende liegt in der Auseinandersetzung mit Fragen des Glaubens und der Kirche in der westlichen Welt. Johann Baptist Metz, der 1997 das zweite Mal als Festredner eingeladen war, fragt, wie man „heute von Gott reden"[50] könne. Gisbert Greshake[51] bestimmt 1999 „die Wirklichkeit Gottes als Mitte priesterlichen Seins und Handelns"[52]. Er betont die Aufgabe des Zeugnisgebens für Gott als den „Urakt der Kirche". Daran knüpft sich die kritische Frage, ob dem entsprochen wird, oder ob in letzter Zeit nicht hauptsächlich eine „Nabelschau" im Binnenraum der Kirche betrieben worden sei? Anstatt „Zeugnis zu geben für Gott in einer zunehmend gottleeren Welt" würden strukturelle Fragen überwiegen. – Der Bischof von Hildesheim, Josef Homeyer[53], versteht seinen Festvortrag im Jahr 2000 als einen „Anstoß zu einer eucharistischen Anthropologie und Diakonie der Kirchen"[54], während ein Jahr später Willi Lambert[55] für eine „Seelsorge, die vom Kommunizieren inspiriert ist"[56], plädiert. Als ein Vorbild solcher Seelsorge wird Ignatius von Loyola und dessen Meisterschaft im Kommunizieren vorgestellt.

„Das amazonische Gesicht Christi – Erfahrungen eines brasilianischen Bischofs"[57] ist 2003 das Thema des in Südamerika tätigen Bischofs Erwin Kräutler[58]. Er geht aus von dem Begriff „grüne Hölle", mit dem die Landschaft Amazoniens früher bedacht wurde. Tatsächlich sei dieser Begriff zu einer traurigen Wahrheit geworden. Die Abholzung der Waldlandschaft, Missernten und Krankheiten, Bodenspekulation und Ausbeutung der Rohstoffe ließen das Land zu einer regelrechten „Hölle" werden. Dass man kirchlicherseits den Zusammenhang von Evangelisierung und Einsatz für Gerechtigkeit erst nach und nach erkannte, versäumt der Vortragende nicht zu erwähnen. – Bischof Manfred Scheuer[59] wird 2006 um sein Wort beim Herz-Jesu-Fest gebeten. Zwei Jahre später sollte er nochmals aufs Podium treten, wenn 150 Jahre Nikolaihaus und Canisianum gefeiert werden. Die Reden Scheuers nehmen auf Inhalte der ignatianischen Spiritualität Bezug und sprechen die Bedeutung der Herz-Jesu-Verehrung für ein geistliches Leben an[60]. Dabei kehrt im Vortrag des Jahres 2008 ein Gedanke wieder, der auch für die Herz-Jesu-Verehrung in der Gründerzeit des theologischen Konvikts maßgeblich war: Die Vorstellung einer „Spiritualität der Gemeinschaft", die dazu beiträgt, Gegensätze von einer gemeinsamen geistlichen Mitte her überwinden zu helfen. Gelingendes Zusammenleben in einer Gemeinschaft fordere die „Fähigkeit, den Bruder und die Schwester im Glauben in der tiefen Einheit des mystischen Leibes zu erkennen"[61]. Der Gedanke an einen „Zusammenschluss

2016 wurde in Hall. i. Tirol das ursprüngliche Gipsmodell der 1965 geschaffenen Herz-Jesu-Plastik aufgefunden und kam durch Schenkung in den Besitz des Canisianums. Dank Spenden konnte ein Bronzeguss der kleinen Herz-Jesu-Skulptur angefertigt werden, welche heute den Besucher des Rektorates des Canisianums in der Sillgasse empfängt.

vom Übernatürlichen her", wie er seinerzeit den Bewohnern des Nikolaihauses geläufig war, erfährt hier mit neuen Worten eine Ausdeutung seiner ursprünglichen Intention.

Anmerkungen

* Gekürzte Fassung eines Aufsatzes von Peter Gangl SJ, erstmals in: ZKTh 131 (2009) 150–173.
1 Vgl. dazu H. Rahner, Die Geschichte eines Jahrhunderts. Zum Jubiläum der Theologischen Fakultät der Universität Innsbruck 1857–1957, in: ZKTh 80 (1958) 3. – Vgl. auch K.-H. Neufeld, Canisianum 150 Jahre, in: ZKTh 130 (2008) 274–297.
2 Vgl. dazu N. Nilles, Historia domus S. Nicolai Oeniponte, Innsbruck 1870, 1 f. – M. Hofmann, Das Nikolaihaus zu Innsbruck, 4 f.
3 Vgl. N. Nilles, Historia domus, 9.
4 Vgl. dazu F. Lakner, Eine verborgene Kraftquelle, in: Das Collegium Canisianum in Innsbruck, Sonderheft des Korrespondenzblattes, als Manuskript gedruckt, Innsbruck (ohne Jahresangabe), 25–28. – Vgl. R. Feulner, Der

5 Zit. in: F. Lakner, Kraftquelle, 25 f.
6 „Im heiligsten Herzen Jesu liebevoll verbunden, ein Herz und eine Seele." Zit. in: Festschrift zur Hundertjahrfeier des Theologischen Konvikts Innsbruck 1858–1958, Innsbruck (ohne Jahresangabe), 14.
7 Für die Zeit bis 1960 vgl. P. Gangl, Herz, 153–160.
8 Heinrich Kahlefeld (1903–1980). 1921–1926 Konviktor im Canisianum.
9 In: KBC 95/I+II (1960/61) 1–10.
10 Alfons Deissler (1914–2005). 1951–1982 Professor für alttestamentliche Exegese in Freiburg.
11 In: KBC 100/I (1966) 11–15.
12 Karl Rahner (1904–1984), Jesuit. 1948–1964 Professor in Innsbruck, 1964–1967 München, 1967–1971 Münster.
13 In: KBC 101/I+II (1966/67) 19–27.
14 Rudolf Schnackenburg (1914–2002). 1957–1982 Professor für neutestamentliche Exegese in Würzburg.
15 In: KBC 101/IV (1967) 1–16.
16 Joseph Ratzinger (Jg. 1927). 1959–1963 Professor für Fundamentaltheologie in Bonn. 1963–1966 Professor für Dogmatik in Münster, 1966–1969 Tübingen, 1969–1977 Regensburg. 1977 Erzbischof von München, Kardinal. 1981 Präfekt der Glaubenskongregation. Am 19. April 2005 als Benedikt XVI. zum Papst gewählt. Amtsverzicht am 28. Februar 2013.
17 In: KBC 104/I+II (1969/70) 12–22.
18 Piet Fransen (1913–1983), Dogmenhistoriker in Löwen. 1962–1967 Lehrtätigkeit in Innsbruck.
19 In: KBC 105/I (1970) 2–6.
20 Karl Lehmann (1936–2018). 1968 Professor der Dogmatik in Mainz, 1971 in Freiburg/Br. 1983 Bischof von Mainz. 2001 Kardinal.
21 In: KBC 106/I (1972/73) 2–8.
22 Walter Kasper (Jg. 1933). 1970 Lehrstuhl für Dogmatik in Tübingen. 1989 Bischof von Rottenburg-Stuttgart. 1999 Sekretär (dann Präsident) des Päpstlichen Rates zur Förderung der Einheit der Christen. 2001 Kardinal.
23 In: KBC 109/I (1974/75) 2–7.
24 Johann Baptist Metz (1928–2019). 1949–1955 im Canisianum. 1963–1993 Professor für Fundamentaltheologie in Münster.
25 In: KBC 110/I (1976/77) 2–6.
26 Wolfhart Pannenberg (1928–2014). 1967–1994 Professor für systematische Theologie in München.
27 In: KBC 111/I (1977/78) 2–7.
28 Peter Knauer (Jg. 1935). 1980–2003 Professor für Fundamentaltheologie in Frankfurt/St. Georgen.
29 In: KBC 112/I (1978/79) 2–6.
30 Oswald von Nell-Breuning (1890–1991). Professor für Moraltheologie und Gesellschaftswissenschaften in Frankfurt.
31 In: KBC 114/I (1980/81) 2–6.
32 Hans Zwiefelhofer (1932–2008). Professor für Sozialwissenschaften in München.
33 In: KBC 116/I (1982/83) 2–8.
34 In: KBC 117/I (1983/84) 2–5.
35 Reinhold Stecher (1921–2013). 1945–1949 Konviktor im Canisianum. 1980–1997 Bischof von Innsbruck.
36 Paul Michael Zulehner (Jg. 1939). 1957–1965 Konviktor im Canisianum. 1984–2008 Professor der Pastoraltheologie in Wien.
37 In: KBC 118/I (1984/85) 2–6.
38 Franz König (1905–2004). 1956–1985 Erzbischof von Wien, 1958 Kardinal.
39 In: KBC 121/I (1987/88) 2–10.
40 Balthasar Fischer (1912–2001). 1933–1936 Konviktor im Canisianum.
41 In: KBC 122/I (1988/89) 2–9.
42 Hans Bernhard Meyer (1924–2002). 1969–1995 Professor für Liturgiewissenschaft in Innsbruck.
43 In: KBC 123/I (1990/91) 3–8.
44 Eduard Huber (1922–2006). Professor für marxistische Philosophie an der Universität Gregoriana in Rom.
45 In: KBC 126/I (1992/93) 4–8.
46 Josef Sudbrack (1925–2010). 1979–1986 Chefredakteur der Zeitschrift „Geist und Leben".
47 In: KBC 130/I (1997) 4–17.
48 Norbert Lohfink (Jg. 1928). 1962–1996 Professor für alttestamentliche Bibelwissenschaft in Frankfurt.
49 In: KBC 132/I (1998/99) 2–10.
50 „Wie heute von Gott reden", in: KBC 131/I (1997/98) 2–7.
51 Gisbert Greshake (Jg. 1933). 1974–1985 Professor für Dogmatische Theologie in Wien, 1985–1999 Freiburg/Br.
52 In: KBC 132/II (1998/99) 2–11.
53 Josef Homeyer (1929–2010). 1950–1956 im Canisianum. 1983–2004 Bischof von Hildesheim.
54 „Den Menschen beglaubigen. Ein Anstoß zu einer eucharistischen Anthropologie und Diakonie der Kirchen", in: KBC 133/II (1999/2000) 2–8.
55 Willi Lambert (Jg. 1944).
56 „Eine Pastoral des Kommunizierens. Ignatius von Loyola und die Kunst der Kommunikation", in: KBC 135/I (2001/02) 2–13.
57 In: KBC 136/II (2002/03) 13–21.
58 Erwin Kräutler (Jg. 1939). 1981–2015 Bischof der Diözese Xingu/Brasilien.
59 Manfred Scheuer (Jg. 1955). 2003–2015 Bischof in Innsbruck, ab 2016 Bischof der Diözese Linz.
60 „Wir haben Jesus als Gefährten – Ignatianische Impulse", in: KBC 139/II (2006/2007) 2–13. – „Wofür schlägt mein Herz? Herz Jesu und geistliche Lebenskultur", in: KBC 141/II (2008/2009) 19–28.
61 Scheuer zitiert aus dem Apostolischen Schreiben „Novo millennio ineunte" (2001), Nr. 43.

Vision des Petrus Canisius[1]

Wenn wir fragen, was Petrus Canisius zu seinem unermüdlichen Einsatz bewegt hat, stellen wir fest, dass die Verehrung des Herzens Jesu eine wichtige Quelle für ihn war. Besonders deutlich wird dies an der Vision, die ihm vor der Ablegung der Gelübde und der Sendung nach Deutschland zuteil wurde. Sein nachfolgendes Gebet gibt uns davon Zeugnis.

„Ewiger Hoherpriester, in deiner unendlichen Güte hat es dir gefallen, daß ich den Erfolg und die Bestätigung dieses apostolischen Segens inständig den Aposteln empfahl, die man im Vatikan besucht und die dort Wunder wirken. Dort erfuhr ich deinen Trost und die Gegenwart deiner Gnade, die mir zuteil wurde durch so hohe Fürsprecher. Auch sie gaben mir den Segen und bestätigten die Sendung nach Deutschland, und sie schienen mir wie einem Apostel Deutschlands ihr Wohlwollen zu schenken. Du weißt, Herr, wie sehr und wie tief du mir an diesem Tag Deutschland anvertraut hast, wohin ich aufbrechen und für das ich zu leben und zu sterben wünschen sollte.

Schließlich sah ich vor mir das geöffnete Herz deines heiligen Leibes, und du botest mir an, aus ihm zu trinken. Du mein Heiland, du ludest mich ein, Wasser des Heils zu schöpfen aus deinen Quellen[2]. Ich verspürte den großen Wunsch, daß von dort aus Fluten des Glaubens, der Hoffnung und der Liebe in mich einströmen. Ich dürstete nach Armut, Keuschheit und Gehorsam. Ich bat dich, mich zu waschen, zu kleiden und auszustatten. Als ich dann wagte, dein liebevolles Herz zu berühren, und meinen Durst aus ihm zu stillen, da versprachst du mir ein Gewand, aus drei Teilen gewebt, geeignet, die Nacktheit meiner Seele zu bedecken. Diese drei Teile des Gewandes bezogen sich ganz und gar auf meine Aufgabe: Es waren der Friede, die Liebe und die Ausdauer. Angetan mit diesem Gewand des Heils, hatte ich die Zuversicht, mir werde nichts fehlen, sondern mir werde alles gelingen zu deiner Ehre."

Anmerkungen

1 Veröffentlicht in: Lektionar zum Stundenbuch II/3 264 f.
2 Vgl. Jes 12,3.

Allgemeines Gebet nach Petrus Canisius

Gemäß dem Brauch der Kirche, allgemeine Fürbitten zu verrichten, ist uns ein solches Gebet von Petrus Canisius in mehreren Fassungen überliefert. Das Gebet im Gotteslob (Nr. 681.3) geht in seinem Inhalt auf Petrus Canisius zurück.

V Allmächtiger, ewiger Gott; Herr, himmlischer Vater! Sieh an mit den Augen deiner Barmherzigkeit das Elend und die Not der Menschen. Erbarme dich aller Gläubigen, für die dein Sohn, unser Herr und Heiland Jesus Christus, sich freiwillig in die Hände der Sünder gegeben und sein kostbares Blut am Stamm des Kreuzes vergossen hat.
A Durch diesen Herrn Jesus Christus verschone uns, gütiger Vater, vor allen Strafen / wende ab gegenwärtige und künftige Gefahren, / Terror, Gewalt und Krieg, / Krankheiten und alles Unheil.

V Erleuchte und stärke in allem Guten die Verantwortlichen in Kirche und Welt, damit sie alles fördern, was deiner Ehre und unserem Heil dient, zum allgemeinen Frieden und zum wohl der ganzen Welt.
A Verleihe uns, o Gott des Friedens, / rechte Einheit im Glauben ohne alle Spaltung und Trennung. / Bekehre unsere Herzen zur wahren Buße und Besserung des Lebens. / Entzünde in uns das Feuer deiner Liebe. / Gib uns Eifer und Hunger nach aller Gerechtigkeit, / damit wir, deinem Willen gehorsam, im Leben und Sterben dir gefallen.

V Wie du willst, o Gott, dass wir bitten sollen, bitten wir dich für deine Freunde und Feinde, für Gesunde und Kranke, für Betrübte und Bedrängte, für Lebende und Verstorbene.
A Dir, o Gott, sei empfohlen unser Tun und Lassen, / unser Handel und Wandel, / unser Leben und Sterben. / Lass uns hier in deiner Gnade leben / und dort in der Gemeinschaft der Heiligen dich ewig loben und ehren. / Das verleihe uns, Herr, himmlischer Vater, / durch Jesus Christus, deinen lieben Sohn, unseren Herrn und Heiland, / der mit dir und dem Heiligen Geist als derselbe Gott lebt und herrscht in Ewigkeit. Amen.

V. ANHANG

CANISIANUM
Internationales Theologisches Kolleg

Regenten (Leiter des Priesterseminars) seit 1911

1911–1918
P. Michael Hofmann SJ

1918–1924
P. Franz Sal. Hatheyer SJ

1924–1925
P. Josef Donat SJ

1925–1941
P. Michael Hofmann SJ

1941–1949
P. Franz Lakner SJ

1949–1958
P. Josef Wamser SJ

1958–1969
P. Franz Braunshofer SJ

1969–1970
P. Heinrich Ségur SJ

1970–1980
P. Robert Miribung SJ

1980–1985
P. Gerwin Komma SJ

1985–1992
P. Theo Beirle SJ

1992–1997
P. Josef Thorer SJ

1997–2001
P. Severin Leitner SJ

2001–2007
P. Hans Tschiggerl SJ

Rektoren und Superioren seit 1911

1911–1919
P. Michael Hofmann SJ

1919–1924
P. Franz Sal. Hatheyer SJ

1924–1925
P. Josef Donat SJ

1925–1932
P. Michael Hofmann SJ

1932–1937
P. Josef Donat SJ

1937–1946
P. Franz Lakner SJ

1946–1949
P. Felix Löbe SJ

1949–1950
P. Engelbert Gutwenger SJ

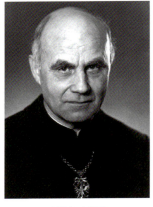
1950–1956
P. Hugo Rahner SJ

1956–1962
P. Joseph A. Jungmann SJ

1962–1966
P. Walter Croce SJ

1966–1969
P. Otto Muck SJ

1969–1970
P. Vladimir Richter SJ

1970–1979
P. Otto Muck SJ

1979–1986
P. Hans Rotter SJ

1986–1993
P. Hans Bernhard Meyer SJ

1993–1995
P. Lothar Lies SJ

1995–1997
P. Klaus Schweiggl SJ

1997–2001
P. Severin Leitner SJ

2001–2007
P. Michael Meßner SJ

Rektoren des Internationalen Theologischen Kollegs ab 2007

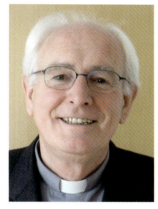
2007–2010
P. Gerwin Komma SJ

2010–2017
P. Friedrich Prassl SJ

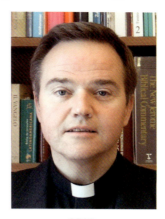
2017–
P. Andreas Schermann SJ

Spirituale seit 1911

1911–1914, 1917–1925	P. Rupert Wickl SJ	1967–1972	P. Marzell Smits van Waesberghe SJ
1914–1917	P. Heinrich Timp SJ	1966–1969	P. Karl Gierlichs SJ (Praef.spir.conv.anglo-american.)
1925–1926	P. Josef Donat SJ		
1926–1928	P. Engelbert Maaß SJ	1969–1974	P. Joseph Müllner SJ
1928–1932	P. Otto Werner SJ	1971–1973, 1974–1978	P. Stefan Hofer SJ
1932–1938	P. Joseph Meindl SJ	1974–1978, 1979–1981	P. Elmar Mitterstieler SJ
1938–1939, 1940–1950	P. Dominik Thalhammer SJ	1975–1976, 1978–1982	P. Martin Hasitschka SJ
1939–1940	P. Hugo Rahner SJ	1981–1986	P. Anton Witwer SJ
1945–1946, 1950–1967	P. Franz Dander SJ (67/68)	1986–1989	P. Erich Drögsler SJ
1952–1956, 1958–1967	P. Joseph Santeler SJ	1989–1996, 2003–2009	P. Michael Meßner SJ
1959–1961	P. Johannes Schasching SJ (Praef.spir.conv.anglo-american.)	1996–1998	P. Kurt Udermann SJ
		1998–2003	P. Bernhard Bürgler SJ
1961–1964	P. Augustinus Silbernagl SJ	2009–	P. Josef Thorer SJ

Bischöfe aus dem Canisianum (aktuell lebend)

Ahn Myong Ok Franciscus	2002 Bischof em. von Masan (Südkorea)	Fürer Ivo	1995 Bischof von St. Gallen (Schweiz)
			2005 Bischof em. von St. Gallen (Schweiz)
Anyolo Philip Arnold	1996 Bischof von Kericho (Kenia)		
	2003 Bischof von Homa Bay (Kenia)	Gaglo Isaac Jogues	2008 Bischof von Aného (Togo)
	2018 Erzbischof von Kusumu (Kenia)	Grampa Pier Giacomo	2004 Bischof von Lugano (Schweiz)
Brunner Norbert	1995 Bischof em. von Sitten/Sion (Schweiz)	Komarica Franjo	1986 Titularbischof von Satafis (Nordafrika)
Budzik Stanislaw	2004 Weihbischof von Tarnów (Polen)		1989 Bischof von Banja Luka (Bosnien und Herzegowina)
	2004 Titularbischof von Hólar (Island)		
	2011 Erzbischof von Lublin (Polen)	Muser Ivo	2011 Bischof von Bozen-Brixen/Bolzano-Bressanone (Südtirol/Italien)
Csérhati Franz	2007 Weihbischof von Esztergom-Budapest (Ungarn)		
	2007 Titularbischof von Centuria (Nordafrika)	Obodo Ernest Anezichukwu	2018 Weihbischof von Enugu (Nigeria)

Orozco Montoya Guilllermo	2006 Bischof von San José del Guaviare (Kolumbien)	Son Hee-Song Benedict	2015 Weihbischof von Seoul (Südkorea)
	2010 Bischof von Girardot (Kolumbien)		2015 Titularbischof von Camplum (Italien)
Ossa Soto Jorge Alberto	2003 Bischof von Florencia (Kolumbien)	Trautman Donald W.	1985 Weihbischof von Buffalo (USA), Titularbischof von Sassura (Nordafrika)
	2011 Bischof von Santa Rosa de Osos (Kolumbien)		1990 Bischof von Erie (USA)
	2019 Erzbischof von Pamplona (Kolumbien)		2012 Bischof em. von Erie (USA)
Romer Karl Josef	1975 Weihbischof von São Sebastião do Rio de Janeiro (Brasilien)	Zvolenský Stanislav	2004 Weihbischof von Bratislava-Trnava (Slowakei), Titularbischof von Nova Sinna (Nordafrika)
	1975 Titularbischof von Columnata (Algerien)		2008 Erzbischof von Bratislava-Trnava (Slowakei)
Schuerman James	2017 Weihbischof von Milwaukee (USA)		

Selige aus dem Canisianum

Sel. Clemens August von Galen, Diözese Münster, im Canisianum 1899–1903
  Seligsprechung am 9. Oktober 2005
  Gedenktag: 22. März

Sel. Wilhelm Apor, Diözese Györ, im Canisianum 1910–1915
  Seligsprechung am 9. November 1997
  Gedenktag: 23. Mai

Sel. Klementij Szeptyckyj, Lemberg (Ukraine), Kamenica Congreg. Studit, im Canisianum 1913–1917
Sel. Nykyta Budka, Lemberg (Ukraine), Rit. Gr., im Canisianum (damals Nikolaihaus) 1902–1905
Sel. Andrij Ischtschak, Lemberg (Ukraine), Ruthen., im Canisianum 1910–1913
  Seligsprechung am 27. Juni 2001
  Gedenktag: 27. Juni

Sel. Shtjefën Kurti, Albanien, im Canisianum 1917–1918
Sel. Ndoc Suma, Albanien, im Canisianum 1909–1911
Sel. Lek (Aleksandër) Sirdani, Albanien, im Canisianum 1916
Sel. Dedë Plani, Albanien, im Canisianum 1916–1918
Sel. Ndre Zadeja, Albanien, im Canisianum 1913–1916
Sel. Lazër Shantoja, Albanien, im Canisianum 1912–1914
  Seligsprechung am 5. November 2016

Sel. Kazimierz Gostynski, Polen, im Canisianum 1908–1910
  Seligsprechung am 13. Juni 1999
  Gedenktag: 6. Mai

Autorenverzeichnis

Anmerkung: im Canisianum + Jahreszahlen = als Student im Canisianum

Coleman (Jim) James, Mag. (*1946), Diöz. Portland (USA), im Canisianum 1968–1972.

Dolan Anthony, Canon (* 1939), Pfarrer i. R., Diöz. Nottingham (UK), im Canisianum 1957–1959 u. 1962–1966.

Feulner Rüdiger, Msgr. Prof. DDr., Pfarrer in Wartenfels, Erzdiöz. Bamberg, im Canisianum 1992–1994 u. 1995–1997.

Findenig Pallotti CPS, Sr. Mag.[a] (*1943), Diöz. Gurk-Klagenfurt, Oberin der Europäischen Provinz der Missionsschwestern vom Kostbaren Blut (Kloster Wernberg), im Canisianum 1971–1975.

Gangl Peter SJ, Mag. Dr. (*1967), Geistlicher Begleiter u. Mitarbeiter in der Verwaltung des Ordens in Wien. Im Canisianum Studienpräfekt bzw. Subregens 1998–2002, Vize-Rektor 2007–2008.

Gemperli Bernhard (*1936), Pfarrer i. R., Diöz. St. Gallen, im Canisianum 1955–1960.

Gmainer-Pranzl Franz, DDr. (*1966), o. Prof. d. Kath.-Theol. Fak. der Univ. Salzburg u. Leiter des Bildungshauses St. Virgil, im Canisianum 1989–1994 u. 2003–2004.

Hasitschka Martin SJ, Dr. (*1943), o. Prof. em. d. Kath.-Theol. Fak. der Univ. Innsbruck (Neutestamentliche Bibelwissenschaft), im Canisianum 1974–2013 mit kurzen Unterbrechungen in verschiedenen Funktionen.

Herr Kenneth (1941–2018), Pfarrer d. Diöz. Evansville, Indiana (USA), im Canisianum 1964–1968 u. 1991/92.

Iruthayasamy Basil, Mag. (*1982), Diöz. Sivagangai (Indien), im Canisianum 2015–2018.

Koechler, Joseph (*1943), Diöz. Brooklyn, New York (USA), im Canisianum 1964–1968.

Kreilein Sylvester L., Dr. (*1939), Diöz. Evansville, Indiana (USA) im Canisianum 1961–1964.

Lugger Hermann Joseph (1919–2002), Pfarrer in der Diöz. Innsbruck, im Canisianum 1945–1947.

Mair Roland, Mag. (*1972), Pfarrer von Welschnofen (Diöz. Brixen), im Canisianum 1994–1997.

Manser Josef (*1964), Pfarrer von Bütschwil, Diöz. St. Gallen, im Canisianum 1986–1987.

Miribung Robert SJ (*1930), einst Missionsprokurator der Österr. Provinz der Gesellschaft Jesu, heute im Jesuitenkolleg in Innsbruck, Regens im Canisianum 1970–1980.

Mooney (Mike) Michael, Dr. (* 1942), Diöz. Evansville, Indiana (USA), im Canisianum 1964–1967.

Neill (Jack) John Francis, Dr. (*1932), Erzdiöz. Philadelphia (USA), im Canisianum 1958–1962.

Niewiadomski Józef, Mag. Dr. (*1951), Diöz. Lublin (Polen), 1996–2019 o. Prof. em. für Dogmatische Theologie der Kath.-Theol. Fak. d. Univ. Innsbruck, im Canisianum 1972–1981.

Pfeiffer Charles, Dr. (*1939), Diöz. Evansville, Indiana (USA), im Canisianum 1961–1965.

Pillat Markus SJ, Mag. Br. (*1961), seit 2020 Archivar des Collegium Canisianum.

Prassl Friedrich SJ, Mag. Lic. spir. (*1964), Dir. des Kardinal König Hauses in Wien, im Canisianum Subregens 2003–2006 u. Rektor des Internationalen Theologischen Kollegs 2010–2017.

Ptasiuk Roman, Mag. (*1991), Priester der Ukrainischen griech.-kath. Diöz. Sokal-Zhovka (Ukraine), im Canisianum 2015–2021.

Rechberger Gerhard CRSA, Mag. (*1946), Propst em., Augustiner-Chorherrenstift Vorau, Steiermark, im Canisianum 1967–1973.

Remes Wilhelm, Mag. (*1970), Archivar u. Bibliothekar am Kollegium Aloisianum in Linz a. D.

Rohringer Josef Maria, Msgr. OStR. (1923–2010), Gymnasialprof., u. a. Pfarrer in Hatting, Diöz. Innsbruck, im Canisianum 1945–1948.

Sawadogo Désiré Jean, Dr. (*1974), Priester der Diöz. Kaya (Burkina Faso), im Canisianum 2013–2019.

Scheible Michael, Lic. theol. (*1942), Erzdiöz. Milwaukee, Wisconsin (USA), im Canisianum 1964–1968.

Stecher Reinhold, Dr. (1921–2013), Bischof von Innsbruck 1981–1996, im Canisianum 1946–1949.

Sukristiono Dominikus, Lic. theol. (*1984), Priester der Diöz. Semarang (Indonesien), im Canisianum als Dissertant seit 2014.

Überbacher Philipp, Mag. (*1962), Leitender Angestellter bei den Stadtwerken Wolfsberg, Kärnten, Studienpräfekt im Canisianum 1994–1998.

Vogler Kenneth, Pfarrer (*1941), Diöz. Evansville, Indiana (USA), im Canisianum 1963–1967.

Voloshyn Volodymyr, Mag., Ukr. griech.-kath. Eparchie Sambir-Drohobytsch (Ukraine), Pfarrer i. Haiming, Diöz. Innsbruck, im Canisianum 1995–2000.

Wallulis Jerry, Mag. (*1947), Diöz. Portland, Maine (USA), im Canisianum 1967–1973.

Wandinger Nikolaus, Assoz.-Prof. MMag. Dr. habil. (*1965), Diöz. München-Freising, Prof. für Dogmatische Theologie u. Leiter des Instituts für Syst. Theol. der Kath.-Theol. Fak. d. Univ. Innsbruck, im Canisianum 1985–1987 u. 1988–1992.

Witwer Anton SJ, Prof. em. Dr. (*1948), Prof. f. Spiritualität a. d. Päpstl. Univ. Gregoriana, Superior der Jesuitenniederlassung in Graz, Seelsorger im Zentrum f. Theologiestudierende u. f. Akademiker, Spiritual im Canisianum 1981–1986.

Xu Feiyan, Dr. Lic. theol. (*1978), Diöz. Weinan (China), im Canisianum 2011–2020.

Bildnachweis

Anonym, *Unknown author, Public domain, via Wikimedia Commons*: 40

Archiv Aloisianum: 71, 72, 172, 175, 178

Archiv Collegium Canisianum (ACC): 15, 33 o., 45 u., 36, 37 u., 38, 39, 44, 45 (2), 46 (2), 47 (2), 48, 49 r., 50, 51, 52, 53, 54, 54/55, 56 (2), 57, 59, 60, 67, 73, 75, 77, 80, 81, 82, 85, 86, 90, 94 (2), 95, 96, 99, 100, 101, 102 (2), 103, 111, 112, 113, 116, 117, 118, 121, 122, 123 (2), 126, 129 u. (2), 130 (2), 131 (4), 132 (2), 136, 139 (2), 140, 141, 142 (3), 143 (2), 144, 146, 149, 150, 151, 153, 154, 155 (2), 156, 157, 158, 159, 160 (6), 163 (2), 164 (3), 165 (3), 167, 169, 179, 181, 186 (Hofmann, Komma), 187 (Leitner, Tschiggerl, Hofmann), 188 (Rahner, Croce, Lies, Leitner), 189 (Komma)

Archiv der Österreichischen Provinz SJ, Wien (AASI): 42, 76 (2), 83, 186 (Hatheyer, Donat, Lakner, Wamser, Braunshofer, Ségur), 187 (Hatheyer, Donat, Lakner, Löbe, Gutwenger), 188 (Jungmann, Richter, Rotter)

Archiv der Deutschen Provinz SJ (ADPSJ), München: Abt_620, Nr. 1828: 188

Archiv des Exerzitienhauses Schloss Fürstenried: 186 (Beirle)

Bayerisches Nationalmuseum, Katalog Rom in Bayern 1997, Kat. Nr. 170, Talar in ADPSJ: Abt. 95 B, Nr. 2: 17

Diözese Innsbruck / Aicher: 12

Anthony Dolan: 79

Pallotti Findenig: 133, 134 (2)

Peter Gangl: 49 l.

Franz Gmainer-Pranzl: 115

Jan Kellendonk: 19 l. u., 65

Land Tirol / Blickfang: 11

Luftschiffhafen, *CC BY-SA 4.0 https://creativecommons.org/licenses/by-sa/4.0 , via Wikimedia Commons*: 33 r. u.

Roland Mair: 174

Josef Manser: 124, 128

Burkhard Mücke, *CC BY-SA 4.0 https://creativecommons.org/licenses/by-sa/4.0 , via Wikimedia Józef Commons*: 35, Cover/Titel (Canisius-Skulptur)

Józef Niewiadomski: 104, 109, 110

Baraza Amos Odhiambo: 162 o.

Franz Oss: 13

Pakeha, *CC BY-SA 4.0 https://creativecommons.org/licenses/by-sa/4.0 , via Wikimedia Commons*: 22

Rheinisches Bildarchiv, Köln: 173

Roman Petruniv: 162 u.

Marcus Pillat: 98

Provinzialat der österreichischen Provinz SJ (Ch. Bargehr): 9, 14, 98, 135, 186 (Miribung, Thorer), 188 (Muck, Schweiggl, Meßner), 189 (Prassl, Schermann)

Gerhard Rechberger: 93

Wilhelm Remes: 28, 29, 32 (2), 33 l., 41, 69, 129 l. o.

Mike, Scheible: 84 (3), 87, 89

SJ-Bild München: 19 r., 21, 24, 26

Philipp Überbacher: 19 l. o.

Shimmy Joseph Vayalil: 161

Volodymyr Voloshyn: 120

Nikolaus Wandinger: 147

Anton Witwer: 171